Meat Basics

Alles, was man braucht, damit Fleisch richtig gut schmeckt ...

Cornelia Schinharl

Meat Basics
Inhalt

Basic Rezepte

Basic Know-how

Pause vom Alltag. Heute ist mal wieder Fleischtag!

Schmorbraten oder Lammkeule, Ragout oder Roastbeef, Gänsebrust oder Hamburger frisch vom Grill – das gibt es nicht jeden Tag. Und genau deswegen ist es etwas ganz Besonderes.

Früher war so ein Wochenende richtig toll. Da konnte man nicht nur ausschlafen und faul sein, da stand oft auch mal ein herrlicher Braten auf dem Tisch. Und wenn es etwas zu feiern gab, konnte man sich an einem großen, saftigen Stück Fleisch genüsslich satt essen. Das war damals halt etwas ganz Besonderes. Unter der Woche kamen eher Schinkennudeln oder allenfalls kleine Schnitzel auf die Teller. Aber das war eben früher. Denn irgendwann konnten sich die Leute gar nicht mehr genug Fleisch einverleiben und ein Fleischskandal jagte den nächsten. Kein Wunder, dass viele dann zu Vegetariern wurden. Aber wir wollten das nicht.

Wir mögen nämlich wirklich gerne Fleisch. Ab und zu feine Filetstreifen aus dem Wok vielleicht oder knusprige Frikadellen oder ein dickes Steak. Auch zu einem saftigen Tafelspitz, aus dessen Resten wir am nächsten Tag noch einen tollen Salat mit Kürbiskernöl machen können, sagen wir nicht Nein. Und mit einem Rosmarinbraten aus dem Ofen lassen wir wie damals Sonntagsgefühle aufkommen. Wenn wir das alles von unserem Speisezettel streichen müssten ... Lieber greifen wir nicht so oft zu Fleisch. Dafür dann aber zu richtig gutem, das zwar seinen Preis hat, aber garantiert nicht aus der Massentierhaltung stammt. Gekauft wird beim Metzger des Vertrauens, der weiß, wo das Fleisch herkommt und uns auch was darüber erzählen kann. Na, klingt das nicht gut? Ja. Dann macht's doch einfach genauso.

Know-how

Schlau sein

Wer gutes Fleisch essen will, muss erst mal gutes kaufen.

»Erinnerst Du Dich noch an das saftige Steak beim Hoffest vom Metzger? Das war einfach sagenhaft!« »Na kein Wunder, der macht's halt richtig. Bei dem geht es den Tieren eben gut. So sind sie nicht zu mager, und das Fleisch bleibt nach dem Garen zart und schmeckt richtig lecker.« »Super, bei dem kann man also nicht nur einkaufen, sondern auch noch etwas lernen. Und das gratis!«

Genau das da vorne, das nehm' ich!

Einen Blick in die Auslage werfen, kurz vom Metzger beraten lassen und schon wird alles eingepackt. So einfach kann Fleischkaufen sein!

Vorausgesetzt, ich habe mir vorher überlegt, was ich kochen will. Das sollte ich nämlich schon wissen. Was Schnelles aus der Pfanne oder etwas aus dem Schmortopf, das seine Zeit braucht? Wenn es etwas Ausgefallenes ist, denke ich sogar über eine Alternative nach. So kann ich beim Metzger ganz flexibel sein und auch mal ein anderes Stück nehmen als das, was ich mir eigentlich vorgestellt habe. Zu welchem ich dann greife? Das verrät mir mein Metzger, dem vertraue ich. Und das ist sowieso das A und O!

Lieber selten, aber gut

Wir wollen jetzt nicht den Moralapostel spielen, aber trotzdem: Es ist schon ganz gut, wenn man sich ein paar Gedanken macht, bevor man Fleisch kauft. Im Grunde möchten wir alle gutes Fleisch, eins das schmeckt und das auch gesund ist. Der hohe Preis macht uns aber oft einen Strich durch die Rechnung. Wer dann lieber in den Supermarkt geht und sich das blasse Schnitzel holt, das

dort so billig angeboten wird, der sollte mal kurz in sich gehen. Wie kann es sein, dass Fleisch zu Dumpingpreisen über die Theke geht? Ist es da überhaupt möglich, dass das Tier ein gutes Leben hatte, also eins, das seiner Art entspricht? Dass Kuh, Schwein & Co. sorgfältig, also behutsam geschlachtet wurden? Und auch nicht zu weit im Transporter fahren mussten und vorher gutes Fressen bekommen haben? Oder hat schon der Züchter auf Masse statt auf Klasse gesetzt und einen Schlachthof gesucht, wo alles besonders fix geht. Vielleicht gab's dazu noch Futter, das die Tiere besonders schnell wachsen lässt?

Jetzt muss aber niemand gleich zum Vegetarier werden. Weil es sie gibt, die Züchter und die Metzger, für die es ganz selbstverständlich ist, verantwortungsbewusst und nachhaltig zu arbeiten. Züchter – ob das nun ein Bio-Bauer ist oder einer der kleineren aus der Region –, die ihre Tiere kennen und gut behandeln, die sie zum Schlachten bringen oder das auch mal selbst machen. Das gehört einfach dazu, wenn man Fleisch essen will. Und wir können auch Metzger finden, die ihren Job so richtig gern machen. Und denen es am Herzen liegt, dass alles, was sie ihren Kunden anbieten, auch schmeckt. Eins ist aber ebenfalls klar. Diese Qualität hat ihren Preis. Und die muss sie auch haben. Machen wir's deswegen doch einfach wieder so wie unsere Großeltern. Ein-, zweimal in der Woche Fleisch essen – dann aber richtig gutes und mit reinem Gewissen.

Metzger ist nicht gleich Metzger

Fleisch kaufen wir also lieber frisch beim Metzger als bereits abgepackt im Supermarkt. Aber zu welchem soll ich gehen, schließlich gibt es nicht nur gute. Woran erkenne ich nun den optimalen Metzger? In erster Linie natürlich am Fleisch, das in seiner Auslage liegt. Es sieht klar und frisch aus und »schwimmt« nicht in seinem eigenen Saft in der Schale. Angetrocknete Ränder hat es natürlich genauso wenig. Die Farbe des Fleischs liegt je nach Tierart zwischen Blassrosa (Kalb) und Rötlichbraun (gut abgehangenes Rindfleisch). Das Fleisch sieht sauber geputzt aus, also alle größeren Sehnenstücke sind schon abgeschnitten. Fleisch zum Kurzbraten ist von feinen Fettadern durchzogen, das Fett außen am Fleisch ist appetitlich hell.

Skeptisch beäugen sollten wir rote Lampen in der Vitrine: Sie verleihen dem Fleisch eine rötliche, frische Farbe, die es in Wirklichkeit vielleicht gar nicht hat. Test: Die Hände der Fleischfachverkäuferin beobachten. Ändert sich die Hautfarbe ihrer Hand, je nachdem in welcher Höhe sie gerade ist, ist das Licht tatsächlich rot. Man kann also die echte Fleischfarbe nicht erkennen.

Und der Metzger selber? Er soll gerne Auskunft geben. Darüber, woher sein Fleisch kommt und wie die Tiere gehalten und gefüttert werden. Am besten ist es, wenn das Fleisch von einem Hof aus der Nähe stammt und der Metzger den sogar kennt. Manche hängen auch Zettel auf, auf dem der Lieferant der Woche genannt wird. Außerdem wollen wir vom Metzger wissen, wie lang er das Fleisch reifen lässt, wenn es bei ihm angekommen ist. Und er soll natürlich etwas von Fleisch und vom Kochen verstehen. Wenn ich also einen Braten machen möchte, und er das im Rezept angegebene Stück gerade nicht da hat, muss er eine Alternative wissen und dazu am besten auch gleich noch die ungefähre Garzeit. Das alles können wir abgepacktes Fleisch leider nicht fragen!

Wie viel darf's denn sein?

Immer wieder nehmen Neugierige die Teller der Nation kritisch unter die Lupe. Bei der letzten »Nationalen Verzehrstudie« – wie sie so hübsch heißt – kam heraus, dass der deutsche Mann in der Woche 1 kg Fleisch und Wurst isst, die Frau 850 g. Egal, ob Gesundheitsfanatiker oder Wissenschaftler bei der Deutschen Gesellschaft für Ernährung (DGE): Alle sind sich einig – das ist zu viel! Die DGE empfiehlt stattdessen 600 g als Wochenration, strengere (Vollwert-)Experten liegen noch darunter und raten dazu, pro Woche höchstens zweimal Fleisch zu essen. Und somit kommen wir wieder zum gleichen Schluss: Lieber selten, aber dafür richtig gut!

Wenn wir nicht zu viel davon auf den Teller häufen, ist Fleisch sogar richtig gesund: es hat sehr hochwertiges Eiweiß, in einer Form, die der menschliche Körper besonders gut verwerten kann. Dazu stecken viele Vitamine – vor allem die der B-Gruppe – im Fleisch, die wir auch nur durch dieses aufnehmen können. Aber auch andere Vitamine und Mineralstoffe, die besonders wichtig für den Stoffwechsel sind, hat es zu bieten. Ein schlechtes Gewissen beim Fleischessen müssen wir also wirklich nicht haben.

Die 9 Home-made Basics

Die 9 Home-made Basics

Zitronen-Birnen-Chutney

Früchte mit einem Hauch Schärfe, einer feinsäuerlichen Note und dem süßen Gegengewicht – die gibt es in der indischen Küche zu jedem Essen. Und wir mögen sie besonders gerne zu gegrilltem Fleisch, aber auch zum großen Braten oder gekochten Schinken.

Hier ein Chutney mit Birnen und Zitronen:
2 Schalotten und 2 Knoblauchzehen schälen und fein hacken. 80 g entsteinte Datteln in feine Streifen schneiden und mit Schalotten, Knoblauch und 150 g braunem Zucker in einen Topf füllen. 200 ml Apfelessig oder hellen Reisessig dazuschütten. 2 Bio-Zitronen heiß waschen und nur die Stiel- und Blütenansätze abschneiden. Zitronen halbieren und in dünne Scheiben schneiden. 400 g saftige Birnen schälen, vierteln und das Kerngehäuse herausschneiden. Die Birnen würfeln und mit den Zitronen-scheiben und 1/8 l Wasser mit in den Topf geben. Jetzt kommen noch 1 TL Fenchel- oder Kreuzkümmelsamen und 1 TL Salz dazu und dann wird alles aufgekocht. Jetzt sofort die Hitze ganz klein stellen, Deckel auflegen und alles gut 1 Stunde köcheln lassen, bis es schön sämig ist. Mit Salz abschmecken. In 3 Twist-off-Gläser (je etwa 1/4 l Fassungsvemögen, gründlich gereinigt) füllen und verschließen. Hält sich etwa 1 Jahr. *

Tipp: Außer Birnen und Zitronen schmecken auch Äpfel und Zwiebeln, Mango und Tomaten, Feigen und Melonen oder Gurken und Pfirsiche mit Paprika sehr gut.

Orangen-Oliven-Salz

Vor dem ersten Bissen noch ein bisschen Salz aufs Fleisch zu streuen, ist für manche fast ein Ritual. Hat das Salz Zusatzwürze, ist's gleich noch mal so gut:
50 g schwarze Oliven entsteinen. 1 Bio-Orange heiß waschen und die Schale dünn abschneiden. Die Orangenschale und die Oliven nebeneinander auf einem Stück Backpapier aufs Backblech legen und in den Ofen (Mitte) schieben. Den Backofen auf 150 Grad (Umluft 130 Grad) einschalten, Orangenschale und Oliven etwa 1 Stunde trocknen lassen. Dann die Orangenschale im Mörser fein zerstoßen, die Oliven fein hacken. Beides mit 100 g mittelgrobem Salz gründlich mischen und in ein Schraubglas füllen. Das Salz schmeckt zu gebratenem oder gegrilltem Rindfleisch, zu Huhn oder Pute und zu Rindfleisch-Carpaccio. An einem trockenen Ort hält sich das Salz mindestens 1/2 Jahr.

Eingekochte Preiselbeeren

Früher gab's die in der Birnenhälfte (aus dem Glas) zum Wildbraten. Schmeckt uns auch heute noch:
200 g Zwiebeln schälen und fein würfeln. 700 g Preiselbeeren (oder rote Johannisbeeren), verlesen und mit den Zwiebeln, 180 g Zucker und 180 ml Rotweinessig in einem Topf heiß werden lassen. Salzen und ohne Deckel bei mittlerer Hitze etwa 45 Minuten vor sich hin köcheln lassen, bis die Masse dickflüssig wird. Mit Salz würzen, in 2 Twist-off-Gläser (je etwa 425 ml Fassungsvermögen, gründlich gereinigt) füllen und ver-schließen. Schmeckt zu Wild und zu Rind in jeder Form. Hält sich mindestens 1/2 Jahr. *

Kräuterwürze

Lammkoteletts vom Grill, Frikadellen aus der Pfanne – die schmecken einfach mit Kräutern noch besser! Deshalb immer ein paar Mischungen parat haben.
Für **getrocknete Mittelmeerkräuter** je 5 Zweige Rosmarin und Bohnenkraut, 1 Zweig Lorbeerblätter und je 1/4 Bund Oregano und Thymian abbrausen und gut trockenschütteln. An den Stielen mit Küchen-garn zusammenbinden und an einem luftigen Ort aufhängen. Nach 4–5 Tagen sind die Kräuter schön trocken. Die Blätter einfach von den Stielen in eine Schüssel abstreifen und gut zerkrümeln. In ein dunkles Schraubglas füllen und an einem kühlen Ort nicht länger als 1/2 Jahr aufheben. Verwendet werden die Kräuter zum Würzen von Gegrilltem oder Hackfleisch.
Für immer **frische Kräuterwürze** sonnenverwöhnte Sommerkräuter wie etwa Basilikum abbrausen und gut trockenschütteln. Blätter von den Stängeln zupfen und fein hacken. Mit ein bisschen Wasser mischen und in Eiswürfelbehälter füllen, ins Gefrierfach stellen. Wenn die Kräuter gefroren sind, in Beutel um-füllen. So ein Würfel gibt dann einer Suppe, einem Gulasch oder einem Ragout vor dem Servieren den Frischekick! Einfach unterrühren und auftauen lassen. Haltbarkeit: 3 Monate.
Auch gut: **Aromasalz**. Dazu einfach Kräuter trocknen lassen und mit Salz mischen. Da passen Pilze oder Gewürze gut mit dazu: getrocknete Steinpilze und Lorbeerblätter mit Salz im Mixer zerkleinern. Gerebelten Thymian, getrocknete Chili und Wacholderbeeren mit Salz mixen. Oder Ingwer schälen, in dünne Scheiben schneiden und im Ofen bei 70 Grad trocknen lassen, mit Salz mixen. An einem trockenen Ort hält sich das Salz mindestens 1/2 Jahr.

Feigensenf

Senf ist Kult: Es gibt ihn inzwischen mit vielen Extras wie Mohn, Orange oder Feigen zu kaufen. Letzterer ist schnell selbstgemacht: 4 getrocknete Feigen klein würfeln, Stielansätze entfernen. 1/2 Bio-Orange heiß waschen und die Schale fein abreiben, Saft aus-pressen. Beides mit den Feigen mischen, 1 Stunde stehen lassen. Dann mit dem Pürierstab fein zer-kleinern und mit 100 g mittelscharfem oder scharfem Senf ver-mischen. Pro-bieren, wenn der Senf zu scharf ist, etwas Honig unterrühren. Hält sich min-destens 1 Jahr. *

Meerrettich im Glas

Frisch gerieben treibt Meerrettich einem schnell mal die Tränen in die Augen. Aber ein Tafelspitz zum Beispiel ist ohne ihn einfach undenkbar. Damit es sich lohnt, die frische Stange Meerrettich zu kaufen, machen wir mit dem Rest was Feines, das sich aufheben lässt.

Zum Beispiel **Apfel-Meerrettich:** Dafür 1 großen, säuerlichen Apfel (so um die 200 g) schälen und vierteln. Das Kerngehäuse rausschneiden und den Apfel in kleine Stücke schneiden. Mit 3 EL Zucker in einem Topf warm werden lassen, Deckel drauf und den Apfel bei schwacher Hitze in 5–10 Minuten schön weich dünsten. 1 dicke Meerrettichstange (die soll auch 200 g haben) schälen und in kleine Würfel schneiden. Mit dem Apfel in die Küchenmaschine füllen und fein pürieren. 100 ml milden Essig (z. B. Apfelessig) und Salz dazugeben und noch mal mixen. In 2 Twist-off-Gläser (je etwa 1/4 l Fassungsvemögen, gründlich gereinigt) füllen und verschließen. Schmeckt nicht nur zu gekochtem Fleisch, sondern auch zu Frikadellen, Kasseler oder Leberkäse. Hält sich um die 3 Monate. *

Würzige Butter

Ein saftiges Stück Fleisch auf dem Teller und ein Stück Butter, das darauf zerläuft. Das schmeckt einfach klasse!

Für **Zitronen-Sardellen-Butter** 1 Bio-Zitrone heiß waschen und die Schale fein abreiben. 4 in Öl eingelegte Sardellenfilets abtropfen lassen und mit einer Gabel zerdrücken. 2 Stängel Petersilie waschen, trockenschütteln und die Blättchen fein hacken. Mit Zitronenschale und Sardellen unter 100 g weiche Butter mischen, leicht pfeffern und bis zum Servieren in den Kühlschrank stellen. Die Butter schmeckt zu gebratenem und zu gegrilltem Rindfleisch am besten, passt aber auch zu Wild gut.

Für **Kräuterbutter** 1 kleines Bund gemischte Kräuter (z. B. Sauerampfer, Borretsch, Dill, Schnittlauch, Basilikum und Petersilie) waschen und trockenschütteln, die Blättchen abzupfen. 1 Knoblauchzehe (wer mag) schälen und mit 2 TL Kapern und den Kräutern sehr fein hacken. Unter 100 g weiche Butter kneten, salzen, pfeffern und bis zum Servieren in den Kühlschrank stellen. Die Butter schmeckt zu gebratenem Rind, Schwein oder Lamm, aber auch zu Entenbrust sehr fein.

Für **Zimt-Chili-Butter** 2 getrocknete Chilischoten in einer Pfanne leicht rösten und im Mörser fein zerstoßen. 1 Frühlingszwiebel waschen, putzen und mit 1 Stück Bio-Orangenschale (3–4 cm) sehr fein hacken. Mit Chili und 1/4 TL Zimtpulver unter 100 g weiche Butter kneten, salzen und bis zum Servieren in den Kühlschrank stellen. Die Butter passt perfekt zu Lamm, Huhn oder Pute.

Senf selber machen

Klingt kompliziert, ist es aber nicht. Und schmeckt einfach toll:

2 Zwiebeln und 2 Knoblauchzehen schälen und grob zerschneiden. 1 säuerlichen Apfel schälen, vierteln und vom Kerngehäuse befreien. Das alles mit 1/2 l Obstessig (Apfel, Cidre oder Birne), 3 Nelken, 2 Lorbeerblättern und 2 TL schwarzen Pfefferkörnern in einem Topf aufkochen. Deckel auflegen und den Essig bei schwacher bis mittlerer Hitze (ziemlich genau dazwischen einstellen) 15 Minuten vor sich hin köcheln lassen. Dann je 65 g feines braunes und feines gelbes Senfmehl (gibt es beides im Gewürzeladen) mit 1 TL Salz in einer Schüssel mischen. Die Essigmischung durch ein feines Sieb dazulaufen lassen, dabei ständig rühren. Am besten zu zweit machen! Noch 5 Minuten lang durchrühren, dann den Senf in 3 Twist-off-Gläser (je etwa 180 ml Fassungsvemögen, gründlich gereinigt) füllen und verschließen. Er schmeckt zu gegrillten und gebratenen Würsten, zu Frikadellen und zu Kasseler.

Der Senf hält sich mindestens 6 Monate. *

Mango-Tomaten-Ketchup

Darf beim Grillen nicht fehlen. Warum also nicht schnell selber machen?

500 g Tomaten mit kochend heißem Wasser überbrühen und häuten. Tomaten würfeln, dabei die Stielansätze herausschneiden. 1 große Mango schälen und das Fleisch vom Kern schneiden, grob würfeln. 1 Schalotte und 2 Knoblauchzehen schälen und hacken. 2 Chilischoten waschen, entstielen und samt Kernen in feine Ringe schneiden. Alles mit 200 ml Balsamico bianco, 2 EL Olivenöl und 2 EL Honig in einem Topf erhitzen. 1 Zimtstange und 4 grüne Kardamomkapseln zufügen, salzen. Hitze auf mittlere Stufe schalten und alles offen etwa 40 Minuten vor sich hin köcheln lassen, bis die Tomaten und die Mango zu Mus zerfallen sind. Durch ein Sieb mit mittelgroben Maschen streichen, salzen und noch einmal aufkochen. In 2 Flaschen mit Schraubverschluss (je etwa 1/2 l Fassungsvemögen, gründlich gereinigt) füllen und verschließen. Hält sich mindestens 6 Monate. *

* Noch geschlossen an einem kühlen Ort (z.B. im Keller) lagern, nach dem Öffnen in den Kühlschrank stellen.

Rind- und Kalbfleisch

Kraft bringt's, sagt der Mann und meint das Rind. Schön zart ist's, sagt die Frau und meint das Kalb. Stimmt beides, sagen wir.

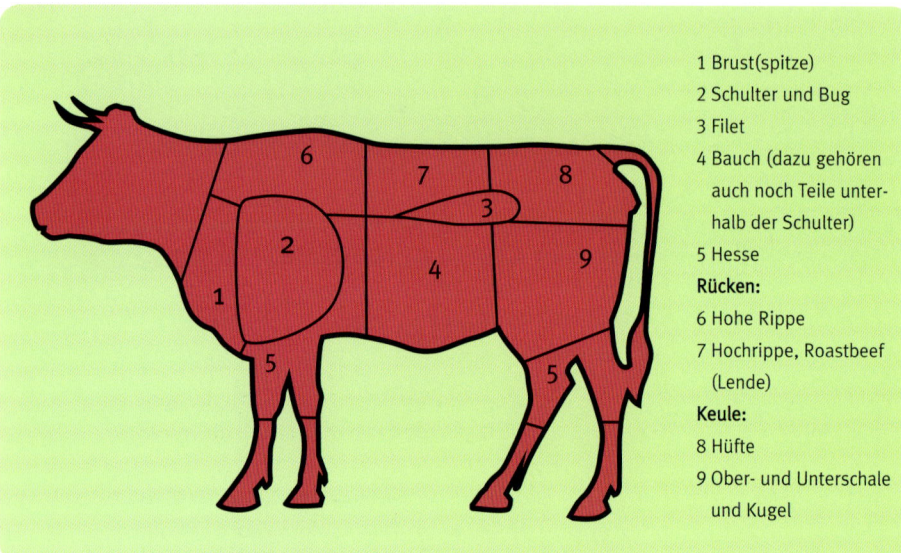

1 Brust(spitze)

2 Schulter und Bug

3 Filet

4 Bauch (dazu gehören auch noch Teile unterhalb der Schulter)

5 Hesse

Rücken:

6 Hohe Rippe

7 Hochrippe, Roastbeef (Lende)

Keule:

8 Hüfte

9 Ober- und Unterschale und Kugel

Auf die Schnelle

Nichts ist schlimmer als ein Stück Fleisch, auf dem man rumkaut, als wäre es eine Schuhsohle. Soll das nicht der Fall sein, muss das Fleisch für ein Steak oder für schnelles Rindfleisch aus dem Wok schon von Haus aus zart sein. Dafür ist es wichtig, zum richtigen Stück zu greifen. Es soll von einem Teil des Tieres kommen, das bei Bewegung (also wenn das Tier geht oder läuft) nicht so stark gefordert ist, und somit wenig Sehnen und Muskeln gebildet hat. Beim Rind und beim Kalb sind das die Teile vom Rücken, also das Filet und die Lende (die beim Rindfleisch auch Roastbeef heißt). Das edlere von beiden ist das Filet. Auch fein zum Kurzbraten oder sogar zum Grillen ist das Kotelett mit Knochen (vom Rücken): Beim Kalb heißt das schlicht Kalbskotelett, beim Rind wahlweise Hochrippe oder Ochsenkotelett. Wenn es wirklich gut abgehangen ist, schmeckt auch ein Steak aus der Hüfte. Das Kalb hat noch mehr zu bieten, was sich kurzbraten lässt, weil es jünger als das Rind und sein Fleisch deshalb zarter ist: Für ein schönes Schnitzel nimmt man ein Stück von der Keule, genauer gesagt von der Oberschale. Für Geschnetzeltes ebenfalls, hierfür kann es gerne auch von der Unterschale sein.

Wenn's früher was Außergewöhnliches sein sollte, gab's ein Steak. Und das war bei uns vom Filet. Ist das gut, ist die Welt in Ordnung. Aber kürzlich hat mir der Metzger erzählt, dass das Filet vom Rind gerade zwei Prozent vom ganzen Tier ausmacht. Da wäre es doch interessant zu wissen, was man mit dem Rest alles anfangen kann, oder? Und dazu taucht dann gleich noch die Frage auf: Was ist eigentlich ein Rind und was ein Kalb?

Hat das Tier ein Gewicht von bis zu 150 kg, ist es ein Kalb, ist es 150–300 kg schwer, nennt man es Jungrind und ab 300 kg sagt man Rind dazu. Ein Milchkalb ist noch ein bisschen jünger als ein Kalb, wird mit Milch von der Kuh gefüttert und sein Fleisch schmeckt extrem mild, hat also kaum Eigengeschmack, weswegen man gut darauf verzichten kann. Dann schon lieber darauf achten, von welchem Tier das Fleisch kommt: Angus zum Beispiel, Charolais oder Galloway. Die wachsen alle ein bisschen langsamer als die heute besonders verbreiteten Arten und sind fast immer im Freien – auch bei uns!

Wenn wir Leber zubereiten möchten, wählen wir auch die vom Kalb: Weil sie einerseits sehr zart ist, andererseits im Vergleich zu der von Rind oder Schwein schön mild schmeckt. Und weil sie von einem jungen Tier stammt, das noch nicht so viele Schadstoffe aus der Umwelt aufnehmen konnte.

Garzeiten	Pfanne	Ofen (normal)	Ofen (Niedriggaren*)	Grill	Topf
Rinderfilet, 1 kg	–	30 Min. bei 180 °C	2 1/4 Std. bei 80 °C	–	35 Min.
Rinderfiletsteak, 2–3 cm	4–8 Min.	–	45 Min. bei 80 °C	4–12 Min.	–
Ochsensteak, 5 cm	–	–	3 Std. bei 80 °C	30–40 Min.	–
Roastbeef, 1 kg	–	35 Min. bei 180 °C	4 Std. bei 80 °C	–	–
Rinderbraten, 1 kg	–	2–2 1/2 Std. bei 180 °C	3 1/2 Std. bei 80 °C	–	2–2 1/2 Std.
Tafelspitz, 1,2 kg	–	–	–	–	4 Std.
Kalbsfilet, 800 g	–	30 Min. bei 180 °C	1 1/2 Std. bei 80 °C	–	1 Std.
Kalbskoteletts, 250 g	10–12 Min.	–	–	12–14 Min.	–
Kalbsmedaillon, 2–3 cm	5–6 Min.	5 Min. bei 220 °C	–	4–12 Min.	8 Min. (dämpfen)
Kalbsschnitzel, 1 cm	2–4 Min.	–	–	5–6 Min.	–
Kalbsbraten, 1 kg	–	1 1/4 Std. bei 180 °C	4 Std. bei 80 °C	–	1 Std.
Kalbshaxe, 2 1/2 kg	–	3 Std. bei 160 °C	5 Std. bei 80 °C	–	–

* Zu den Zeiten beim Niedriggaren (immer Ober- und Unterhitze verwenden!) kommt noch die Zeit fürs Anbraten – entweder bei starker Hitze in der Pfanne auf dem Herd oder im Backofen bei 220 °C – mit dazu: bei Rindfleisch 10 Min., bei Kalbfleisch 5 Min.

Ganz in Ruhe

Prinzipiell können alle restlichen Teile vom Rind und Kalb im Kochtopf oder Bräter landen, also geschmort, gekocht oder langsam gebraten werden. So werden auch die Muskeln und die Sehnen in der feuchten Hitze langsam weich und zart, und der Fleischgeschmack ganz nebenbei besonders intensiv. Ob wir hier jetzt zu einem dicken oder mittleren Bug, zur Hohen Rippe oder Hochrippe (auch Fehlrippe) greifen müssen, ist eigentlich nicht so entscheidend.

Wir gehen lieber zu unserem Metzger und sagen dem, was wir machen möchten, und beweisen uns schon allein dadurch als Kenner, dass wir wissen, ob wir lieber was vom Vorderviertel oder vom edleren Hinterviertel wollen. Der vordere Teil des Rinds – der Bauch und die oberen Hälften der Beine – sind am besten zum Kochen geeignet. Wer etwas ganz Feines aus dem Suppentopf haben will, nimmt ein Stück vom hinteren Teil, etwa aus der Hüfte. Außerdem sind alle hinteren Teile ideal für große Braten und auch für Ragouts. Vom vorderen Teil nimmt man für diese Zwecke gerne mal die Schulter.
Beim Kalb ist es ein bisschen anders. Da ist das Fleisch aus der Keule zwar edler als der Rest, aber sowohl die Stücke von vorne als auch die von hinten eignen sich für einen Braten ebenso wie für Ragout oder auch mal zum Pochieren.

So ist's recht

Gutes Rindfleisch muss reif sein, richtig abgehangen nennt das der Metzger. Und er weiß auch, dass damit 4–5 Wochen gemeint sind und nicht nur ein paar Tage. Doch auch während dieses Reifevorgangs kann etwas schieflaufen. Ist die Temperatur zu niedrig, verkürzt sich die Muskulatur im Fleisch und es wird nachher in der Pfanne oder im Ofen zäh.

Zudem sorgt bei gutem Rindfleisch etwas Fett dafür, dass es beim Garen schön saftig bleibt und fein schmeckt. Dieses »gute« Fett sitzt nicht nur ganz offensichtlich als einzige weiße Schicht auf dem Fleisch, sondern zieht sich in sogenannten Adern mittendurch, was man im Fachjargon »Marmorierung« nennt. Hat das Rindfleisch diese Fettmarmorierung überhaupt nicht, wurde es wahrscheinlich zu schnell gemästet. Kalbfleisch dagegen ist je nach Alter des geschlachteten Tieres kräftig rosa bis hellrot, und man sieht ihm die zarte, fast fettfreie Struktur direkt an. Kein Wunder, schließlich ist das Kalb noch jung und hatte gar keine Zeit, um viel Fett anzusetzen.

Schweinefleisch

Knusperbraten, saftiger Schinken und fast jede Wurst stammen vom Schwein. Wenn's ein gutes ist, ist's wirklich eine feine Sache!

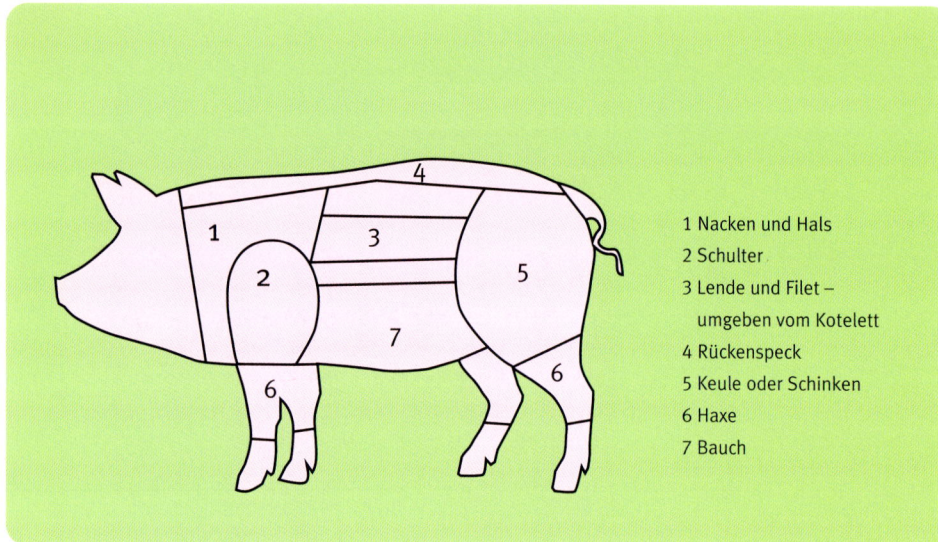

1 Nacken und Hals
2 Schulter
3 Lende und Filet –
   umgeben vom Kotelett
4 Rückenspeck
5 Keule oder Schinken
6 Haxe
7 Bauch

exudative für wässrig. Dazu schrumpfte es nicht nur beim Braten in der Pfanne, sondern schmeckte auch nach nichts mehr.

Inzwischen möchten aber immer mehr Leute wieder richtig gutes Schweinefleisch essen, und sie freuen sich daran, wenn die Tiere wie früher ein schönes Leben haben. Deshalb setzen mittlerweile viele Züchter erneut auf alte Schweinerassen, die etwas fetteres und vor allem marmoriertes Fleisch haben. Vorausgesetzt natürlich, die Tiere werden nicht im Schnelldurchgang gemästet, sondern können ihr Fett ganz in Ruhe ansetzen. Derart »gewachsenes« Schweinefleisch lässt auch wieder begreifen, warum Schwein die beliebteste Fleischsorte ist.

Es war einmal ... ein Schwein. Das lief grunzend über den Hof, suhlte sich im Dreck, wann immer ihm danach war, und frass alles auf, was der Bauer und seine Lieben nicht selber wollten. Es ging ihm rundum gut und mit der Zeit wurde es groß und dick. Als dann der Herbst und Winter ins Land zogen, kam das Schwein auf die Schlachtbank. Dabei wurde alles verwertet, was das Schwein so hergab, und ernährte die Bauersfamilie bis zum Schlachttag im nächsten Jahr.

Als sich aber die Städte vergrößerten und immer mehr Menschen Fleisch essen wollten, kam die Idee auf, nur noch Schweine zu züchten, die sehr schnell zunahmen. Außerdem sollten die Tiere viel Fleisch, aber wenig Fett haben, damit die Städter, die sich nicht mehr viel bewegten, selber nicht zu stark zulegten. Das führte irgendwann zur Massentierhaltung und zu in kurzer Zeit hochgezüchteten, gestressten Tieren. Was man ihrem Fleisch auch ansah – hell und wässrig lag es in den Vitrinen des Supermarkts und bei so manchem Metzger. PSE nennt man das: **p**ale für bleich, **s**oft für weich und

Auf die Schnelle

Das Schwein hat im Vergleich zu anderen Tieren ein bisschen mehr zu bieten, was zum Kurzbraten geeignet ist und in die Pfanne oder auf den Grill darf. Der ganze Speck vom Rücken zum Beispiel, der ist gegrillt der Hit. Aber auch die darunterliegenden Koteletts schmecken gebraten und gegrillt spitze, ganz besonders wenn sie aus der Nackenpartie stammen. Dann haben sie einen etwas höheren Fettanteil und bleiben herrlich saftig. Lendenkoteletts, die aus dem hinteren Rücken geschnitten werden, sind dagegen ein wenig magerer (wie bei der Lende üblich) und deshalb zum Kurzbraten viel besser geeignet als zum Grillen. Beides gibt es auch ohne Knochen, was dann als Nacken- oder Lendensteak zu

Garzeiten	Pfanne	Ofen (normal)	Ofen (Niedriggaren*)	Grill	Topf
Schnitzel, 1 cm	4–5 Min.	–	–	5–8 Min.	–
Kotelett, 1 1/2 cm	12 Min.	–	–	15–20 Min.	–
Filetsteak, 3 cm	8 Min.	–	–	12 Min.	–
Ragout u. **Gulasch**	–	–	–	–	1 Std.
Filet u. **Lende,** 600 g	–	20 Min. bei 180 °C	1 1/2 Std. bei 80 °C	–	–
Braten, 1 kg	–	1 1/2 Std. bei 180 °C	3 1/2 Std. bei 80 °C	–	–
Rollbraten, 1 kg	–	2 Std. bei 180 °C	3 1/2 Std. bei 80 °C	–	–
Hackbraten, 800–1000 g	–	1 Std. bei 180 °C	–	–	–
Rippen u. **Spareribs**	–	–	–	30–35 Min.	–

* Zu den Zeiten beim Niedriggaren (immer Ober- und Unterhitze verwenden!) kommt noch die Zeit fürs Anbraten – entweder bei starker Hitze in der Pfanne auf dem Herd oder im Backofen bei 220 °C – mit dazu: 5 Min.

bekommen ist. Allerdings: Wird mit dem Knochen gegart, bekommt das Fleisch noch mehr Geschmack! Auch toll vom Grill schmecken Rippen, Spareribs oder überhaupt der Bauch. Wer eher auf zartes, mageres Fleisch steht, greift zu Filet, Lende oder einem Schnitzel aus der Keule, die ebenfalls perfekt fürs schnelle Braten sind.

All das gilt übrigens auch für Spanferkel, ganz junge Schweine, die ab einem Alter von 6 Wochen geschlachtet und am liebsten gegrillt oder gebraten werden. Wenn die Tiere ein bisschen älter sind, schmeckt das Fleisch besser. Wer Spanferkel probieren möchte, muss es meistens beim Metzger vorbestellen, weil es kaum einer einfach so im Angebot hat.

Weil sie zarter schmeckt, haben wir für die Leberrezepte im Buch Kalbsleber genommen. Schweineleber geht auch, ist aber kräftiger.

Ganz in Ruhe

Soll das Schweinefleisch als Ragout langsam vor sich hin schmurgeln dürfen, greifen wir am besten zu Teilen aus Schulter oder Nacken. Unbedingt probieren, so ein Schmorgericht ist ein Gedicht! Wer dagegen einen Braten im Ofen machen will, muss dem Metzger eigentlich nur sagen, ob das Stück mit oder ohne Schwarte sein soll. In jedem Fall wird es Fleisch von Schulter oder Keule sein. Die Teile kann man auch wie Suppenfleisch im Topf zubereiten, was allerdings vom Schwein nicht so beliebt ist.

So ist's recht

Muss das Rindfleisch vor dem Verkauf noch reifen, soll Schweinefleisch vor allem eins: gut und frisch sein. Es wird bereits 1 Tag nach dem Schlachten verkauft und hält sich höchstens 1 Woche (vom Schlachttag ab gerechnet). Kräftig rosa oder sogar rot liegt es beim Metzger in der Theke, das Fett und der Speck sind appetitlich weiß. Fleisch, das wir zum Kurzbraten nehmen, hat am besten feine, weiße Fettadern, die es durchziehen. Der Braten für den Ofen (oder das große Stück zum Kochen) können oben oder auch innen dickere Fettschichten aufweisen. Die bleiben in jedem Fall beim Garen dran, denn sie sorgen fürs Aroma. Nachher beim Essen kann man sie immer noch wegschneiden.

So darf es sein

Schweinefleisch kann man auch mal roh essen, bei uns etwa als Hackepeter oder in Italien als frische Würste. Dafür muss das Fleisch aber wirklich superfrisch sein. Ansonsten soll Schweinefleisch immer ganz durchgegart werden. Bei einem Braten kann man das auch an der Kerntemperatur sehen, die man mit dem Fleischthermometer (siehe Seite 115) misst: zwischen 65 und 70 Grad müssen angezeigt werden.

Lammfleisch

»Mag ich nicht«, sagen viele, weil sie wohl ein Stück vom alten Schaf oder sogar Hammel erwischt haben. Gutes Lammfleisch dagegen ist unvergleichlich zart und aromatisch.

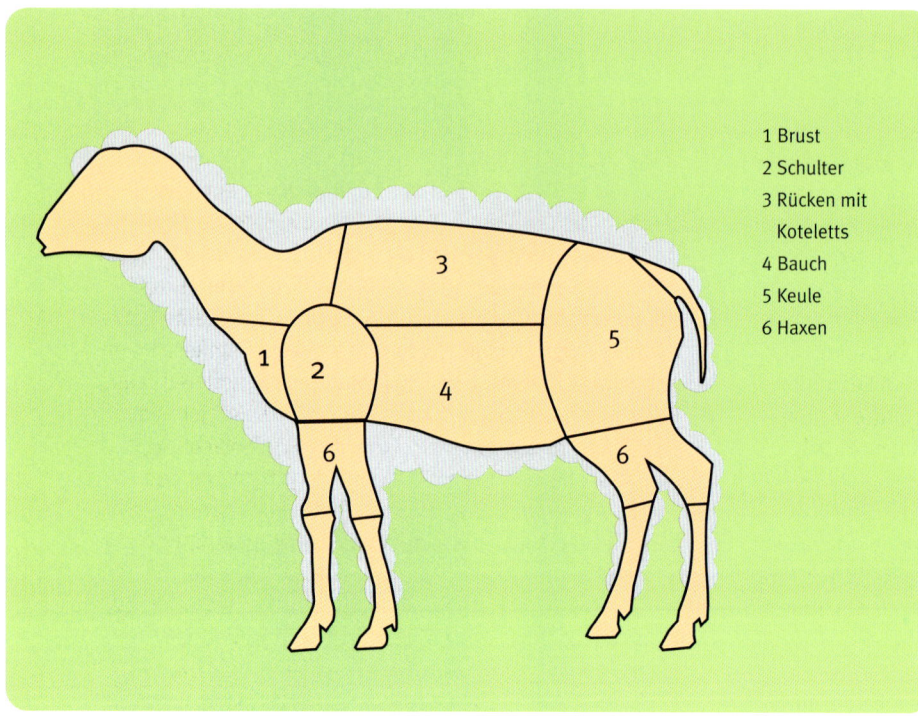

1 Brust
2 Schulter
3 Rücken mit
  Koteletts
4 Bauch
5 Keule
6 Haxen

tiefgekühlt aus Neuseeland. Da Neuseeland-Lämmer nur Gras fressen, ist ihr Fleisch ein bisschen milder als manches, das von den Lämmern aus unseren Gegenden stammt. Diese ernähren sich nicht nur von Gras, sondern zudem von Kräutern, Heu und anderem, was den Fleischgeschmack würziger macht. Mehr noch als das Futter spielt bei der Fleischqualität aber das Alter eine große Rolle: Nicht älter als 1 Jahr ist ein Lamm heutzutage, wenn es geschlachtet wird, die meisten sind um die 8 Monate. Viel jünger sollte es allerdings nicht sein, weil das Fleisch dann ein zu zartes Aroma hat, was echte Lammfans keinesfalls begeistert. Dennoch ist ab und zu ein Milchlamm im Angebot, das geschlachtet wird, wenn es jünger als 1/2 Jahr

Lange ist es her, dass der erste auf die Idee kam, Schafe zu züchten und mit seiner Herde über die Wiesen und Weiden zu ziehen. Dabei ging es ihm nicht nur ums Fleisch, sondern vor allem um die Wolle. Jedes Jahr aufs Neue konnte er das Tier scheren und aus seiner Wolle Stoff weben. Sogar heute noch sieht man manchmal einen Schäfer mit seiner Herde durch die Lande ziehen, mit seinem Hund als fleißigen Helfer. Ist hier Massentierhaltung nicht nötig? Nein, denn wir haben erstaunlich selten Lust auf Lammfleisch, gerade mal knapp 2 Prozent macht es beim gesamten Fleischverbrauch aus. Trotzdem kommt ungefähr ein Drittel des Lammfleischs, das bei uns angeboten wird, abgepackt und

ist. Ist ein Schaf älter als 1 Jahr, schmeckt sein Fleisch auch entsprechend intensiver. Hammel gibt's bei uns fast nie zu kaufen.

Auf die Schnelle

Ein paar Stücke des von Haus aus zarten und mürben Lammfleischs sind besonders gut geeignet, um kurzgebraten oder gegrillt zu werden. Auf dem heißen Grillrost wie auch in der Pfanne gelingen Koteletts aus dem Rückenstück perfekt. Unterschieden wird das reine Kotelettstück und das zur Keule hin liegende Lendenkotelett, das einen größeren Fleischanteil hat und extra

Garzeiten	Pfanne	Ofen (normal)	Ofen (Niedriggaren*)	Grill	Topf
Kotelett, gut 1 cm	5 Min.	–	–	10 Min.	–
Schnitzel, 1 cm	2–4 Min.	–	–	2–3 Min.	–
Ragout	–	–	–	–	1 Std.
Keule, 2 1/2 kg	–	1 Std. bei 200 ºC	5 Std. bei 100 ºC	–	–
Haxen, 400 g	–	2 Std. bei 180 ºC	3–4 Std. bei 120 ºC	–	1–2 Std.
Rücken, m. Knochen, 1 kg	–	50 Min. bei 200 ºC	1 Std. 20 Min. bei 80 ºC	–	–

* Zu den Zeiten beim Niedriggaren (immer Ober- und Unterhitze verwenden!) kommt noch die Zeit fürs Anbraten – entweder bei starker Hitze in der Pfanne auf dem Herd oder im Backofen bei 220 ºC – mit dazu: 10 Min.

zart ist. Bei jüngeren Tieren schneidet man gerne Doppelkoteletts (auch unter Schmetterlingskoteletts bekannt), bei älteren Tieren einfache Koteletts, die man meist schlicht als Lammkoteletts bekommt. Den Rücken gibt es auch als ganzes Stück – mit oder ohne Knochen. Ohne Knochen lässt er sich in der Pfanne oder im Ofen braten, mit Knochen ebenfalls, allerdings besser im Ofen. Ganz fein und in Minutenschnelle fertig sind Lammfilets. Ebenfalls sehr gut zum kurzen, schnellen Braten: möglichst dünne Scheiben von der Lammkeule, natürlich ohne Knochenanteil. Wenn Hackfleisch gebraucht wird, vom Metzger ganz frisch das Fleisch von der Schulter durchdrehen lassen. Manchmal muss man das bestellen und bekommt es erst am Abend, sozusagen als letzte Tat vor dem Reinigen des Fleischwolfs. Denn der Metzger will vermeiden, dass die anderen Kunden auch Lammfleisch in ihrem normalen Hack haben. Alternativ das Fleisch selbst zerkleinern, einfach klein würfeln und mit dem großen Messer gut durchhacken.

Ganz in Ruhe

Für ein feines Ragout, das sanft vor sich hin schmurgelt, nehmen wir Schulter, Brust (die ist fetter als die Schulter) oder auch – allerdings sehr edel – Keule. Soll das Stück im Ganzen gebraten oder geschmort werden, traditionell zur Keule greifen, die besonders gut wird, wenn sie dabei noch den Knochen in der Mitte hat. Werden weniger Portionen benötigt, sind auch die Haxen (von vorne oder von hinten, die hinteren haben mehr Fleisch am Knochen) fein, sie lassen sich braten oder schmoren.

So ist's recht

Viele kleine Betriebe aus der Region haben ein paar Lämmer auf der Weide. Da von dort die Transportwege zu unserem Metzger recht kurz sind, ist das Fleisch dieser Tiere (oder zumindest das der Lämmer unserer europäischen Nachbarn) die beste Wahl. Einfach mal beim Metzger nachfragen, wann er wieder frisches Lammfleisch von nebenan bekommt. Und so sieht gutes Lammfleisch aus: Es hat ein helles bis mittleres Rot und das Fett ist rein weiß. Das Fleisch von Tieren, die bei der Schlachtung älter als 1 Jahr waren, ist dagegen dunkelrot und das Fett kann schon einen gelblichen Schimmer haben. Das Lammfleisch muss wie Rindfleisch reifen, allerdings nicht so lange. In der Regel hängt es etwa 1 Woche ab, manche Gourmetköche schwören drauf, es bis zu 3 Wochen reifen zu lassen. Lamm kann nämlich auch zäh schmecken, vor allem, wenn es nach dem Schlachten zu schnell und zu stark abkühlt. Bei Lammfleisch aus Neuseeland kommt das so gut wie nie vor, weil das Fleisch gleich nach dem Schlachten mit Stromstößen behandelt wird, die das Zähwerden verhindern.

Und die Ziege?

Soll die Ziege Fleisch liefern und nicht etwa Milch für Käse oder auch als Kuhmilchersatz, wird sie im Alter von 6 Wochen bis 6 Monaten geschlachtet, sie wiegt dann zwischen 5 und 8 kg. Ihr Fleisch ist ein bisschen magerer als Lammfleisch, wird aber genauso zubereitet.

Huhn, Pute, Ente, Gans

Etwas für die Liebhaber zarter Kost – weil Geflügelfleisch mit mildem Aroma fast auf der Zunge zergeht.

Das Huhn

Ein ganzes (Brat-)Huhn aus der schnellen Mast wiegt meist nur um die 1000 g, eins vom Bio-Bauern hat mehr Zeit zum Wachsen und bringt dann schon mal 1 1/2 kg und mehr auf die Waage. Ebenfalls fleischiger und schwerer sind Poularden, sie wiegen etwa zwischen 1 1/2 und 2 kg. Suppenhühner werden erst geschlachtet, wenn sie keine Eier mehr legen, haben darum mehr Muskeln und Sehnen und härteres Fleisch. Sie sind, wie der Name bereits sagt, am besten zum Suppenkochen geeignet. Immer gilt: Jedes Geflügel, das artgerecht aufgewachsen ist, hat in jedem Fall mehr Geschmack als eines aus Massentierhaltung. Den haben zudem Hühner, die besonderes Futter bekommen wie die Maispoularden. Wie die Bressehühner (für die ist Auslauf im Freien Vorschrift) kommen sie aus Frankreich.

Außer im Ganzen kriegt man Hähnchen auch halbiert oder in Stücken – die Hühnerbrust (meist ohne Knochen und Haut als Filet), die Keulen oder Schenkel und die Flügel (Chicken wings). Wenn an Keulen oder Schenkeln noch ein Stück vom Rücken hängt, am besten in zwei Teile trennen, direkt am Gelenk (um es zu finden, die beiden Teile einfach bewegen) geht das ganz leicht. Und zu guter Letzt gibt es noch schön kleine Hühnerlebern zu kaufen, die vor der Zubereitung nur noch von Sehnen und Häuten befreit werden müssen.

Wer auf leichte, kalorienarme Küche steht, greift gerne zu zartem Hähnchenfilet oder Putenschnitzel, das sanft gegart fast auf der Zunge zergeht. Ein knuspriger Genuss wird's mit Hähnchen oder Entenbrust aus dem Ofen, die mit einer krossen Haut auf dem Teller landen. Und ein Suppenhuhn ist die beste Basis für eine deftige, wohltuende Brühe oder Suppe. Das alles aber nur, wenn Hühner, Puten, Enten und Gänse nicht aus Massentierhaltung stammen. Dort werden sie nämlich auf engstem Raum möglichst schnell gemästet, und das Fleisch schmeckt keinesfalls so gut, wie es vielleicht aussieht. Also beim Einkauf unbedingt nachfragen, woher das Tier kommt und wie es aufgewachsen ist. Das beste Geflügel gibt es beim Bio-Bauern oder -Hof zu kaufen. Da dürfen die Tiere unter guten Bedingungen noch im Freiland (Bodenhaltung ist nicht gleich Freiland, da kann es auch ganz schön eng zugehen) leben und gesund aufwachsen.

Die Pute

Die Puten (oder auch Truthähne) zählen zu den größten unserer Geflügelarten, bis zu 20 kg schwer können sie werden. Und sie haben etwas ganz Besonderes zu bieten:

Garzeiten	Pfanne	Ofen (normal**)	Ofen (Niedriggaren*)	Grill	Topf
Hähnchenbrustfilet, 180 g	12–15 Min.	–	30 Min. bei 80 ºC	10–12 Min.	–
Schnitzel, Huhn/Pute, gut 1 cm	4–5 Min.	–	–	5–7 Min.	–
Hähnchenkeule, 280 g	–	35–45 Min.	–	30–40 Min.	35–45 Min.
Hähnchenflügel	–	20–25 Min. bei 220 ºC	–	15–20 Min.	–
Hähnchen, ganz, 1,3 kg	–	1 Std.	–	–	45–50 Min.
Entenbrustfilet, 300 g	15 Min.	10 Min. bei 220 ºC	45–50 Min. bei 80 ºC	12–15 Min.	–
Entenkeule, 280 g	–	1 Std. bei 180 ºC	2 1/2 Std. bei 120 ºC	–	1 1/4 Std.
Ente, ganz, 2 1/2 kg	–	2 1/2 Std. bei 170 ºC	3 1/2 Std. bei 120 ºC	–	–
Gänsebrustfilet, 400 g	20–22 Min.	45 Min. bei 160 ºC	2 Std. bei 80 ºC	20 Min.	–
Gänsekeule, 400 g	–	1 1/2 Std. bei 180 ºC	3 Std. bei 100 ºC	–	1 1/2 Std.
Gans, ganz, 4 1/2 g	–	4 Std. bei 170 ºC	5 1/2 Std. bei 120 ºC	–	–

* Zu den Zeiten beim Niedriggaren (immer Ober- und Unterhitze verwenden!) kommt noch die Zeit fürs Anbraten – entweder bei starker Hitze in der Pfanne auf dem Herd oder im Backofen bei 220 ºC – mit dazu: 5–10 Min.

** Und: Das Entenbrustfilet muss 5 Min. angebraten werden, bevor es bei normaler Temperatur in den Ofen kommt.

weißes, zartes Fleisch wie auch dunkles Fleisch mit einem kräftigen Aroma. Das helle kommt von der Brust und wird in Schnitzelscheiben, manchmal auch unter dem Namen Filet oder Medaillons verkauft. Das dunklere stammt von den Keulen. Ober- und Unterkeulen oder auch Stücke davon kann man als Ganzes schmoren oder braten. Wer eine komplette Pute zubereiten will, muss eine Baby-Pute kaufen, die zwischen 2 und 3 kg wiegt.

Die Ente

Im Vergleich zu Magergeflügel wie Huhn und Pute haben Fettgeflügel wie Ente und Gans immer eine schöne Fettschicht unter der Haut. Aber keine Sorge, beim Braten tropft davon so viel ab, dass man nachher nur ganz wenig Fett auf dem Teller hat.

Kaufen können wir entweder eine ganze Ente – das kann eine junge Ente, eine Bauernente oder eine eher kleine Flugente sein – oder die ausgelöste Brust mit Haut, manchmal auch die Keulen. Bei einer ganzen Ente sind meist die Innereien mit dabei (die liegen im Beutel im Bauch): Die Leber lässt sich wie jede andere Leber braten und ist zum Beispiel mit Salat als Vorspeise sehr fein, der Rest wird geschmort.

Die Gans

Wenn im Herbst die Kinder mit den Laternen durch die Straßen ziehen, ist es wieder so weit: Es ist Gänsezeit! Als Martins- und Weihnachtsgans kommt sie dann auf den Tisch. Als einzige Geflügelart haben Gänse noch so etwas wie eine Saison: Nur in den Herbst- und Wintermonaten bekommt man sie also frisch, im übrigen Jahr meist nur tiefgefroren. Je nach Alter wiegt eine Gans zwischen 2 1/2 und 5 kg. Am besten bestellt man sie im Geflügelladen oder beim Metzger vor. Auch im Angebot: Gänsebrustfilet mit Haut, manchmal die ganze Brust (noch am Knochen) und Keulen. Dazu stecken wie bei der Ente die Innereien im Bauch des ganzen Vogels.

Achtung: Wegen Salmonellen, für die Geflügel besonders anfällig sind, Huhn & Co. nicht roh essen, sondern stets bei ausreichend hohen Temperaturen ganz durchgaren. Nur so sterben die Salmonellen auf jeden Fall ab. Und: Wer TK-Geflügel kauft, nimmt es aus der Packung und taut es dann langsam im Kühlschrank auf – möglichst in einem Sieb, damit es nicht im eigenen Saft liegt. Taut es nämlich bei Zimmertemperatur im Raum auf, können sich ebenfalls leicht Salomnellen bilden. Am besten aber sowieso frisches Geflügel kaufen.

Wild aus Wald und Gehege

Ganz ohne Stall und aus der freien Natur – Wildfleisch ist zart, saftig und herrlich aromatisch. Unbedingt probieren!

kontrolliert wie Wildfleisch. Ist es zu sehr verstrahlt oder nicht ganz gesund, kommt es gar nicht erst in den Handel. Großhändler, die es vergammeln lassen, sind Gott sei Dank die Ausnahme. Trotzdem gilt natürlich wie immer: Wildfleisch beim Metzger des Vertrauens kaufen!

Der Hirsch

Früher haben wir geglaubt, dass das weibliche Tier Reh heißt und der Mann der Hirsch ist. Beide gehören aber zur Familie der Hirsche, in der man das Weibchen Hirschkuh und das Männchen Bulle nennt. Die Rothirsche sind besonders groß und auf dem Kopf der männlichen Tiere thronen beeindruckende Geweihe, die die Wände mancher Jägerhütte zieren. Die Damhirsche dagegen sind etwas kleiner und leben ganz oft in Wildgehegen.

Irgendwie sind wir ja alle Gewohnheitstiere und das wohl über viele Generationen hinweg. Früher war Wildfleisch als Herrenspeise nur dem Adel vorbehalten, der die Tiere auch jagen durfte, beim Fußvolk gab es kein Wild zu essen. Ob wir deshalb so selten dran denken, Wild zu kaufen? Oder liegt's doch eher daran, dass man es nicht immer und überall bekommt? Vielleicht denkt der eine oder andere aber auch an Gammelfleisch, weil bei diesem Thema vor allem Wildschweinefleisch in Verruf kam? Aber: Kaum ein Fleisch wird so streng

Hirschfleisch ist frisch vom Spätsommer oder auch Herbst bis etwa Ende Februar im Handel. Das Fleisch des Rotwilds ist dunkler in der Farbe und hat einen kräftigeren Geschmack als das des Damwilds. Von beiden Tieren kommen die besten Stücke aus dem Rücken und der Keule. Die werden dann im Ganzen als Braten gegart oder in Scheiben (z. B. vom Filet) als Steak gebraten. Kauft man schon fertig geschnittenes Ragoutfleisch, stammt das meist von Teilen der Schulter, dem Hals oder den Rippen. Wer sich's selber schneidet, nimmt vielleicht auch mal ein Stück von der Keule.

Garzeiten	Pfanne	Ofen (normal)	Ofen (Niedriggaren*)	Grill	Topf
Wildschweinkeule, 1,3 kg	–	2 Std. bei 180 °C	4 Std. bei 80 °C	–	–
Medaillons, 2–3 cm	6–8 Min.	8 Min. bei 180 °C	30 Min. bei 80 °C	5–8 Min.	–
Reh-/Hirschbraten, 1 kg	–	2 Std. bei 180 °C	3 1/2 Std. bei 80 °C	–	–
Ragout	–	–	–	–	2 Std.
Kaninchenfilet, 75 g	7–8 Min.	–	30 Min. bei 80 °C°	5–8 Min.	25 Min.
Kaninchen, in Stücken	–	45–50 Min. bei 180 °C	–	–	35–40 Min.

* Zu den Zeiten beim Niedriggaren (immer Ober- und Unterhitze verwenden!) kommt noch die Zeit fürs Anbraten – entweder bei starker Hitze in der Pfanne auf dem Herd oder im Backofen bei 220 °C – mit dazu: kleine Stücke wie Medaillons 2 Min. in der Pfanne, große Stücke wie Braten 10 Min. in Pfanne oder Ofen.

Das Reh

Das Reh ist die kleinste Gattung aus der großen Familie der Hirsche und hat ein besonders feines Fleisch. Es ist zarter als Hirschfleisch und herrlich saftig. Das edelste Stück vom Reh ist der Rücken, den man im Ganzen als Braten zubereiten kann. Die Filets werden in Scheiben geschnitten und als herrliche Medaillons kurzgebraten. Die Rehkeule kann ebenfalls im Ganzen in den Ofen geschoben werden, aber auch klein geschnitten ein Ragout ergeben oder als Schnitzel kurz in der Pfanne braten. Die Schulter wird in Stücken zum Ragout und im Ganzen zu einem besonders saftigen Braten.

Das Wildschwein

Manch einer träumt vom urigen Abenteuer, mal eine ganze Wildschweinkeule zu braten – ganz wie Obelix. Im Backofen könnte es da aber eng werden, denn so um die 5 kg wiegt die ganze Keule mindestens. Bleibt uns also wahrscheinlich nichts anderes übrig, als ein Stück davon zu kaufen. Nur wenn wir den Händler gut kennen, wird er uns das samt dem Knochen abschneiden (der hält das Fleisch beim Garen saftig und verleiht ihm zusätzliches Aroma), alle anderen bereiten es als Braten vor und lösen dabei den Knochen aus. Ebenfalls als Braten im Angebot sind Teile vom Rücken oder dem Kotelettstück. Rücken, Keule oder Schulter bekommt man, wenn man ein Ragout machen will, Koteletts und Teile vom Rücken oder der Keule gibt es aber auch zum Kurzbraten.

Das Fleisch des Wildschweins ist dunkler als das des Hausschweins und weniger fett. Im Vergleich zu allen anderen Wildarten hat es aber einen höheren Fettgehalt und bleibt deshalb beim Garen schön saftig. Frischlinge (junge Wildschweine) werden im Frühling gelegentlich angeboten. Sie sind aber sehr teuer und schmecken gegenüber erwachsenen Wildschweinen fast zu mild.

Das Kaninchen und der Hase

Wildhasen gibt's nur im Winter, Wildkaninchen theoretisch das ganze Jahr über. Was man aber in den meisten Geflügel- und Wildgeschäften bekommt, ist fast immer ein gezüchtetes Hauskaninchen, dessen helles Fleisch in Geschmack und Konsistenz dem des Huhns schon näher ist als dem des Rehs. Kaninchenfleisch ist mager und darf nicht zu lange gart werden, damit es nicht trocken wird. Gut bekommt ihm das Schmoren in würziger Füssigkeit. Manchmal wird Kaninchenfilet einzeln angeboten, es eignet sich sehr gut im Ganzen oder in Scheiben geteilt zum Kurzbraten. Ebenfalls zu haben: Keulen, die man am besten schmort.

Und jetzt? Machen, schmecken lassen!

Damit dabei auch alles klappt, verraten wir wichtige Tipps und Tricks dazu. Einfach nachlesen … und los geht's!

Rein in den Kühlschrank …

Beim Metzger waren wir, das Fleisch liegt auf dem Küchentisch. Jetzt gleich mal auspacken, auf einen Teller legen und mit einem zweiten Teller oder einer Schüssel abdecken (als Alternative ein Plastikgefäß nehmen), dann ab in den Kühlschrank damit. Dort kann es nun bis zu 2 Tage auf seinen Einsatz warten. Wer's länger aufheben will: Beim Metzger vakuumieren lassen, dann hält es rund 1 Woche frisch. Oder das Fleisch einfach einfrieren. Gut verpackt kann es im Tiefkühler bis zu 6 Monate bleiben.

… raus aus dem Kühlschrank

Fleisch mag keine Temperaturschocks. Kommt es direkt aus dem Kühlschrank eiskalt in die heiße Pfanne, passiert aber genau das. Deshalb Fleisch immer etwa 1 Stunde vor dem Zubereiten aus dem Kühlschrank holen und Zimmertemperatur annehmen lassen. Wenn's im Sommer mal sehr heiß ist, reichen auch 30 Minuten. TK-Fleisch taut am allerliebsten langsam auf: aus der Verpackung nehmen und auf einem Teller oder Sieb (in einer Schüssel hängend), im Kühlschrank wieder weich werden lassen.

Immer mit der Ruhe

Es gibt Leute, die finden es unnötig. Aber wir haben die Erfahrung gemacht, dass es einem großen Stück Fleisch nach dem Braten so richtig gut tut, wenn es ungefähr 10 Minuten Ruhe bekommt, bevor man es anschneidet. Der Saft verteilt sich gleichmäßig und beim Anschneiden läuft weniger davon aus. Damit das Fleisch in der Zeit nicht zu stark abkühlt, wird es in Alufolie eingewickelt. Und der Saft, der sich nachher in der Folie gesammelt hat, kommt in jedem Fall noch mit in die Sauce.

Zeig mir Deine Gäste

Man kann sich tagelang Gedanken machen, was wohl die Leute am liebsten essen, die demnächst zu Besuch kommen. Wer seine Gäste dabei vor dem inneren Auge Revue passieren lässt, dem fällt seine Wahl leichter. Kommt jemand, der noch nie da war? Dann in jedem Fall auf Nummer Sicher gehen und etwas kochen, was man schon mal gemacht hat und das fast von selbst geht. Etwas vielleicht, das nach einer kurzen Vorbereitung beim Garen kaum mehr Aufmerksamkeit erfordert. Ein Braten zum Beispiel oder ein Ragout oder Gulasch sind jetzt angesagt. Den Braten am besten bei Niedrigtemperatur garen, weil's dann auch keine Rolle spielt, wenn die Gäste nicht ganz pünktlich sind.

Kommt die beste Freundin, die immer so wahnsinnig viel zu erzählen hat? Dann weiß ich schon, dass ich mich nicht richtig aufs Kochen konzentrieren kann, und suche etwas aus, was sich entweder von selber macht, wie ein Ragout zum Schmoren. Oder etwas, das ganz schnell geht, wie etwa kleine Schnitzelchen oder Steaks zum Kurzbraten. Kommt eine ganze Meute, ist ein großer Braten eine gute Sache. Wenn's sehr viele sind, macht man einfach zwei Braten zusammen im Ofen. Aber ein Ragout, ein Curry oder ein Gulasch passen genauso. Die werden im großen Topf zubereitet, den man dann mitten auf den Tisch stellt. Ein paar Baguettes dazu und vielleicht einen Salat davor – und alle werden glücklich sein.
Trudeln gute Bekannte ein, die man schon lange kennt und die immer wieder gerne etwas Neues ausprobieren, passt einfach alles, was auf den folgenden Seiten zu finden ist.

Wie viel darf's denn sein?

Es gibt eine Regel, die besagt, dass man pro Portion zwischen 150 und 200 g Fleisch zubereiten soll. Wobei es immer darauf ankommt, wie üppig die Sauce ist und was mitgegart wird. Wir finden: Das ist im Alltag völlig o.k., aber bei einem geselligen Abend gibt es nichts Schlimmeres als genau abgezählte Stücke. Vor allem die Mengen beim Braten haben wir deshalb ziemlich großzügig bemessen. Guter Nebeneffekt: ein großes Stück Fleisch wird besser als ein kleines, weil es beim Garen saftiger bleibt. Und sollte es Reste geben, sind wir sogar froh darum. Denn daraus können wir ein zweites Gericht zaubern. Wie und was, steht ganz hinten im Buch. Außerdem steht schließlich nicht jeden Tag Fleisch auf dem Speiseplan, und wir und unsere Freunde können darum auch ein bisschen mehr als 150 g essen, wenn wir es uns schon mal schmecken lassen. Bei Schnitzeln und Ragouts also für Festtage einfach ein wenig mehr machen!

Bier oder lieber Wein?

Wir könnten jetzt vom feinen Schaum auf dem Bier schwärmen und vom herb-frischen, leicht bitteren Geschmack, der so gut zum Grillfleisch passt. Machen wir aber nicht. Wir sagen vor allem eins: Kommen Bierfreunde, kriegen sie auch eins. Selbst wenn zum Ragout vielleicht ein Wein besser passen würde. Und wenn einer so richtig gerne Wein trinkt, machen wir extra für ihn eine Flasche auf, auch wenn der Rest der Runde sich Bier ins Glas schenkt. Jedem das seine, das ist wichtig! Wo wir aber streng bleiben: Der Wein muss mit dem Essen mithalten können. Also wird zum kräftig gewürzten Gulasch kein leichter Weißer oder frischer Roter serviert, sondern ein aromatischer Weißer wie der Gewürztraminer oder ein runder, weicher Roter wie ein Merlot. Aber jetzt werden wir zu speziell. Lassen wir's uns doch einfach mal schmecken!

Die 7 Basic-Supertricks

fürs Vorbereiten von kleinen und großen Fleischstücken

Filet putzen + schneiden

1• Kauft man Filet beim Metzger, hat es kein Fett mehr dran, aber oft Sehnen. Und die müssen weg, wenn das Filet kurzgebraten wird: Mit einem langen Messer mit dünner, weicher Klinge unter die Sehne fahren und direkt am Fleisch abtrennen.

Dabei immer vom Körper weg schneiden. 2• Die dünnen Teile des Filets sind gut für Geschnetzeltes oder Wokfleisch: in dünne Scheiben und dann in Streifen schneiden. 3• Aus dem dicken Filetteil Medaillons schneiden – alle gleich dick. Wichtig: Das Fleisch stets quer zur Faser schneiden!

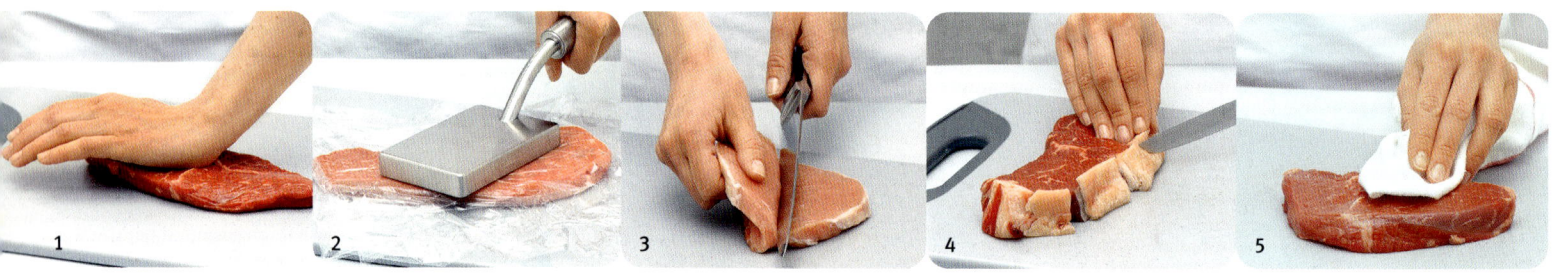

Fleischstücke vorbereiten

1• Ein Steak soll überall gleich hoch sein: alle dickeren Stellen mit dem Handballen flacher drücken. 2• Schnitzel schmecken schön dünn am besten: zwischen Frischhaltefolie legen und mit Fleischklopfer, Plattiereisen oder dem Boden einer Kasserolle leicht klopfen. 3• Sollen richtig dicke Schnitzel dünn werden, Schmetterlingsschnitt anwenden: horizontal bis auf 1 cm einschneiden, aufklappen. 4• Fettränder von Lendensteaks oder Koteletts ab und zu einschneiden, damit sie sich beim Braten nicht aufbiegen. 5• Fleisch nicht waschen, aber vor dem Braten trockentupfen.

Fleisch panieren

1• Mehl auf einen großen Teller sieben. Gewürzte Fleischscheiben zuerst von beiden Seiten gründlich darin wenden. 2• Dann hochheben und leicht schütteln, damit das überschüssige Mehl wieder abrieselt. 3• Eier in einem tiefen Teller leicht verquirlen. Schnitzel durch das Ei ziehen. Wer das nicht mit den Händen machen mag, nimmt die Fleischgabel. 4• Semmelbrösel auf einen großen Teller streuen, die Schnitzel darin wenden. Alle Stellen sollen von Bröseln bedeckt sein, Schnitzel also gut hineindrücken. Bis zum Braten nebeneinander aufs Brett legen.

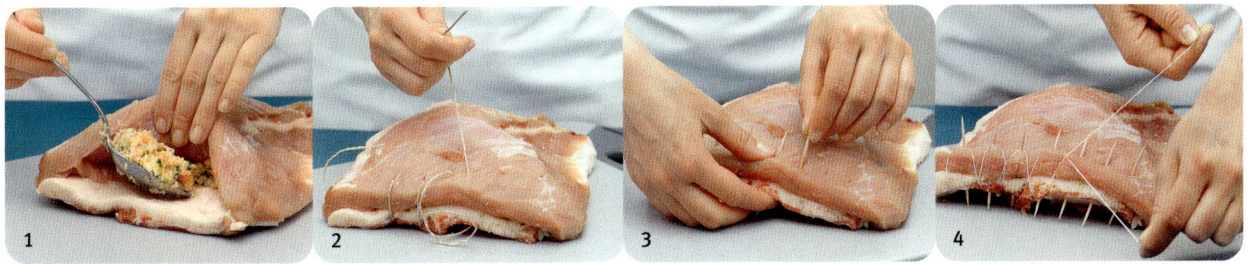

Kalbsbrust füllen

1• Schon vom Metzger eine Tasche in die Kalbsbrust schneiden lassen. Dann die obere Hälfte hochheben und die Füllung mit dem Löffel in die Tasche füllen. Nicht zu fest, weil sie sich beim Garen noch ausdehnt. 2• Jetzt gibt es zwei Möglichkeiten, die Öffnung zu schließen: Küchengarn in eine Fleischnadel einfädeln und die Öffnung in 1-cm-Abständen zunähen. Dabei die Fleischlappen über die Füllung ziehen. 3• Wer keine Fleischnadel hat, steckt einfach Zahnstocher im Abstand von knapp 2 cm von einer Fleischseite in die andere. 4• Jetzt die Mitte eines langen Stücks Küchengarn um den äußersten Zahnstocher wickeln, dann das Garn über Kreuz legen, zum nächsten Zahnstocher führen und darum schlingen. So fortfahren, bis alle Zahnstocher verbunden sind. Garnenden gut verknoten, Reste abschneiden.

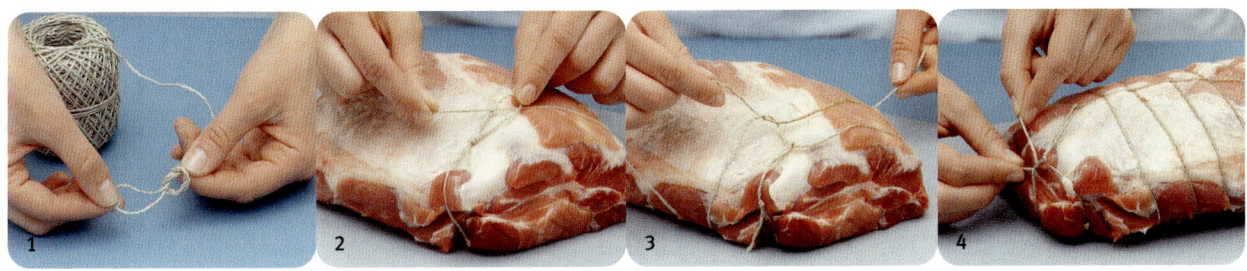

(Roll-)Braten binden

Rollbraten werden gebunden, damit die Füllung im Inneren bleibt, und ungefüllte Braten behalten so ihre Form. 1• An einem Ende eines langen Stücks Küchengarn eine kleine Schlaufe binden. 2• Das Garnende mit Schlaufe um ein Bratenende legen und das andere Garnende durchfädeln, fest anziehen. 3• Das lose Garn mit 2 cm Abstand locker unter dem Braten durchziehen, dann oben festhalten und einen kleinen »Steg« bilden. Garn unten durchziehen und so Schlaufen bilden, festziehen. 4• Bis zum anderen Bratenende so weitermachen, Garnenden verknoten.

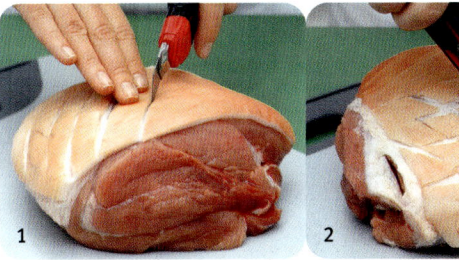

Rouladen rollen

1• Die Rindfleischscheiben bestreichen und belegen, dabei rundherum einen etwa 1 cm breiten Rand frei lassen. Alle Ränder nach innen klappen. 2• Jetzt die Rouladen von der schmalen Seite her aufrollen. 3• Die Enden jeweils mit einer Rouladennadel feststecken. Oder die gewickelten Rouladen wie ein Päckchen mit Küchengarn verschnüren.

Schwarte einschneiden

1• Rohe Schwarte in 1–2 cm Abstand mit dem Teppichmesser einschneiden, vorgegarte mit dem Messer. 2• Das Fleischstück drehen und rautenförmig einschneiden.

Die 7 Basic-Supertricks

fürs Zubereiten und Zerteilen von Fleisch

Geschnetzeltes braten

1• Damit sich die Fleischporen schnell schließen, braucht es Hitze. Also erst einmal die Pfanne auf dem Herd heiß werden lassen. Dann etwas Wasser in die Pfanne tropfen. Wenn es zischend verdampft, darf das Fett rein. 2• Nach und nach eine Portion vom geschnittenen Fleisch in der Pfanne unter Rühren braten. Tut man alles auf einmal rein, wird die Hitze zu schwach und aus dem Braten ein Kochen. 3• Ein Sieb über eine Schüssel hängen und das Gebratene dort hineingeben. So liegt es nicht im Fleischsaft und gart nicht nach.

Fleischteig verarbeiten

1• Für Hackbraten und Fleischküchlein den Teig mit den Händen kräftig so lange durchkneten, bis alle Zutaten zusammenhalten. 2• Den Teig für Hackbraten in eine ofenfeste Form geben, zum Laib drücken. 3• Für Küchlein den Teig mit angefeuchteten Händen zu gleich großen und dicken »Steaks« formen. 4• Hackfleisch bei nicht zu hoher Temperatur braten und immer durchgaren. Zur Probe ein Küchlein aus der Pfanne holen und in der Mitte auseinanderbrechen. Es muss überall gut durchgebraten sein. Ist es noch rötlich, noch ein paar Minuten braten.

Geflügel tranchieren

1• Das knusprige Brathuhn auf ein Brett mit Saftrinne legen. Zuerst die Flügel abschneiden. Dazu leicht vom Körper ziehen und am Gelenk durchschneiden. 2• Dann die Keulen mit einem Tuch festhalten und auch vom Körper wegziehen. Ebenfalls am Gelenk abtrennen. 3• Die Keulen am Gelenk einschneiden und in Unter- und Oberschenkel teilen. 4• Den Rest des Hähnchens auf den Rücken legen. Die Brust entlang des Brustbeins auf beiden Seiten einschneiden und ablösen. 5• Zum Schluss noch den Rücken mit der Geflügelschere in 2–4 Stücke schneiden.

Fleischfond zubereiten

1• Vom Metzger 2 kg Rinderknochen in Stücke hacken lassen und mit 500 g Markknochen und 5 EL Öl im Bräter mischen. Im 200 Grad heißen Ofen 30 Minuten braten. 2• Dann 2 Zwiebeln, 2 Möhren, 1 Stange Staudensellerie und 5 Knoblauchzehen (alles grob gewürfelt) 15 Minuten mitbraten. 3• Jetzt 300 g gewürfelte Tomaten, 2 EL Tomatenmark und ein paar Kräuterzweige (Thymian, Petersilie und Lorbeer) 15 Minuten mitbraten. 4• Alles gut mischen, noch mal 15 Minuten rösten. 5• Zutaten in einen Topf füllen, mit Wasser bedecken. Auf dem Herd zum Kochen bringen und etwa 2 Stunden bei schwacher Hitze leise köcheln lassen. Abkühlen lassen und das Fett abheben. Fond, den man nicht braucht, portionsweise einfrieren und später als Saucengrundlage oder auch verdünnt als Brühenersatz nehmen.

Brühe kochen

1• Für eine gute Brühe wird das Fleisch mit dem Wasser erhitzt: 600 g Suppenfleisch mit 500 g Rinderknochen und etwa 3 l Wasser im Topf erhitzen. 2• Knapp unter dem Siedepunkt bei schwacher Hitze ca. 1 Stunde leise köcheln lassen. Schaum dabei immer wieder abschöpfen. 3• Nun 1 Bund grob zerkleinertes Suppengrün hinzufügen und die Brühe salzen. 4• Eine Pfanne erhitzen. Darin 1 samt Schale halbierte Zwiebel auf den Schnittflächen anrösten. Auch in den Topf geben. 5• Alles noch einmal 1–2 Stunden köcheln lassen, dann durch ein Sieb gießen.

Garprobe beim Steak

1• Wer sich nicht allein auf die Garzeiten verlassen will, kann die Garprobe per Fingerdruck machen. Das blutige Steak ist weich und gibt auf Fingerdruck nach. 2• Ist das Steak in der Mitte noch weich, aber am Rand schon fester, ist es medium. Das durchgebratene Steak ist überall fest und reagiert kaum mehr auf den Finderdruck.

Garprobe beim Huhn

1• Huhn muss durch sein! Zur Probe in die dickste Stelle stechen, es muss klarer Saft auslaufen. 2• Oder einschneiden und aufklappen, das Fleisch muss hell sein.

Rezepte

Klein & fein

Wer sagt eigentlich, dass die Hauptrolle immer der Volltreffer sein muss. Hat nicht jeder von uns schon mal einen tollen Film gesehen und sich gerade in den verguckt, der mit seinen wenigen kurzen Auftritten dem Streifen erst das gewisse Etwas verpasst hat? Was das mit Fleisch zu tun hat? Na, bei dem ist das manchmal ganz genau so: Es gibt dem Salat den herzhaften Touch und macht das Sandwich so toll saftig – dabei ist gar nicht viel davon drin. Und deshalb sagen wir: and the Oscar goes to – Meat in der besten Nebenrolle!

Spezialität

Rohschinken

»Ich hänge meinen in den Rauch«, sagt der Schwarzwälder. »An meinen kommen nur Salz und ganz viel frische Bergluft«, meint der Macellaio aus dem Friaul. »Und ich mach' beides, aber sparsam«, freut sich der Südtiroler. Und der Grund für die unterschiedliche Handhabung? Es waren die äußeren Umstände. Eines sehr kalten Wintertages im Schwarzwald hat dort wohl jemand entdeckt, dass der Schweineschinken länger hält, wenn er über dem rauchenden Kamin zum Trocknen hängt. In der milden Luft des Friaul reicht das Einsalzen und der frische Wind, um den Schinken übers Jahr zu bringen, und Südtirol liegt an der Schnittstelle der Klimazonen und so werden dort beide Konservierungsmethoden verbunden.

Geräucherter Schinken aus dem Schwarzwald schmeckt am kräftigsten, Schinken aus dem Friaul (San Daniele) und aus anderen südlicheren Regionen ist milder und leicht süßlich, und Südtiroler Speck – eigentlich auch ein Schinken, da er wie seine Brüder aus der Schweinekeule gemacht wird – würzig und mild zugleich. Ist der Schinken luftgetrocknet und vom Rind, ist er viel dunkler und recht mager. In Italien heißt er Bresaola und in der Schweiz Bündner Fleisch.

Als feine, kleine Vorspeise schmecken alle gut: pur oder mit frischem Obst – klassisch mit Melone, aber genauso fein mit Feigen oder Erdbeeren. Und sogar ein Carpaccio kann man draus machen.

Neulich, da kam einer rein und wollte mal was ganz Besonderes. Hatte von Kobe-Rindern gehört. Die kommen aus Japan und werden da von ihren Züchtern mit Getreide, Rüben und Kartoffeln gefüttert.

Das Besondere an ihnen? Der Züchter braucht täglich um die zwei Stunden, damit er die Rinder massieren kann, etwa mit Sake. Und das soll dann dazu führen, dass die äußere Fettschicht dünn bleibt und das Fleisch selber überall von feinen Fettadern durchzogen ist. Ist ja recht und schön, sage ich zu ihm, aber haben Sie

MEIN METZGER SAGT

Warum denn in die Ferne schweifen?

einen Hunderter für zwei Steaks übrig? Kam er schon ins Grübeln. Da habe ich ihm von den Schwäbisch Hällischen Schweinen erzählt, die ein Kumpel von mir seit einiger Zeit züchtet und die einfach sagenhaft gut schmecken. Und von den Rindern, die im Nachbardorf aufwachsen. Die dürfen sogar ins Freie und bekommen ziemlich gutes Futter vorgesetzt. Massiert werden sie zwar nicht, aber Stress haben die trotzdem nicht. Auch weil der Schlachthof so nah ist und die ganze Aufregung bei weiten Transportstrecken entfällt. Ist vielleicht nicht alles Bio, aber regional. Und das ist ja für alle gut. Das hat er dann probiert – und fand es wohl ziemlich besonders, er kommt nämlich jetzt öfter!

Klassiker: Tatar

Schabefleisch hat man früher auch dazu gesagt. Vielleicht weil die Italiener, genauer gesagt die Piemontesen, das wirklich immer noch mit einem Schabemesser zerkleinern.

Das rohe Fleisch vom jungen Rind (um die 15 Monate) wird mit dem Messer geschabt oder zumindest ganz frisch gehackt. Und das isst man in Italien dann fast pur. Gerade mal etwas Salz, frisch gemahlener Pfeffer, ein wenig Zitronensaft und feines Olivenöl kommen dran. Bei uns wird das rohe Fleisch vom normal alten Rind (etwa 2 Jahre) zu Tatar verarbeitet, mit fein gehackten Zwiebeln und Gewürzgurken angemacht und auf Tellern serviert – jeweils mit 1 rohen Eigelb und eingelegten Sardellenfilets in Streifen, Kapern, Salz, Pfeffer und Paprikapulver zum Würzen. Das mischt man erst beim Essen und ganz so, wie es einem schmeckt. Dazu passen Toast oder Schwarzbrot mit Butter.

Sprichwörtlich

So eine Sauklaue

Oft kommt es ja nicht mehr vor, dass echte Briefe auf Papier im Briefkasten stecken. Wenn's doch mal passiert, kann man das Handgeschriebene manchmal nur schwer entziffern – der Schreiber war einfach aus der Übung und hatte eine Sauklaue. Das kann ja kein Schwein lesen, finden wir dann. Gar nicht so abwegig, dass so ein witziges Schweinchen mit dem Griffel zwischen den Pfoten dahinter stecken könnte. Stimmt natürlich nicht. Der Ursprung: Eine norddeutsche Familie namens Svein war vor vielen, vielen Jahren die einzige im Ort, die lesen und schreiben konnte. So manch einer kam also mit der Post zu ihnen nach Hause und wollte sie sich vorlesen lassen. War die Handschrift allerdings unleserlich, konnte selbst einer der Sveins sie nicht entziffern. Das kann doch kein Svein (Schwein) lesen, hieß es dann.

✚ Hilfreich

Der Schinken für die Vorspeise schmeckt hauchdünn am allerbesten, und das Fleisch für das Carpaccio muss auch jede Tellerwölbung mitmachen. Wer jetzt eine Aufschneidemaschine besitzt, ist fein raus. Aber wer hat die schon?

Ansonsten muss ein wirklich scharfes Messer her – und zwar ein großes, damit man auch große Scheiben in einem Stück abschneiden kann. Die Messerklinge sollte zwar breit und lang, aber möglichst dünn sein. Extra-Hilfe beim Fleischschneiden fürs Carpaccio wie auch beim Aufschneiden von fettem Speck: das Tiefkühlfach. Sind die Stücke angefroren (einfach für etwa 2 Stunden tiefkühlen), werden die Scheiben schön dünn und gleichmäßig. Und gerade weil sie so dünn sind, sind sie auch im Handumdrehen wieder aufgetaut.

Rinder-Carpaccio mit Knusperbrot

Die Brotkrümel-Deko heißt in Italien Pangrattato

Zutaten für 4 Personen:
200 g Rinderfilet oder -lende
(beides gut abgehangen)
40 g altbackenes Weißbrot
1 Bio-Zitrone
7 EL Olivenöl
Salz │ Pfeffer
4 ganz frische, möglichst große
Champignons oder Egerlinge
4 Stängel Basilikum
Zitronenspalten zum Garnieren

Zubereitungszeit: 25 Minuten
+ 2 Stunden Gefrieren
Kalorien pro Portion: 230 kcal

1_Das Rindfleisch vorbereiten: Sehnen abschneiden. Das Fleisch in Klarsichtfolie wickeln und etwa 2 Stunden ins Gefrierfach legen. Dann lässt es sich danach viel leichter dünn schneiden.

2_In der Zeit schon mal die Brotkrümel machen. Das Weißbrot auf der Rohkostreibe reiben oder mit den Fingern fein zerkrümeln. Die Zitrone heiß waschen und die Schale dünn abreiben. In einer Pfanne 2 EL Olivenöl erhitzen und die Brotkrümel darin bei mittlerer Hitze ein paar Minuten unter Rühren rösten, bis sie goldbraun und knusprig sind. Zitronenschale untermischen, Brotkrümel salzen und pfeffern und auf einen Teller füllen.

3_Nach der Gefrierzeit die Champignons oder Egerlinge mit einem Stück feuchtem Küchenpapier sauber abreiben, Pilzenden abschneiden. Pilze in sehr dünne Scheiben schneiden. Basilikumblättchen von den Stängeln knipsen, in kleine Stücke zupfen.

4_Vier große Teller mit etwas Olivenöl einpinseln. Dann das Fleisch aus der Folie wickeln und mit einem scharfen Messer in möglichst hauchdünne Scheiben schneiden. Leicht überlappend auf den Tellern auslegen.

5_Mit den Pilzscheiben garnieren, salzen, pfeffern und das übrige Öl darüberlaufen lassen. Brotkrümel und das Basilikum aufstreuen. Mit Zitronenspalten garnieren und schmecken lassen. Dazu gibt's trotz der Krümel noch ein bisschen knuspriges, ofenfrisches Weißbrot.

VARIANTE: Klassisches Rinder-Carpaccio

Das Fleisch wie beschrieben vorbereiten und schneiden. Vier große Teller mit ein bisschen Olivenöl einpinseln. Wer mag, legt sie mit Rucola aus, dann kommen die Fleischscheiben darauf. Mit etwas Olivenöl beträufeln, mit Salz und Pfeffer würzen und wenig Parmesan darüberhobeln – am allerbesten mit dem Sparschäler in ganz dünnen Spänen.

Kalbs-Carpaccio mit Limetten-Soja-Guss

Nur ganz leicht angegart

Zutaten für 4 Personen:
200 g Kalbsfilet oder -lende
1 Bio-Limette
1 Stück frischer Ingwer (etwa 1 cm)
1 kleine Chilischote
100 ml Kalbs- oder Gemüsefond
(aus dem Glas)
2 EL Sojasauce
2 TL Sesamöl | 1 TL Honig
2 Frühlingszwiebeln
4 Stängel Koriandergrün
Salz

Zubereitungszeit: 30 Minuten
+ 1 1/2 Stunden Gefrieren
Kalorien pro Portion: 90 kcal

1_Das Kalbfleisch vorbereiten: Sehnen sorgfältig abschneiden. Das Fleisch in Klarsichtfolie wickeln und 1 1/2 Stunden (2 Stunden schaden aber auch nichts) ins Gefrierfach legen. Dann lässt es sich anschließend viel leichter dünn schneiden.

2_Danach die Limette heiß waschen und ein längeres Stück Schale (4–5 cm) dünn abschneiden und in sehr feine Streifen schneiden. Den Limettensaft auspressen. Den Ingwer schälen und erst in dünne Scheiben, dann ebenfalls in ganz feine Streifen schneiden. Chilischote waschen und den Stiel abschneiden. Schote längs aufschlitzen, die Kerne mit den Häutchen herauslösen (Hände danach ganz gründlich waschen oder gleich beim Putzen der Chili Gummihandschuhe anziehen). Die Chilihälften auch in Streifen schneiden.

3_Den Fond mit der Sojasauce, dem Sesamöl und 2 EL Limettensaft in einem Topf mischen. Limettenschale, Ingwer, Chili und den Honig dazugeben und aufkochen. Den Sud heiß halten.

4_Frühlingszwiebeln waschen, Wurzelbüschel und die welken grünen Teile abschneiden. Zwiebeln in feine Ringe schneiden. Den Koriander abbrausen und trockenschütteln, die Blättchen von den Stängeln zupfen.

5_Fleisch aus der Folie wickeln und mit einem scharfen Messer in möglichst hauchdünne Scheiben schneiden. Leicht überlappend auf großen, am besten leicht vorgewärmten Tellern auslegen. Den Sud probieren und eventuell salzen. Ganz heiß über die Fleischscheiben löffeln, mit Zwiebelringen und Korianderblättchen bestreuen und gleich servieren. Dazu passt am besten knuspriges Toastbrot.

Wurstsalat mit Grillgemüse

Herrlich sommerlich

Zutaten für 4 Personen:
1 große rote Paprikaschote
250 g junge Zucchini
1 kleine Aubergine
1 große rote Zwiebel
Salz │ Pfeffer
6 EL Olivenöl
400 g Fleischwurst am Stück
(z. B. Lyoner)
2 1/2 EL Weißweinessig
1 TL edelsüßes Paprikapulver
1 TL scharfer Senf
1 Prise Zucker
1 Kästchen Gartenkresse oder
Rucola- oder Rettichsprossen

Zubereitungszeit: 30 Minuten
Kalorien pro Portion: 470 kcal

1_Den Backofengrill anheizen. Das Back-blech mit Backpapier auslegen. Paprika, Zucchini und Aubergine waschen. Paprika durch den Stiel halbieren, Stiel und Trenn-häutchen mit den Kernen abbrechen bzw. -zupfen. Von den Zucchini und der Auber-gine jeweils beide Enden abschneiden.

Die Zucchini längs und die Aubergine quer in 1 cm dicke Scheiben schneiden. Zwiebel schälen und vierteln.

2_Das Gemüse nebeneinander auf dem Backblech auslegen und mit Salz und Pfeffer bestreuen. Die Hälfte des Öls darüberlaufen lassen. Gemüse mit etwa 10 cm Abstand unter die Grillschlangen schieben und etwa 10 Minuten grillen. Dabei einmal umdrehen.

3_Inzwischen die Pelle von der Wurst abziehen. Die Wurst in knapp 1 cm dicke Scheiben, dann in ebenso breite Streifen schneiden. Für die Salatsauce den Essig mit Paprikapulver, Salz, Pfeffer, Senf und Zucker in einer Salatschüssel verrühren. Das übrige Olivenöl mit der Gabel unter-schlagen, bis die Sauce cremig wird.

4_Das Gemüse aus dem Ofen nehmen. Wer mag, zieht von den Paprikahälften auch gleich die Haut ab. Das Gemüse in etwa 1 cm breite Streifen schneiden. Mit der Wurst zur Sauce in die Schüssel geben, alles gut durchmischen. Probieren und eventuell nachwürzen. Die Kresse oder die Sprossen abschneiden und auf-streuen. Der Salat schmeckt mit Brezeln, Brötchen oder auch auf Krustenbrot.

Kasseler-Linsen-Salat

Gar nicht mal so deftig

Zutaten für 4 Personen:
200 g braune oder grüne Linsen
2 Knoblauchzehen
2 Zweige Thymian
2 Lorbeerblätter
400 g geräuchertes Kasseler
(ohne Knochen)
1 Bio-Orange
2 Frühlingszwiebeln
1 EL Zitronensaft
1 EL grobkörniger Senf
1 TL Honig │ Salz
1/2 TL Chilipulver
4 EL Olivenöl

Zubereitungszeit: 45 Minuten
+ 15 Minuten Marinieren
Kalorien pro Portion: 500 kcal

1_Die Linsen in einen Topf füllen und gut mit Wasser bedecken. Knoblauch schälen, halbieren und dazulegen. Den Thymian abbrausen und mit dem Lorbeer in den Topf geben. Alles zum Kochen bringen, Hitze klein stellen (zwischen schwacher und mittlerer Stufe) und den Deckel auf-

legen. Linsen etwa 35 Minuten kochen lassen, bis sie weich werden, aber noch Biss haben. Nach ungefähr 30 Minuten zum ersten Mal probieren!

2_Die Linsen dann in ein Sieb abgießen und lauwarm abkühlen lassen.

3_Inzwischen das Kasseler klein würfeln. Die Orange heiß waschen und die Schale fein abreiben, den Saft auspressen. Die Frühlingszwiebeln waschen, die Wurzel-büschel und die welken dunkelgrünen Teile abschneiden. Zwiebeln in feine Ringe schneiden.

4_Orangen- und Zitronensaft mit Senf, Orangenschale, Honig, Salz und Chili ver-rühren. Das Öl unterschlagen. Linsen und Kasseler mit den Zwiebelringen und der Salatsauce verrühren, etwa 15 Minuten ziehen lassen. Probieren und eventuell vor dem Servieren nachwürzen. Dazu schmeckt Weißbrot, aber auch Schüttel-brot oder Vinschgauer passen gut.

TIPP
Ein besonders feines Aroma haben Puy- und Belugalinsen. Zu kaufen gibt's die im Natur- oder Feinkostladen.

Fleischsalat mit Limette

Mit frischem Aromakick

Zutaten für 4 Personen:
1 kleine Salatgurke
1 Tomate
2 Frühlingszwiebeln
300–400 g Fleischwurst am Stück
(z. B. Lyoner, die Menge richtet sich nach dem Hunger)
1 Bio-Limette
100 g Mayonnaise (fertig gekauft; wer mag, nimmt Salatmayonnaise, die ist weniger fett)
100 g saure Sahne
Salz | Pfeffer

Zubereitungszeit: 20 Minuten
Kalorien pro Portion: 535 kcal

1_Die Gurke gründlich waschen oder schälen und der Länge nach halbieren. Kerne aus der Mitte mit einem kleinen Löffel herausschaben. Gurke in kleine Würfel schneiden. Tomate waschen und halbieren. Die Hälften in der Hand leicht zusammendrücken. Die Kerne, die dabei herauskommen, mit einem Messer ab-schaben und wegwerfen. Tomate eben-falls würfeln, dabei die Stielansätze weg-schneiden. Frühlingszwiebeln waschen, Wurzelbüschel und welke dunkelgrüne Teile abschneiden. Zwiebeln fein hacken oder in dünne Ringe schneiden.

2_Fleischwurst pellen und klein würfeln oder erst in dünne Scheiben und dann in Streifen schneiden. Die Limette heiß waschen und die Schale fein abreiben. Eine Limettenhälfte auspressen.

3_Die Mayonnaise mit der sauren Sahne, der Limettenschale und 1–2 TL Limetten-saft gründlich verrühren und mit Salz und Pfeffer abschmecken.

4_Fleischwurst mit Gurke, Tomate und Zwiebeln mit der Sauce mischen und pro-bieren. Eventuell nachwürzen und in eine Schüssel füllen. Mit Semmeln (Brötchen) oder Misch- oder Weißbrot essen. Auch fein dazu: knusprige Toastbrotscheiben.

Fleischsülze

Braucht zwar viel Zeit, macht aber wenig Arbeit

Zutaten für 4–6 Personen:
2 Kälberfüße (gut 2 kg, beim Metzger vorbestellen und von ihm auch gleich in Stücke hacken bzw. spalten lassen)
500 g nicht zu fetter Schweinebauch oder Kalbfleisch (zum Kochen)
1 Petersilienwurzel oder 1 Stück Knollensellerie (etwa 200 g)
2 Möhren
1 Stange Lauch
1 Zwiebel
8 Stängel Petersilie
2 Nelken
1 TL Wacholderbeeren
2 TL Pfefferkörner
Salz
4 Gewürzgurken (etwa 100 g)
etwa 1/8 l Weißwein- oder Apfelessig

Zubereitungszeit: 45 Minuten
+ 2 1/2 Stunden Kochen
+ ein paar Stunden Abkühlen
+ 12–24 Stunden Gelieren
Kalorien pro Portion (bei 6 Personen):
195 kcal

1_Die Kälberfüße und den Schweinebauch oder das Kalbfleisch waschen und in einen großen Topf legen.

2_Die Petersilienwurzel oder den Sellerie und 1 Möhre schälen. Lauch vom Wurzelbüschel und den welken dunkelgrünen Teilen befreien, längs aufschlitzen und gründlich waschen, auch zwischen den Schichten. Die Zwiebel schälen und mit dem geputzten Gemüse grob zerkleinern. 4 Petersilienstängel waschen und mit den Nelken, Wacholderbeeren, dem Pfeffer und Gemüse mit in den Topf geben.

3_Dann 2 1/2 l Wasser angießen und erhitzen, salzen. Alles bei geringer bis mittlerer Hitze offen etwa 2 1/2 Stunden leise vor sich hin köcheln lassen. Die Flüssigkeit soll keinesfalls kräftig kochen, sondern wirklich nur leicht blubbern.

4_Den Topfinhalt durch ein Sieb gießen, die Brühe auffangen. Schweinebauch oder Kalbfleisch aus dem Sieb nehmen, Rest wegwerfen. Die Brühe komplett auskühlen lassen, das dauert schon ein paar Stunden. Dabei setzt sich das Fett an der Oberfläche ab und wird fest. Fett mit dem Löffel gründlich abheben und wegwerfen.

5_Übrige Möhre schälen und längs in dünne Scheiben, dann in 1/2 cm dicke Streifen schneiden. Gurken ebenfalls in Streifen schneiden. Restliche Petersilie abbrausen, trockenschütteln und die Blättchen fein hacken. Vom Schweinebauch oder Kalbfleisch das Fett abschneiden, das Fleisch in kleine Würfel oder auch in dünne Streifen schneiden.

6_Jetzt die Brühe wieder in den Topf geben, dabei sieht man auch gleich, ob die Sülzeflüssigkeit schön glibberig oder noch zu flüssig ist. Wenn sie noch nicht gut zusammenhält, etwa 30 Minuten offen bei starker Hitze einkochen lassen. Dann gut 1 l abmessen und wieder aufkochen. Möhrenstreifen 2 Minuten darin kochen lassen, herausfischen. Die Brühe mit Essig und Salz kräftig abschmecken. Nicht zu vorsichtig sein, wieder abgekühlt schmeckt die Sülzeflüssigkeit milder.

7_Jetzt eine Kasten- oder Terrinenform (etwa 2 l Fassungsvermögen) bereitstellen oder Portionsförmchen nehmen. So oder so: 1/2 cm hoch mit der Sülzeflüssigkeit ausgießen und im Kühlschrank fest werden lassen. Fleisch, Möhre, Petersilie und Gurken einschichten und zwischendurch mit Flüssigkeit beschöpfen. Im Kühlschrank in 12–24 Stunden fest werden lassen.

8_Zum Stürzen die Form(en) in heißes Wasser tauchen und eventuell leicht hin und her schütteln, bis sich die Sülzemasse von den Rändern löst. Stürzen und große Sülzen in Scheiben schneiden, servieren. Dazu gibt's Brot oder Laugenbrezeln.

VARIANTE: Schnelle Fleischsülze mit Gelatine

12 Blatt weiße Gelatine etwa 10 Minuten in kaltem Wasser einweichen. In der Zeit 4 Stängel Petersilie abbrausen, trockenschütteln und die Blättchen fein hacken. 4 Gewürzgurken (etwa 100 g) und etwa 400 g Bratenreste, Tellerfleisch oder Tafelspitz vom Vortag, gekochten Schinken oder Kasseler klein schneiden. 1 l kräftige Fleisch- oder Gemüsebrühe aufkochen und mit etwa 1/8 l Weißwein- oder Apfelessig abschmecken. Gelatine ausdrücken und in einer Schöpfkelle mit warmer, aber nicht kochender Brühe auflösen, dann unter den Rest der Brühe rühren. Alles wie beschrieben in die Form füllen und im Kühlschrank fest werden lassen.

 **Basic-TIPP**

Sülze isst man überall anders: Im Sauerland wird sie zum Beispiel immer in der großen Form zubereitet, in Scheiben geschnitten und mit Remouladensauce und Bratkartoffeln als Hauptgericht auf den Tisch gebracht. In Bayern dagegen macht man die sogenannte Tellersulz, dafür wird gegartes Fleisch mit hart gekochten Eiern, Tomaten und Essiggurken – alles klein geschnitten – in Suppenteller geschichtet, mit Sülzeflüssigkeit übergossen und so zum Festwerden in den Kühlschrank gestellt. Dazu gibt's dann frische Brezeln.

Feine Pastete

Edel durch Wildfleisch

Zutaten für 10–12 Personen:
Für die Füllung:
250 g Rehfleisch (Keule oder Schulter)
100 g Schweinefleisch (Oberschale oder magere Schulter)
200 g grüner Speck (frisch und ungeräuchert)
je 1 Bio-Zitrone und Bio-Orange
1 TL Wacholderbeeren
Salz | Pfeffer
1 kräftige Prise frisch geriebene Muskatnuss
je 1 Prise Nelken- und Ingwerpulver
200 g Reh- oder Hirschfilet
1 EL Öl | 1/2 EL Butter
40 g Pistazienkerne
Für den Teig:
325 g Mehl | 1 gestrichener TL Salz
1 Eiweiß (Größe M) | 175 g kalte Butter
Zum Bestreichen:
1 Eigelb (Größe M)

Zubereitungszeit: 1 1/2 Stunden
+ 1 Stunde Kühlen
+ 50 Minuten Backen
Kalorien pro Portion (bei 12 Personen):
385 kcal

1_Das Wichtigste zuerst: Bei der Vorbereitung der Füllung bitte immer darauf achten, dass alle Zutaten gut gekühlt sind. Nur so entfaltet das im Fleisch enthaltene Eiweiß erst beim Garen seine Wirkung und gibt der Masse die Bindung, die sie braucht. Also: alles immer wieder kalt stellen und kleine Portionen zerkleinern!

2_Und los geht's: Reh- und Schweinefleisch von allen Sehnen und Fettstücken befreien, dann etwa 1 cm groß würfeln. In eine Schüssel füllen und kühl stellen. Den Speck ebenfalls würfeln und ins Gefrierfach stellen.

3_Zitrone und Orange heiß waschen und die Schale fein abreiben. Die Orange und 1/2 Zitrone auspressen. Wacholderbeeren fein zerdrücken oder hacken und mit der Orangen- und der Zitronenschale, 1 gehäuften TL Salz, 1/4 TL Pfeffer, Muskat, Nelken- und Ingwerpulver mischen und auf Fleisch und Speck verteilen.

4_Vom Reh- oder Hirschfilet die Häutchen und Sehnen abschneiden. Filet salzen und pfeffern. In einer Pfanne das Öl und die Butter erhitzen, das Filet darin bei starker Hitze rundum anbraten. Herausnehmen. Orangen- und Zitronensaft in die Pfanne

gießen und cremig einkochen lassen, das dauert nur etwa 2 Minuten. Über das Filet tröpfeln und offen stehen lassen.

5_Für den Teig Mehl, Salz, Eiweiß und die Butter in Flöckchen zu einem glatten, geschmeidigen Teig verkneten. Dabei nach und nach etwa 5 EL kaltes Wasser unterarbeiten.

6_Teig auf wenig Mehl knapp 1/2 cm dick ausrollen. Eine Pasteten- oder Kastenform von etwa 22 cm Länge auf die Teigplatte setzen und Boden- und Seitenflächen der Form sowie einen Deckel auf dem Teig markieren. Die Teigstücke ausschneiden, in die Form legen und die Kanten gut zusammendrücken. Den Deckel auf eine Platte legen. Alles etwa 1 Stunde kühlen.

7_Zurück zur Füllung: Fleisch und Speck mischen und in vier Portionen kurz, aber kräftig im Mixer zerkleinern, alles in eine Schüssel füllen und kühl stellen. Die Pistazien hacken und unterheben. Farce mit Salz und Pfeffer abschmecken.

8_Backofen auf 220 Grad vorheizen (auch schon jetzt einschalten: Umluft 200 Grad). Etwa die Hälfte der Farce in der Form auf dem Teig verteilen. Das Reh- oder Hirsch-

filet darauflegen. Die übrige Farce darauf-löffeln und glatt verstreichen. In den Teig-deckel in der Mitte ein Loch schneiden oder den ganzen Teigdeckel mit ein paar Schlitzen versehen. Deckel auf die Farce legen und an den Seiten gut andrücken. (Wer mag, schneidet aus den Teigresten noch beliebige Motive aus und legt sie auf den Teigdeckel.)

9_Das Eigelb zum Bestreichen verquirlen und den Teig damit einpinseln. Wer ein Bratenthermometer hat, steckt es in die Mitte der Pastete ins Filet. Die Pastete im Ofen (Mitte) 15 Minuten backen. Dann die Hitze auf 180 Grad (Umluft 160 Grad) zurückschalten und die Pastete noch mal etwa 35 Minuten backen (das Bratenther-momether zeigt jetzt 65 Grad an und das Filet in der Mitte ist noch leicht rosa). Die Pastete aus dem Ofen nehmen und ab-kühlen lassen, dann aus der Form lösen und in Scheiben schneiden.

TIPP
Wahrscheinlich hat niemand Lust, die Farce roh zu probieren. Um herauszufin-den, ob sie würzig genug ist, etwa einen Teelöffel davon in wenig Öl oder Butter braten, abkühlen lassen und testen.

Bauernterrine
Angenehm würzig

Zutaten für 10–12 Personen:
600 g mageres Schweinefleisch
250 g Schweinebauch (ohne Schwarte)
1 TL grobes Salz | 2 TL Pfefferkörner
4 Knoblauchzehen
2 Schalotten | 1 TL Butter
6 Stängel Oregano
je 50 ml Cognac oder Rum
und Weißwein
100 g Sahne | 2 Eier (Größe M)
je 1 Prise Zimt- und Nelkenpulver
sowie frisch geriebene Muskatnuss
Salz
etwa 100 g fetter Speck (in dünnen
Scheiben)
2 Lorbeerblätter

Zubereitungszeit: 40 Minuten
+ 1 1/2 Stunden Garen
+ 1 Tag Durchziehen
Kalorien pro Portion (bei 12 Personen):
215 kcal

1_Das Fleisch 1–2 cm groß würfeln. Salz und die Pfefferkörner im Mörser leicht andrücken und unter das Fleisch mischen, 15 Minuten ins Gefrierfach stellen.

2_Knoblauch und Schalotten schälen und fein hacken. Butter zerlassen, Schalotten und Knoblauch darin bei schwacher Hitze 5 Minuten dünsten. Oregano abbrausen, trockenschütteln und fein hacken.

3_Das Fleisch in vier Portionen in der Küchenmaschine fein zerkleinern und in eine Schüssel geben. Schalotten, Knob-lauch, Oregano, Cognac oder Rum, Wein, Sahne und Eier gründlich untermischen. Die Terrinenmasse kräftig mit Zimt, Nelke, Muskat und Salz abschmecken.

4_Den Backofen auf 160 Grad vorheizen (erst später einschalten: Umluft 140 Grad). Eine ofenfeste, längliche Form mit Speck-scheiben auskleiden. Terrinenmasse ein-füllen, mit Speckscheiben bedecken und die Lorbeerblätter auflegen. Terrinenform in einen etwas größeren Bräter stellen und in den Zwischenraum bis zur Hälfte der Formhöhe heißes Wasser gießen. Den Bräter in den Ofen (Mitte) schieben und die Terrine etwa 1 1/2 Stunden garen.

5_Terrine in der Form erkalten und vor dem Anschneiden mindestens 1 Tag an einem kühlen Ort durchziehen lassen. Dann in Scheiben schneiden und mit Mischbrot oder Brezeln essen.

Bratwurst-brötchen mit Gurke

Deftiger Imbiss

Zutaten für 4 Personen:
1 kleine Salatgurke (etwa 250 g)
Salz
150 g Schmant oder feste saure Sahne
1 TL scharfer Senf
1/2 EL süßer Senf
Pfeffer
1/2 Bund Dill
1 TL Zitronensaft
2 TL + 1 EL Öl
4 dicke oder 8 normale Bratwürste
(etwa 400 g)
4 längliche Brötchen oder Kornspitz

Zubereitungszeit: 20 Minuten
Kalorien pro Portion: 565 kcal

1_Die Gurke schälen und längs halbieren.
Die Kerne aus der Mitte mit einem Teelöffel herauskratzen. Gurkenhälften der
Länge nach in dünne Scheiben schneiden
oder hobeln, quer halbieren. Die Gurkenstreifen in einer Schüssel mit etwas Salz
mischen und 10 Minuten stehen lassen.

2_Inzwischen Schmant oder saure Sahne
mit beiden Senfsorten gut verrühren und
mit Salz und Pfeffer würzen. Den Dill abbrausen und trockenschütteln, Spitzen
abzupfen und fein hacken. Die Gurkenstreifen abtropfen lassen. Zitronensaft mit
Pfeffer und 2 TL Öl verrühren und mit dem
Dill unter die Gurkenstreifen mischen. Ein
Gurkenstreifen probieren. Falls nötig,
noch leicht salzen.

3_Den 1 EL Öl in einer Pfanne erhitzen.
Die Bratwürste darin bei mittlerer Hitze
etwa 6 Minuten braten, dabei ab und zu
die Pfanne rütteln und die Würste auf
diese Weise wenden. Brötchen oder Kornspitz aufschneiden, untere Hälften mit
Gurkenstreifen belegen. Bratwürste darauflegen (wer mag, schneidet sie vorher
der Länge nach ein und klappt sie auf).
Senfcreme drüber, zusammenklappen,
in eine Serviette wickeln und zubeißen.

TIPP

Manchmal gibt es beim Bio-Metzger rohe
Lammbratwürste, die schmecken in der
Semmel besonders gut. Ansonsten
Schweinsbratwürste nehmen. In jedem
Fall aber rohe Würste aussuchen, die
möglichst so lang sind wie die Brötchen.

Schnitzel-brötchen

Mediterranes gegen den kleinen Hunger

Zutaten für 4 Personen:
150 g gehäutete rote Paprikaschoten
(aus dem Glas)
4 EL Olivenöl | 2 EL schwarze Oliven
2 Zweige Thymian
Salz | Pfeffer | Chilipulver
4 Artischockenböden oder -herzen
(aus dem Glas oder vom italienischen
Feinkostladen)
4 Salatblätter
4 Schweineschnitzel (je etwa 120 g)
4 Baguette- oder Ciabatta-Brötchen

Zubereitungszeit: 25 Minuten
Kalorien pro Portion: 390 kcal

1_Die Paprikaschoten abtropfen lassen,
grob zerschneiden und mit 2 EL Öl mit
dem Pürierstab fein zerkleinern. Das
Olivenfleisch von den Steinen schneiden
und fein hacken. Den Thymian abbrausen
und trockenschütteln, die Blättchen abstreifen und mit den Oliven unter das
Paprikapüree rühren. Mit Salz, Pfeffer
und Chili nach Geschmack würzen.

2_Artischocken abtropfen lassen und in dünne Scheiben schneiden. Salatblätter waschen und trockenschütteln. Wenn nötig, die dicken Mittelrippen flacher schneiden oder ganz rausschneiden.

3_Die Schweineschnitzel mit Salz und Pfeffer würzen. Das restliche Öl in einer Pfanne erhitzen. Schnitzel hineinlegen und pro Seite 2 1/2 Minuten bei mittlerer Hitze braten.

4_Die Brötchen aufschneiden und die Salatblätter auf die unteren Hälften legen. Die Artischocken darauf verteilen. Mit den heißen Schnitzeln belegen, die Paprikasauce darüberlöffeln. Obere Brötchenhälften auflegen und die Schnitzelbrötchen ganz frisch essen.

TIPP

Statt Schweineschnitzel schmecken auch dünne Scheiben von der Rinderlende oder vom Lamm sehr gut. Beim Lamm Fleisch aus der Keule nehmen und in etwa 1 cm dicke Scheiben schneiden lassen.

Avocado-Huhn-Mango-Sandwich

Fruchtig, frisch und leicht

Zutaten für 4 Personen:
400 g Hähnchenbrustfilet
1 EL scharfer Senf
2 EL Zitronensaft
2 TL Ahornsirup oder flüssiger Honig
1 TL Chilipulver │ Salz
1 Avocado │ 1 Mango
Pfeffer
1 Kästchen Gartenkresse
150 g saure Sahne
1 EL Olivenöl │ 1 EL Butter
8 Scheiben Sandwichbrot (ersatzweise 4 flache, breite Brötchen, z. B. Ciabatta-Brötchen)

Zubereitungszeit: 30 Minuten
Kalorien pro Portion: 455 kcal

1_Das Hähnchenbrustfilet längs in knapp 1 cm dicke Scheiben schneiden. Senf mit 1 1/2 EL Zitronensaft, Ahornsirup oder Honig, Chilipulver und Salz verrühren und die Hähnchenscheiben damit einstreichen.

2_Die Avocado rundherum bis zum Kern einschneiden. Die Hälften gegeneinander drehen und auseinanderlösen. Den Kern herausheben, die Hälften schälen und in dünne Scheiben schneiden. Die Mango schälen und das Fruchtfleisch in dünnen Scheiben vom Stein schneiden. Avocado und Mango mit dem übrigen Zitronensaft beträufeln und leicht salzen und pfeffern.

3_Die Kresse vom Beet schneiden und mit der sauren Sahne verrühren, mit Salz und Pfeffer abschmecken.

4_Öl und Butter in einer Pfanne erhitzen, bis die Butter aufschäumt. Hitze kleiner stellen (etwa zwischen schwacher und mittlerer Hitze). Die Hähnchenscheiben einlegen, etwa 2 Minuten braten, dann umdrehen und noch mal so lange braten.

5_Die Hälfte der Brotscheiben mit der Kressesahne bestreichen. Die Hälfte der Avocado- und Mangoscheiben darauflegen. Darauf kommt jetzt das Hähnchenfilet und darauf dann die übrigen Mango- und Avocadoscheiben. Restliche Brotscheiben auflegen, leicht andrücken und die Sandwiches gleich servieren (gut: mit der Serviette in die Hand nehmen).

Fladenbrot mit Schinken

Unbedingt sofort essen!

Zutaten für 4–6 Personen:
Für den Teig:
300 g Mehl
15 g frische Hefe
1 Prise Zucker
1 1/2 EL Olivenöl
1 TL Salz
Für die Füllung:
150 g saftiger gekochter Schinken
1 Bund Petersilie
2 Knoblauchzehen
1 Kugel Mozzarella (125 g)
50 g Artischockenherzen (aus dem Glas), getrocknete Tomaten (in Öl) oder gehäutete Paprikaschoten (ebenfalls aus dem Glas)
1 1/2 EL Olivenöl
2 EL Pinienkerne
Salz | Pfeffer
Zum Bestreichen:
1 Eigelb (Größe M)

Zubereitungszeit: 45 Minuten
+ 1 Stunde Gehen
+ 20–25 Minuten Backen
Kalorien pro Portion (bei 6 Personen): 340 kcal

1_Für den Teig das Mehl in eine Schüssel füllen. Die Hefe zerkrümeln und mit dem Zucker in 160 ml lauwarmem Wasser anrühren. Mit Öl und Salz zum Mehl gießen, alles mischen, dann auf die Arbeitsfläche kippen und kräftig durchkneten, bis der Teig geschmeidig und glatt ist. Zurück in die Schüssel legen, mit einem Tuch zudecken und den Teig an einem warmen Ort etwa 1 Stunde ruhen lassen, bis sich sein Volumen etwa verdoppelt hat.

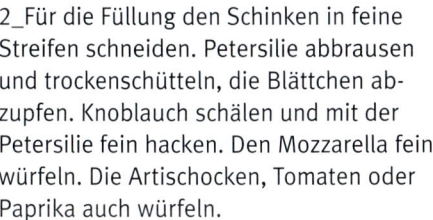

Hackbaguette

Imbiss auf die südländische Art

Zutaten für 4 Personen:
1/2 rote Paprikaschote
1 kleine Stange Staudensellerie
1 kleiner Zucchino
2 Frühlingszwiebeln
4 Stängel Petersilie
200 g gemischtes Hackfleisch
1 Ei (Größe S)
Salz | Pfeffer
1/2 TL edelsüßes Paprikapulver
etwas mehr als 1/2 Baguette
(um die 300 g)
100 g Schafkäse (Feta)
1 EL Olivenöl

Zubereitungszeit: 20 Minuten
+ 25 Minuten Backen
Kalorien pro Portion: 435 kcal

2_Für die Füllung den Schinken in feine Streifen schneiden. Petersilie abbrausen und trockenschütteln, die Blättchen abzupfen. Knoblauch schälen und mit der Petersilie fein hacken. Den Mozzarella fein würfeln. Die Artischocken, Tomaten oder Paprika auch würfeln.

3_In einer Pfanne 2 TL Öl erhitzen und die Pinienkerne darin goldgelb rösten. In eine Schüssel füllen. Alle zerkleinerten Zutaten mit dem restlichen Öl dazugeben und mit Salz (vorsichtig, weil der Schinken auch schon salzig ist) und Pfeffer würzen.

4_Backofen auf 200 Grad vorheizen (auch schon jetzt einschalten: Umluft 180 Grad). Teig halbieren und jede Hälfte auf wenig Mehl zu einem ovalen Fladen ausrollen. Backblech mit Backpapier auslegen, einen Fladen darauflegen, Schinkenmischung daraufhäufen und gleichmäßig verteilen, einen kleinen Rand frei lassen. Zweiten Fladen kreuzweise einschneiden, auf den ersten Fladen legen und die Ränder gut

zusammendrücken. Den gefüllten Fladen mit dem Eigelb einpinseln und im Ofen (Mitte) 20–25 Minuten backen, bis er schön gebräunt ist. Am besten lauwarm in tortenstückgroßen Stücken essen.

VARIANTE: Wurstfladen

Statt der Schinkenfüllung 200 g frische Salsicce (italienische rohe Schweinsbratwürste) oder andere rohe Bratwürste nehmen und die Wurstmasse aus den Häuten drücken und zerkrümeln. Mit 1 gewürfelten, frischen Tomate, 1/2 TL Fenchelsamen und 1/2 Bund gehacktem Dill mischen. 100 g Ricotta oder Frischkäse und 3 EL frisch geriebenen Parmesan untermischen, salzen, pfeffern und wie beschrieben im Brotteig backen.

1_Backofen auf 180 Grad vorheizen (auch schon jetzt einschalten: Umluft 160 Grad). Das Gemüse waschen, putzen und in sehr kleine Würfel schneiden. Die Petersilie abbrausen und trockenschütteln, die Blättchen abzupfen und fein hacken.

2_Gemüse und Petersilie in eine Schüssel füllen. Hackfleisch, Ei, Salz, Pfeffer und Paprikapulver zugeben und alles gründlich miteinander mischen, am besten mit den Händen durchkneten.

3_Das Baguette der Länge nach durchschneiden, jede Hälfte einmal quer teilen. Jedes der vier Stücke ein wenig flacher drücken (isst sich später leichter) und nebeneinander aufs Backblech legen. Hackmischung darauf verteilen. Feta in kleine Würfel schneiden, mit dem Öl verrühren und auf das Hack löffeln. Baguettes im Ofen (Mitte) etwa 25 Minuten backen, bis die Oberfläche schön gebräunt ist.

Thai-Rind-fleischsalat

Würzig und scharf

Zutaten für 4 Personen:
2 Knoblauchzehen
2 rote Chilischoten
5 EL Fischsauce
5 EL Limettensaft
1 EL Zucker
2 rote Zwiebeln
1 rote Paprikaschote
1 Bund Schnittlauch
500 g Rinderfilet
2 EL Öl
2 Stängel Koriandergrün

Zubereitungszeit: 30 Minuten
Kalorien pro Portion: 245 kcal

1_Den Knoblauch schälen, Chilischoten waschen und entstielen. Beides grob hacken, in den Mörser füllen und fein zerstoßen oder im Blitzhacker zerkleinern. Fischsauce, Limettensaft und Zucker dazugeben und alles verrühren, bis der Zucker sich auflöst.

2_Die Zwiebeln schälen, vierteln und in feine Streifen schneiden. Paprikaschote waschen und auch vierteln. Stiel und Trennhäutchen mit den Kernen entfernen. Die Paprika in feine Streifen schneiden. Schnittlauch abbrausen, trockenschütteln und in 2 cm lange Stücke schneiden.

3_Das Fleisch in sehr dünne Scheiben schneiden. Öl in einer Pfanne erhitzen. Fleisch darin in drei Portionen bei starker Hitze jeweils etwa 1 1/2 Minuten braten, herausnehmen. Zwiebeln und Paprika in die Pfanne geben und unter Rühren etwa 1 Minute braten. Fleisch, Zwiebeln und Paprika mit Sauce und Schnittlauch vermischen und abschmecken. Koriander abbrausen und trockenschütteln, Blättchen abzupfen und vor dem Servieren auf den Salat streuen. Lauwarm schmeckt er am besten, dazu gibt es Weißbrot.

TIPP
Ein Salat, der auch perfekt aufs Partybüfett passt. Dann natürlich mehr machen. Wie beschrieben zubereiten und vor dem Servieren noch mal durchrühren und vielleicht auch nachwürzen. Kalt essen.

Entensalat mit Ingwer

Aromatisch und fruchtig

Zutaten für 4 Personen:
1/2 Bund Koriandergrün
1 Knoblauchzehe
1 Stück frischer Ingwer (etwa 4 cm)
3 EL Sojasauce | 1 EL Honig
2 Entenbrustfilets (je etwa 250 g)
1 Baby-Ananas (etwa 500 g)
2 zarte Stangen Staudensellerie
4 EL Limetten- oder Zitronensaft
Chilipulver | Salz | Pfeffer
eventuell Salatblätter zum Garnieren

Zubereitungszeit: 45 Minuten
+ 1 Stunde Ruhen
Kalorien pro Portion: 360 kcal

1_Koriander abbrausen, trockenschütteln und die Blättchen von 3–4 Stängeln fein hacken. Rest für später weglegen. Knoblauch schälen, durchpressen. Die Hälfte des Ingwers schälen, sehr fein hacken.

2_Gehackten Koriander, Knoblauch und Ingwer mit der Sojasauce und gut 1/2 EL Honig verrühren. Entenbrustfilets damit beschöpfen und 1 Stunde ruhen lassen.

3_Dann eine schwere Pfanne auf dem Herd heiß werden lassen, die Hitze auf mittlere Stufe zurückschalten. Die Entenbrustfilets abtropfen lassen und mit der Hautseite nach unten in die Pfanne legen. Etwa 8 Minuten braten, umdrehen und noch einmal etwa 7 Minuten braten, dabei nach ein paar Minuten die Marinade über die Filets gießen. Dann das Fleisch in Alufolie wickeln und kurz ruhen lassen.

4_Von der Ananas den Schopf und den Stielansatz abschneiden. Ananas schälen, dann zuerst in Scheiben, anschließend in kleine Würfel schneiden. Den restlichen Ingwer schälen und in sehr feine Streifen schneiden. Den Sellerie waschen und putzen, die Stangen in dünne Scheiben schneiden.

5_Zitrussaft mit dem restlichen Honig, den Ingwerstreifen, Chilipulver nach Geschmack, Salz und Pfeffer verrühren. Entenbrüste auswickeln, in feine Scheiben schneiden, mit der Sauce mischen, dann Ananas und Sellerie untermengen. Salat abschmecken und in einer Schüssel (wer mag, legt sie vorher mit Salatblättern aus) anrichten. Vom restlichen Koriander die Blättchen abzupfen und aufstreuen.

Gemüsesalat mit Roastbeef

Bunte Sommerküche

Zutaten für 4 Personen:
250 g junge Möhren
250 g Zuckerschoten
250 g Brokkoli | 1 rote Paprikaschote
1 Bund Frühlingszwiebeln
Salz | 1/2 Bund Schnittlauch
1 Kästchen Gartenkresse
75 g Joghurt | 2 EL Zitronensaft
2 TL scharfer Senf
2 EL Rapsöl | Pfeffer
250 g Roastbeef (in dünnen Scheiben)
Zitronenspalten zum Garnieren

Zubereitungszeit: 30 Minuten
Kalorien pro Portion: 195 kcal

1_Gemüse schälen oder waschen. Von den Möhren und Zuckerschoten die Enden abschneiden, Möhren längs vierteln. Vom Brokkoli die Röschen abschneiden, Stiel schälen und in Scheiben schneiden. Die Paprika halbieren, Stiel und Trennhäutchen entfernen. Paprika in 1 cm breite Streifen schneiden. Von den Frühlingszwiebeln Wurzeln und welke grüne Teile abschneiden, Zwiebeln längs halbieren.

2_In einem Topf Wasser zum Kochen bringen und salzen. Zuerst Möhren und Brokkolistiele hineingeben, 1 Minute sprudelnd kochen lassen. Dann das restliche Gemüse zugeben und alles weitere 2–3 Minuten kochen, bis das Gemüse bissfest ist. Vom Kochwasser 1 EL abnehmen. Gemüse in ein Sieb abgießen und kurz kaltes Wasser drüberlaufen lassen.

3_Für das Dressing den Schnittlauch abbrausen, trockenschütteln und in Röllchen schneiden. Die Kresse mit einer Küchenschere vom Beet schneiden. Den Joghurt mit Zitronensaft, Senf und Rapsöl zum Gemüsekochwasser geben und alles gut verrühren. Mit Salz und Pfeffer würzen und die Kräuter untermischen.

4_Das Gemüse auf Teller verteilen und das Joghurtdressing darauflöffeln. Roastbeef aufs Gemüse legen. Mit Zitronenspalten garnieren. Wer mag, träufelt beim Essen ein wenig Zitrussaft auf die Fleischscheiben. Dazu gibt's noch ofenfrisches, knuspriges Weißbrot.

Bunter Salat mit Kokos-Huhn-Streifen

Leichtes, feines Essen

Zutaten für 4 Personen:
200 g Blattsalat (z. B. Kopfsalat, Feldsalat, Portulak oder zarter Blattspinat mit anderen Salaten gemischt)
200 g Kirschtomaten
1 kleine Salatgurke │ 1 dicke Möhre
1 gelbe oder rote Paprikaschote
1 Stange Staudensellerie
1 Bund Schnittlauch
2 EL Weißweinessig
1 TL scharfer oder körniger Senf
1/2 TL Honig oder Ahornsirup
Salz │ Pfeffer │ 6 EL Olivenöl
400 g Hähnchenbrustfilet
1/2 Bio-Zitrone │ 50 g Kokosraspel
1 EL Butter

Zubereitungszeit: 35 Minuten
Kalorien pro Portion: 370 kcal

1_Die Salatblätter waschen und trockenschleudern, falls nötig in mundgerechte Stücke zupfen. Tomaten waschen und vierteln. Die Gurke waschen oder schälen und in dünne Scheiben schneiden. Möhre schälen und grob raspeln. Paprikaschote und Sellerie waschen, putzen und in feine Streifen schneiden. Schnittlauch waschen, trockenschütteln, in Röllchen schneiden.

2_Für die Salatsauce den Essig mit Senf, Honig oder Sirup, Salz und Pfeffer verrühren. 5 EL Öl mit einer Gabel so lange unterschlagen, bis die Sauce sämig wird und sich alle Zutaten gut verbinden.

3_Das Hähnchenbrustfilet kalt abspülen, trockentupfen und in etwa 1 cm breite Streifen schneiden. Zitrone heiß waschen, Schale fein abreiben und mit den Kokosraspeln auf einem Teller mischen. Die Geflügelstreifen salzen, pfeffern und in den Kokosraspeln so lange hin und her wälzen, bis sie gut damit überzogen sind.

4_Salatblätter, Gemüse und Schnittlauch mischen und auf vier Teller verteilen.

5_Eine Pfanne auf dem Herd heiß werden lassen. Die Butter mit dem restlichen Öl darin schmelzen. Die Fleischstreifen einlegen und die Hitze auf mittlere Stufe schalten. Fleisch etwa 4 Minuten braten, dabei die Pfanne ab und zu rütteln und die Streifen dadurch wenden.

6_Salatsauce über die Zutaten auf den Tellern löffeln, die Geflügelstreifen darauf verteilen und den Salat gleich auf den Tisch stellen. Dazu gibt es außerdem ofenfrisches Weißbrot.

Feldsalat mit Äpfeln und Blutwurst

Fruchtig und deftig zugleich

Zutaten für 4 Personen:
150 g Feldsalat
1 TL scharfer Senf
1 1/2 EL Apfelessig
Salz │ Pfeffer
1/2 TL Apfeldicksaft oder Honig
4 EL Rapsöl
2 säuerliche Äpfel
250 g feste, nicht zu dicke Blutwurst
1 EL Mehl │ 3 EL Butter
1 EL Zucker

Zubereitungszeit: 25 Minuten
Kalorien pro Portion: 400 kcal

1_Den Feldsalat von allen welken Blättern befreien und in kaltem Wasser gründlich waschen, bis das Wasser sandfrei bleibt. Gut trockenschleudern. Für die Sauce Senf mit Essig, Salz, Pfeffer und Dicksaft oder Honig verrühren. Öl unterschlagen, bis die Sauce cremig ist.

2_Die Äpfel vierteln, vom Kerngehäuse befreien und schälen. Äpfel in 1/2 cm dicke Scheiben schneiden. Blutwurst eventuell häuten, in knapp 1 cm dicke Scheiben schneiden. Wurstscheiben im Mehl wälzen und wieder herausheben, überschüssiges Mehl abschütteln.

3_In einer Pfanne die Hälfte der Butter bei mittlerer Hitze schmelzen lassen, den Zucker einrühren und weiter erhitzen, bis auch er schmilzt. Apfelscheiben einlegen und goldbraun braten. Salzen, pfeffern und aus der Pfanne nehmen. Auf einem Teller zugedeckt warm halten.

4_Übrige Butter in der Pfanne schmelzen lassen. Blutwurstscheiben darin pro Seite 1 Minute braten. Den Feldsalat mit der Salatsauce mischen, auf Tellern verteilen. Apfel- und Blutwurstscheiben darauflegen und den Salat gleich aufessen. Dazu passt Baguette.

Tomaten-Kräuter-Salat mit Schinken

Frisch und knusprig

Zutaten für 4 Personen:
2 große Bund Petersilie
1 Bund Rucola (50 g)
4 Frühlingszwiebeln
400 g Tomaten (z. B. Fleischtomaten)
2 EL Walnusskerne
2 EL Zitronensaft
1 Messerspitze Honig
Salz │ Pfeffer
4 EL Olivenöl
150 g Südtiroler Speck, Parma- oder Serranoschinken (in dünnen Scheiben)

Zubereitungszeit: 25 Minuten
Kalorien pro Portion: 280 kcal

1_Die Petersilie und den Rucola waschen und trockenschütteln, Petersilienblättchen von den Stängeln abzupfen. Frühlingszwiebeln waschen und putzen, mit dem knackigen Grün in feine Ringe schneiden. Die Tomaten waschen, halbieren und in dünne Scheiben schneiden, dabei die Stielansätze entfernen. Walnusskerne in Stücke brechen und in einer Pfanne bei mittlerer Hitze ohne Fett anrösten, bis sie fein duften.

2_Zitronensaft mit Honig, Salz und Pfeffer gut verrühren, das Olivenöl (bis auf 1 TL) unterschlagen. Die Sauce mit Kräutern, Zwiebeln, Tomaten und Walnusskernen mischen und auf Tellern verteilen.

3_Die Pfanne wieder auf den Herd stellen und das übrige Öl darin erhitzen. Speck oder Schinken nebeneinander hineinlegen und bei mittlerer Hitze in gut 1 Minute knusprig braten (Parma- und Serrano-schinken vorher in grobe Stücke reißen). Speck oder Schinken auf dem Salat verteilen. Wer mag, träufelt auch das Speck-fett aus der Pfanne darüber. Gleich mit ofenfrischem Weißbrot servieren.

Tagliata auf Paprika-Romana

Salat mit zarter Beilage

Zutaten für 4 Personen:
2 rote Paprikaschoten
4 Scheiben Rinderlende (je etwa
1 cm dick und 100 g schwer)
1/2 Romanasalat (etwa 150 g)
1/2 Bund Basilikum
2 EL Aceto balsamico
Salz │ Pfeffer
6 EL Olivenöl
2 TL kleine Kapern oder 1 EL gehackte
Oliven (nach Belieben)

Zubereitungszeit: 30 Minuten
Kalorien pro Portion: 285 kcal

1_Backofen auf 250 Grad schalten (auch schon jetzt einschalten: Umluft 220 Grad) oder den Backofengrill anheizen. Paprika waschen und durch den Stiel halbieren. Stiele und Kerne samt der Trennhäutchen herauslösen. Backblech mit Backpapier auslegen und die Schotenhälften mit der Haut nach oben darauflegen. Im Ofen

(Mitte) etwa 15 Minuten (ohne Grill) oder 8–10 Minuten (mit Grill) rösten, bis die Haut Blasen bekommt. Herausnehmen, kurz stehen lassen, dann Haut abziehen und die Paprika in Streifen schneiden.

2_Die Fleischscheiben einzeln zwischen zwei Lagen Klarsichtfolie oder in einen großen Gefrierbeutel legen und mit dem Fleischklopfer vorsichtig flach klopfen. Sie sollen schön dünn und mindestens doppelt so groß werden.

3_Romanablätter auseinanderlösen und waschen, trockenschleudern und in feine Streifen schneiden. Basilikumblättchen von den Stängeln knipsen, größere Blätter in Stücke zupfen. Für die Salatsauce Essig mit Salz und Pfeffer verrühren. 4 EL Öl mit der Gabel unterschlagen, bis die Sauce cremig ist. Paprika, Salat, Basilikum und eventuell Kapern oder Oliven mit der Sauce mischen und auf Tellern verteilen.

4_Eine große Pfanne oder noch besser zwei Pfannen gleichzeitig heiß werden lassen. Übriges Öl darin verteilen. Die Fleischscheiben darin bei starker Hitze pro Seite gut 1/2 Minute braten. Salzen und pfeffern und auf den Salat legen. Gleich mit ofenfrischem Weißbrot essen.

Steakstreifen auf Rucola

Mehr als ein Salat

Zutaten für 4 Personen:
3 Bund Rucola (150 g)
200 g Kirschtomaten
4 Rindersteaks (z. B. Lende, je etwa
2 cm dick und 150 g schwer)
6 EL Olivenöl
Salz │ Pfeffer
1 1/2 EL Aceto balsamico
1 TL Honig
1 Stück Parmesan (etwa 50 g)

Zubereitungszeit: 30 Minuten
Kalorien pro Portion: 400 kcal

1_Rucola verlesen: alle welken Blätter aussortieren, dicke Stiele abknipsen. Rucola waschen und trockenschleudern. Tomaten waschen und vierteln. Beides mischen und auf Tellern verteilen.

2_Für die Steaks eine Pfanne heiß werden lassen. 2 EL Öl hineingeben und die Hitze leicht reduzieren. Die Steaks pro Seite 1 Minute braten. Aus der Pfanne nehmen, 5 Minuten ruhen lassen, salzen, pfeffern, wieder in die Pfanne legen und pro Seite

noch mal 2 Minuten braten. Auf einen Teller legen, gut abdecken und weitere 5 Minuten ruhen lassen.

3_Inzwischen Essig, Honig, Salz und Pfeffer verrühren, restliches Öl kräftig unterschlagen, bis die Sauce sämig ist.

4_Das Dressing (bis auf 1 EL) auf den Salat träufeln. Steaks in dünne Streifen schneiden und auf den Salat legen. Vom Parmesan mit dem Gurkenhobel oder dem Sparschäler feine Späne über den Salat hobeln. Übriges Dressing auf Fleisch und Parmesan verteilen, Salat gleich essen. Dazu gibt es Weißbrot.

VARIANTE: Steakstreifen mit Datteln

Statt Rucola Feldsalat und Chicorée (gemischt, Chicorée in Streifen schneiden) nehmen. Die Tomaten durch 100 g entsteinte Datteln ersetzen, diese in Streifen schneiden und auf der Salatmischung verteilen. Für das Dressing 1 1/2 EL Zitronensaft mit der fein abgeriebenen Schale von 1/2 Bio-Orange, 1 TL Honig, je 1 kräftigen Prise Koriander- und Chilipulver, Salz und Pfeffer verrühren. 4 EL Olivenöl unterschlagen. Parmesan weglassen.

Saure Zipfel
Bayrisch-italienische Verbindung

Zutaten für 4 Personen:
1 Tomate
2 rote Zwiebeln
4 Knoblauchzehen
1 Stange Staudensellerie
4 Salbeiblättchen
1 Zweig Rosmarin
2 Lorbeerblätter
200 ml Rotweinessig
1 EL Kapern
Salz
1 TL Honig oder Zucker
24 Nürnberger Rostbratwürste
nach Belieben Basilikumblättchen zum Bestreuen

Zubereitungszeit: 30 Minuten
+ 25–30 Minuten Garen
Kalorien pro Portion: 925 kcal

1_Die Tomate waschen, halbieren und leicht zusammendrücken, bis die Kerne zu sehen sind. Diese mit dem Messerrücken abschaben und wegwerfen. Die Tomate in Streifen schneiden, dabei den Stielansatz entfernen.

2_Zwiebeln und Knoblauch schälen. Die Zwiebeln in Ringe, Knoblauch in Scheiben schneiden. Sellerie waschen, putzen und in 1 cm lange Stücke schneiden. Salbei, Rosmarin und Lorbeerblätter abbrausen und trockenschütteln.

3_Alle vorbereiteten Zutaten mit dem Essig, den Kapern und 1 l Wasser in einem Topf aufkochen. Sud offen bei schwacher bis mittlerer Hitze etwa 15 Minuten leicht köcheln lassen.

4_Sud mit Salz und Honig oder Zucker abschmecken. Herd abschalten. Die Würste in den Sud legen und zugedeckt 10–15 Minuten darin garen und ziehen lassen. Der Sud darf dabei auf keinen Fall kochen, sonst platzen die Wursthäute auf.

5_Die Würste in tiefe Teller heben, etwas Sud darüberschöpfen und nach Belieben die Basilikumblättchen aufstreuen. Dazu Laugenbrezeln oder Ciabatta servieren.

Safran-Hack-Würstchen

Fingerfood zum Dippen

Zutaten für 4 Personen:
1 Döschen Safranfäden (0,1 g)
6 Stängel Koriandergrün oder Petersilie
2 Frühlingszwiebeln
2 Knoblauchzehen
1/2 Bio-Zitrone
400 g Rinderhackfleisch
1 Ei (Größe M)
2 EL Semmelbrösel
Salz │ Pfeffer
1 Stück rote oder gelbe Paprikaschote
(etwa 100 g)
1/4–1 Chilischote
150 g Joghurt
2 1/2 EL Olivenöl
50 g Quark, Ricotta oder Mascarpone
1/2 TL edelsüßes Paprikapulver

Zubereitungszeit: 30 Minuten
Kalorien pro Portion: 365 kcal

1_Die Safranfäden mit den Fingern in eine große Schüssel krümeln. 2 TL lauwarmes Wasser dazugeben und gut verrühren.

2_Koriander oder Petersilie abbrausen, trockenschütteln und die Blättchen abzupfen. Die Frühlingszwiebeln waschen, Wurzelbüschel und welke dunkelgrüne Teile abschneiden. Knoblauch schälen. Alles zusammen sehr fein hacken, zum Safran geben. Zitrone heiß waschen und die Schale mit in die Schüssel reiben, 2 TL Saft auspressen. Hackfleisch, Ei, Semmelbrösel, Salz und Pfeffer in die Schüssel geben und alles gründlich miteinander verkneten. Aus der Hackfleischmasse etwa 2 cm dicke und 6–7 cm lange Würstchen formen und auf ein Brett legen.

3_Paprikastück und Chili waschen und putzen, grob zerkleinern. Mit 50 g Joghurt und 1/2 EL Olivenöl im Mixer oder Blitzhacker fein pürieren. Den übrigen Joghurt und Quark, Ricotta oder Mascarpone nur kurz untermixen. Dip mit Salz, Paprikapulver und dem Zitronensaft würzen und in eine kleine Schüssel füllen.

4_Dann das übrige Öl in einer Pfanne heiß werden lassen. Hackwürstchen darin bei mittlerer Hitze 5–6 Minuten braten, dabei immer wieder wenden oder die Pfanne kräftig rütteln, damit die Würstchen von allen Seiten braun werden. Mit dem Dip und Fladenbrot heiß essen.

Hähnchenfilet-stücke mit Sherry

Spanische Tapas

Zutaten für 4 Personen:
500 g Hähnchenbrustfilet
6 Knoblauchzehen
2 Frühlingszwiebeln
1 rote Chilischote │ 2 EL Olivenöl
200 ml trockener oder halbtrockener Sherry │ Salz │ Pfeffer
1 Messerspitze Honig oder Zucker
1 Prise Zimtpulver
2 Stängel Petersilie

Zubereitungszeit: 25 Minuten
Kalorien pro Portion: 245 kcal

1_Hähnchenfleisch waschen, trockentupfen und in etwa 2 cm große Stücke schneiden. Knoblauch schälen und in Scheiben schneiden. Frühlingszwiebeln waschen, Wurzelbüschel und die welken dunkelgrünen Teile abschneiden. Einen Teil vom knackigen Grün abschneiden und beiseitelegen, Rest der Zwiebeln in Ringe schneiden. Chili waschen, entstielen und samt Kernen in feine Ringe schneiden.

2_Öl in einem Schmortopf oder einer Pfanne heiß werden lassen. Fleisch mit Knoblauch, Zwiebelringen und Chili darin andünsten. Sherry angießen, das Fleisch mit Salz, Pfeffer, Honig oder Zucker und Zimt würzen und offen bei mittlerer Hitze knapp 10 Minuten garen, bis der Sherry fast verdampft ist.

3_Die Petersilie abbrausen und trockenschütteln, Blättchen abzupfen und mit dem beiseitegelegten Zwiebelgrün fein hacken. Die Hähnchenfiletstücke abschmecken und vor dem Servieren die Petersilienmischung aufstreuen.

TIPP

Gut zu essen: Die Hähnchenfiletstücke auf eine Platte legen und jeweils einen Zahnstocher hineinpieksen. Dazu gibt's noch ein Glas trockenen Sherry und knuspriges Weißbrot. Und dann ist's fast so schön wie im Spanienurlaub!

Rotwein-Salsicce

Italienischer Senkrechtstarter

Zutaten für 4 Personen:
400 g rohe Salsicce (italienische, frische Schweinsbratwürste; ersatzweise andere rohe Bratwürste)
2 Zweige Thymian
2 Knoblauchzehen
1–2 getrocknete Chilischoten
100 ml trockener Rotwein
2 TL Honig

Zubereitungszeit: 20 Minuten
Kalorien pro Portion: 330 kcal

1_Die Wurstmasse in 1–2 cm großen Stücken aus den Wursthäuten drücken. Den Thymian abbrausen und trockenschütteln, die Blättchen von den Zweigen abstreifen. Knoblauch schälen und in dünne Scheiben schneiden. Chilischoten mit den Fingern zerkrümeln.

2_Eine schwere Pfanne auf den Herd stellen und bei starker Hitze heiß werden lassen, dann auf mittlere Hitze zurückschalten.

3_Die Wurststücke mit Thymian, Chili und Knoblauch einrühren und 3–4 Minuten braten, bis sie leicht braun werden. Dabei immer wieder durchrühren.

4_Dann den Wein und den Honig unterrühren und alles weitergaren, bis die Wurststücke den Rotwein aufgesogen haben. Rotwein-Salsicce auf Tellerchen geben und mit Zahnstochern zum Aufpiksen und Weißbrot servieren.

VARIANTE: Balsamico-Salsicce

Die Wurststücke wie beschrieben mit Thymian, Knoblauch und Chili braten. Dann statt des Rotweins 80 ml Aceto balsamico dazugeben und die Sauce mit 1/2 EL Honig abrunden. Wer mag, mischt noch ein paar entsteinte Oliven (grün oder schwarz) mit in die Pfanne.

TIPP

Gut schmecken hier auch die frisch gemachten Würste von Seite 57. Diese dann aber in jedem Fall ein paar Stunden im Kühlschrank ruhen lassen, bevor sie in die Pfanne dürfen.

im Bild:
Leberkäs

Basic:

Klar, man kann Wurst beim Metzger kaufen. Aber man kann sie auch selber machen. Der Geschmack ist in dem Fall ein wenig anders, aber man weiß hundertprozentig, was drin ist.

In die Leberwurst kommt wirklich feine Kalbsleber, in die Schweinswürste nur richtig gutes Fleisch – wie auch in den Leberkäse, in dem keine Leber steckt, auch wenn's der Name andeutet. Der stammt nämlich von Lab für »Gerinnen« oder von Laib ab, nicht von Leber. Also immer auf allerbeste Qualität achten! Und als Wurstmacher achtsam sein: Alle Knorpel und Sehnen müssen gründlich entfernt werden, denn die stören später, ein Stückchen Fett dagegen nicht.

Wer die Leberwurst nicht gleich aufessen will, sollte sie einkochen: Verschlossene Leberwurstgläser (Gläser mit Schraubverschluss nehmen) in einem Topf auf ein Gitter stellen, kaltes (!) Wasser bis knapp unter den Glasrand einfüllen, erhitzen. Dann die Wurstmasse 2 Stunden bei mittlerer Hitze einkochen. So bleibt die Leberwurst ungefähr 6 Monate frisch. Wichtig bei den frischen Würsten: alles klein schneiden und gut kneten. Und beim Leberkäsemachen stets darauf achten, dass die Zutaten schön kalt sind – nur so bindet die Masse später beim Backen richtig gut. Darum kommt auch das zerkleinerte Eis mit dazu.

Wurst machen

Leberwurst

Gleich essen oder einkochen

Zutaten für 2 Gläser (je 600 ml
Fassungsvermögen):
300 g nicht zu fetter Schweinebauch
30 g Salz + Salz zum Abschmecken
1 Bund Suppengrün | 300 g Kalbsleber
1 Zwiebel | 1 kleiner säuerlicher Apfel
100 g fetter Speck | 1/4 Bund Oregano
1/2 Bio-Zitrone | Pfeffer

Zubereitungszeit: 40 Minuten
+ 1 1/4 Stunden Garen
Kalorien pro Glas: 935 kcal

1_Den Schweinebauch mit 1 l Wasser und
Salz in einen Topf geben. Das Suppengrün
waschen, putzen, grob würfeln und zugeben. Aufkochen und offen bei schwacher
Hitze 1 Stunde garen. Dann die Kalbsleber
dazugeben und alles weitere 15 Minuten
ziehen lassen. Leicht abkühlen lassen.

2_Zwiebel schälen, Apfel schälen und entkernen, beides wie auch den Speck klein
würfeln. Alles zusammen in einer Pfanne
bei schwacher Hitze 10 Minuten dünsten.
Oregano waschen, trockenschütteln und
hacken. Zitrone waschen, Schale abreiben.

3_Schweinefleisch und Leber würfeln und
mit der Speckmischung und 100 ml vom
Kochsud in der Küchenmaschine mittelgrob zerkleinern. Salzen und pfeffern, in
Gläser füllen (bis 2 cm unter den Rand).
Innerhalb von 4–5 Tagen aufessen oder
einkochen (siehe links). Stets kühl lagern.

Frische Würste

Mit und ohne Hülle gut

Zutaten für 4 Personen:
500 g nicht zu fette Schweineschulter
1/2 Bio-Orange
1 TL Fenchelsamen
1/2 TL schwarze Pfefferkörner
1/4 TL getrockneter Thymian
1 1/2 TL Salz
50 ml trockener Weißwein
eventuell Naturdarm (Metzger)

Zubereitungszeit: 30–40 Minuten
+ Ruhen über Nacht
Kalorien pro Portion: 140 kcal

1_Das Fleisch mit einem großen Messer
in sehr feine Würfel schneiden oder aber
in zwei Portionen in der Küchenmaschine
in 15-Sekunden-Intervallen zerkleinern.

2_Orange heiß waschen und die Schale
fein abreiben. Fenchelsamen und Pfefferkörner im Mörser leicht zerdrücken. Alles
mit dem Thymian, Salz und Wein zum
Fleisch geben und ein paar Minuten lang
kräftig durchkneten, bis die Mischung gut
zusammenhält.

3_Die Fleischmischung entweder in den
Naturdarm füllen und jeweils nach etwa
8 cm Länge locker abdrehen oder zu etwa
8 cm langen Würsten formen. So oder so
auf einen Teller legen und über Nacht im
Kühlschrank ruhen und Aroma annehmen
lassen. Dann braten oder grillen.

Leberkäse

Schmeckt warm und kalt

Zutaten für 4–6 Personen:
200 g fetter Schweinebauch | 300 g
mageres Schweine- oder Kalbfleisch
1 cm frischer Ingwer | je 2 Zweige
Thymian, Majoran und Petersilie
1/2 Bio-Zitrone | 1 1/2 TL Salz | Pfeffer
frisch geriebene Muskatnuss | 150 g
zerstoßene Eiswürfel | Öl für die Form

Zubereitungszeit: 30 Minuten
+ 1 Stunde Tiefkühlen
+ 1 1/4 Stunden Backen
Kalorien pro Portion (bei 6 Personen):
180 kcal

1_Fleisch klein würfeln, auf eine Platte
legen und in 1 Stunde im Gefrierfach an-
frieren lassen. Dann Ingwer schälen und
fein hacken. Kräuter abbrausen, trockenschütteln und die Blätter hacken. Zitrone
heiß waschen, die Schale fein abreiben.
Den Backofen auf 160 Grad vorheizen
(später einschalten: Umluft 140 Grad).

2_Fleisch mit Ingwer, Kräutern, Zitronenschale und den Gewürzen in die Küchenmaschine füllen, 2 Minuten zerkleinern,
dabei immer wieder kurz unterbrechen.
Eis dazu, weitere 2 Minuten zerkleinern.

3_Eine Kastenform (20 cm Länge) mit Öl
ausstreichen, Leberkäsemasse einfüllen
und glatt streichen. Im Ofen (unten) etwa
1 1/4 Stunden backen. Kurz stehen lassen,
dann warm oder abgekühlt essen.

Aus der Pfanne

Ist sie erst mal heiß, ist das Essen nicht mehr weit. Und genau das schätzen wir so an ihr. Dass sie sich nicht lange bitten lässt, bevor sie die Schnitzel in Minutenschnelle zu einem feinen Essen samt toller Sauce verwandelt, Steaks mal medium und mal rare brät, die Frikadellen trotz aller Hitze immer saftig bleiben lässt und uns sogar den Wok ersetzen kann. Dann zaubern wir in ihr aus dünnen Fleischstreifen im Handumdrehen einen Asia-Hit. Aber natürlich hat sie auch nichts dagegen, wenn der Wok seine Arbeit selber macht!

Magazin

Spezialität

Bratwürste

Es gibt viele Bratwürste: rohe oder gebrühte, einheimisch unbekannte und richtig berühmte, dicke und dünne. Die kleinste ist die Nürnberger Rostbratwurst, gerade mal fingerlang. Der Grund für's Mini-Format? Die Sperrstunde setzte dem Appetit der Bürger wohl eine Grenze. Damit sie die allseits so beliebte Wurst aber auch zu später Stunde noch essen konnten, machte man sie so klein, dass sie durchs Schlüsselloch hindurch verkauft werden konnte. Ob's stimmt? In jedem Fall darf die echte nur aus Nürnberg kommen, so steht's geschrieben, sonst ist es eine Fälschung. Und auch die Thüringer Rostbratwurst ist geschützt und muss aus Thüringen stammen, wo sie 1404 erfunden wurde. Beide Würste werden aus fein zerkleinertem Schweinefleisch gemacht und gut mit Majoran gewürzt.

Im Gegensatz zu den zwei deutschen Würsten sind die italienienischen Salsicce zwar auch aus Schweinefleisch, das wird aber viel gröber gehackt. Dazu würzt man es ganz alla italiana mit Fenchelsamen, manchmal auch mit Knoblauch, Wein und Pfeffer. Und Salsicce sind dicker als unsere Bratwürste. In Italien werden sie nicht nur auf den Rost gelegt, sondern auch als Füllung für Rouladen verwendet, in kleinen Stücken als Pastasugo zubereitet und sogar roh gegessen.

Jetzt bleibt die Frage, ob wir zu rohen oder gebrühten Würsten greifen sollen – das ist reine Geschmacks-sache (außer es steht extra beim Rezept dabei): Gebrühte haben immer eine feinere Konsistenz, bleiben aber nicht ganz so saftig. Ist das ent-schieden, müssen wir nur noch wissen, ob zum Gericht die deutsch oder italienisch gewürzte Bratwurst besser passt. Dann kann zugegriffen werden. Halt, noch was: In der normalen Wurst sind um die 1000 Zusatzstoffe erlaubt, in Bio-Wurst gerade mal 15.

Dass Tiere keinen Stress haben sollten, habe ich Euch ja schon erzählt. Deshalb freue ich mich auch, wenn Kunden fragen, woher das Fleisch kommt, das sie bei mir kaufen können.

Dass das Fleisch selber aber auch keinen Schock verträgt, darauf achten allerdings die wenigsten. Nehmen es aus dem Kühlschrank, legen es eiskalt in die knall-heiße Pfanne und wundern sich, dass das gute Stück dann nicht so schön weich ist, wie sie es sich vorgestellt haben. Aber es ist wirklich so: Fleisch kann zu hohe Temperaturunterschiede nicht leiden, die

> **MEIN METZGER SAGT**
>
> **Immer schön sanft sein!**

Fasern ziehen sich zusammen, ver-krampfen sich sozusagen. Also machen wir es besser so: Je nach Größe des Fleischstücks kommt es 30 Minuten bis 2 Stunden vor dem Zubereiten aus dem Kühlschrank raus und kann langsam ein bisschen wärmer werden. Die Pfanne oder den Grill richtig gut aufheizen, aber bevor das Fleisch reinkommt, die Hitze eine Stufe zurückdrehen. Sind die Fleischstücke groß, gönnen wir ihnen nach dem Garen auch noch mal um die 10 Minuten Pause, damit sich die Fleischfasern entspannen können. Damit sie dabei nicht zu sehr abkühlen, am besten in Alufolie wickeln. Und brät das Fleisch im Backofen, bleibt es dort zum Schluss noch kurz ohne Hitze drin.

Klassiker: Currywurst

Uwe Timm erzählt in seiner Novelle »Die Entdeckung der Curry-wurst«, dass der kleine Imbiss gar nicht wie angenommen in Berlin, sondern in Hamburg erfunden wurde.

Aber woher die Wurst auch stammt: Currywurst zu essen, ist wieder in und das nicht erst, seit Altbundeskanzler Schröder sich zu ihr bekannte. Gut ist sie dann, wenn die Wurst die richtige ist und die Sauce selbst gemacht wurde. Greifen wir also zu Brühwürsten ohne Darm (echte Currywürste gibt es übrigens auch übers Internet) und schneiden sie vor dem Garen mehrmals schräg ein. Dann kommen die Würste auf den Grill, in die Pfanne oder auch mal in die Fritteuse. Danach werden sie in etwa 3 cm breite Stücke geschnitten, mit Sauce übergossen und mit Curry bestäubt. Für die Sauce 1 Zwiebel und 1 Knoblauch-zehe schälen, fein würfeln und in 1–2 EL Öl andünsten. 1 TL Tomatenmark und 1–2 EL Currypulver (gut ist Madras-Currypulver) kurz mitdünsten. 300 g gehäutete, gewürfelte Tomaten dazugeben und alles offen bei mittlerer Hitze 15 Minuten dicklich einkochen lassen. Durch ein Sieb streichen, mit Tabasco, Salz und 1 Prise Zucker abrunden.

Sprichwörtlich

Der hat ja noch mal Schwein gehabt

Schauplatz: ein Volksfest im Mittelalter. Alle Mitstreiter eines Wettkampfs strengen sich mächtig an, gewinnen kann aber nur einer. Derjenige, der als letzter durchs Ziel geht, hat nicht nur das Nachsehen, er muss sich auch noch gehörig verhöhnen lassen. Aber weil's ein Spiel ist, geht er trotzdem nicht leer aus, als Trostpreis gibt's ein kleines Ferkel. Ein unverhofftes Glück, so ein Glücksschweinchen zu bekommen. So soll es entstanden sein, dass man jemandem sagt, der ganz unerwartet doch noch Glück hat: Schwein gehabt! Wenn nicht die andere Geschichte stimmt: Junge Schweine rennen beim Ferkel-rennen um die Wette. Derjenige, der eines zu fassen bekam, »hatte Schwein« und durfte das Tier behalten.

 ## Hilfreich

Schon unsere Großmütter haben uns eingebläut: Hackfleisch wird schnell schlecht, also immer an dem Tag zubereiten, an dem es gekauft wurde!

Ärgerlich nur, wenn man es im Kühlschrank hat und dann doch nicht dazukommt, Fleischküchlein oder Hackbraten zu machen. Viel besser ist es, das benötigte Fleischstück im Ganzen zu kaufen und es selbst zu zerkleinern. Wer das sehr oft tut, sollte über die Anschaffung eines Fleischwolfs nachdenken. Solch ein Gerät gibt es in Groß und elektrisch, aber auch in Klein und mit Handkurbel für gar nicht so viel Geld. Aber es geht natürlich auch anders: Das Fleisch erst in möglichst kleine Würfel schneiden und dann mit dem großen, schweren Messer kreuz und quer drüberhacken, bis es die gewünschte Konsistenz hat. Das selbst Gehackte dann aber auch am gleichen Tag verarbeiten.

Schweine-schnitzel in Paprikarahm

Ziemlich klassisch

Zutaten für 4 Personen:
2 Zwiebeln │ 2 Stängel Petersilie
4 Schweineschnitzel (je etwa 150 g)
Salz │ Pfeffer
2 TL edelsüßes Paprikapulver
2 EL Butter │ 2 TL Öl
1/8 l Fleischbrühe │ 150 g Sahne
1/2–1 TL rosenscharfes Paprikapulver

Zubereitungszeit: 30 Minuten
Kalorien pro Portion: 345 kcal

1_Die Zwiebeln schälen und in ganz feine Ringe schneiden. Petersilie abbrausen und trockenschütteln, Blättchen abzupfen und fein hacken. Schnitzel leicht klopfen, auf beiden Seiten mit Salz, Pfeffer und edelsüßem Paprikapulver würzen.

2_Butter und Öl in einer Pfanne erhitzen. Zwiebeln dazugeben und unter Rühren bei mittlerer Hitze etwa 5 Minuten dünsten. Zur Seite schieben, die Schnitzel ins

Fett legen und auf beiden Seiten kurz anbraten, salzen. Die Brühe und die Sahne angießen, die Schnitzel etwa 5 Minuten zugedeckt bei schwacher Hitze schmoren. Schnitzel auf vorgewärmte Teller legen.

3_Petersilie unter die Sauce rühren. Mit Salz, Pfeffer und Rosenpaprika würzen und auf den Schnitzeln verteilen.

Mini-Schnitzel in würziger Kaffeebutter

Ziemlich fein

Zutaten für 4 Personen:
2 grüne Kardamomkapseln
1/2 Vanilleschote │ 15 Kaffeebohnen
1 TL schwarze Pfefferkörner
1 TL grobes Meersalz
1 kräftige Prise Zimtpulver
600 g dünne Schweineschnitzelchen
(Minutenschnitzel) │ 3 EL Butter

Zubereitungszeit: 20 Minuten
Kalorien pro Portion: 215 kcal

1_Kardamomkapseln aufbrechen und die kleinen, schwarzen Samen herauslösen. Die Vanilleschote längs aufschneiden und aufklappen, Mark mit dem Messerrücken aus der Schote kratzen. Kardamomsamen und Vanillemark mit den Kaffeebohnen, den Pfefferkörnern und dem Meersalz in den Mörser füllen und zerstoßen. Zimtpulver unterrühren.

2_Schnitzel auf die Arbeitsfläche legen und mit dem Handballen noch ein bisschen flacher drücken oder ganz leicht mit dem Fleischklopfer bearbeiten.

3_Butter in einer großen Pfanne (noch besser: zwei Pfannen nehmen) schmelzen lassen, Gewürzmischung einrühren. Hitze zwischen mittel und stark einstellen, die Schnitzel in die Würzbutter legen und knapp 1 Minute braten. Dann umdrehen und noch mal so lange braten. Mit der Butter auf vorgewärmten Tellern verteilen. Dazu schmecken Butternudeln, Reis oder einfach nur Brot und Salat.

Lamm-Saltimbocca

Ziemlich aromatisch

Zutaten für 4 Personen:
8 dünne Scheiben Lammkeule
(ohne Knochen, jeweils etwa 60 g)
4 große Scheiben roher Schinken
(z.B. Parma- oder San-Daniele-Schinken)
oder 8 Scheiben Südtiroler Speck
16 große Salbeiblättchen
4 EL Butter │ 2 EL Zitronensaft
Salz │ Pfeffer

Zubereitungszeit: 25 Minuten
Kalorien pro Portion: 525 kcal

1_Lammfleischscheiben mit dem Handballen etwas flacher drücken, Schinkenscheiben quer halbieren. Jede Fleischscheibe mit 1 Schinken- oder Speckscheibe und 2 Salbeiblättchen belegen. Schinken oder Speck und Salbei mit einem Zahnstocher auf dem Fleisch feststecken.

2_In einer großen Pfanne (noch besser: zwei Pfannen nehmen) 2 EL Butter zerlassen. Fleischscheiben mit der Salbeiseite nach unten einlegen, bei mittlerer Hitze 1 1/2 Minuten braten. Umdrehen und noch mal 1 Minute braten. Fleisch aus der Pfanne nehmen und zugedeckt warm halten. Zitronensaft in die Pfanne gießen, Bratsatz loskochen. Übrige Butter würfeln und unterschlagen. Sauce salzen, pfeffern und auf dem Fleisch verteilen. Mit Bratkartoffeln oder Brot und Salat servieren.

Medaillons mit Apfel-Vinaigrette

Ziemlich frisch

Zutaten für 4 Personen:
1/2 Bio-Zitrone │ 1 säuerlicher Apfel
1/2 Bund Schnittlauch │ 2 TL Kapern
1 TL scharfer Senf │ 1 TL Apfeldicksaft
Salz │ Pfeffer │ 4 EL Rapsöl
4 EL Gemüsebrühe
8 Scheiben Schweinefilet (je etwa
3 cm dick und 70 g schwer)
1 TL Currypulver │ 2 EL Butter

Zubereitungszeit: 25 Minuten
Kalorien pro Portion: 295 kcal

1_Die Zitrone heiß waschen und etwas Schale fein abreiben, Saft auspressen. Den Apfel vierteln und das Kerngehäuse herausschneiden. Apfelviertel schälen und ganz fein würfeln. Den Schnittlauch abbrausen und trockenschütteln, mit den Kapern fein schneiden.

2_Zitronenschale mit 1 1/2 EL Zitronensaft, Senf, Apfeldicksaft, Salz und Pfeffer verrühren. Das Öl und die Brühe unterschlagen. Apfelwürfel und Schnittlauchmischung unterrühren.

3_Die Medaillons mit dem Handballen etwas flacher drücken. Salz, Pfeffer und Curry mischen und das Fleisch auf beiden Seiten damit einreiben. Butter in einer großen Pfanne zerlassen. Auf mittlere Hitze schalten und die Medaillons in die Pfanne legen, pro Seite etwa 4 Minuten braten. Dann auf vorgewärmte Teller legen und die Vinaigrette darüberlöffeln. Dazu gibt's Brot oder Bratkartoffeln.

TIPP
Auch fein: Rindermedaillons nehmen und die Äpfel in der Vinaigrette durch Feigen ersetzen.

Orangen-Thymian-Scaloppine

Zitrusfrisch und kräuterwürzig

Zutaten für 4 Personen:
1/4 Bund Thymian
2 Orangen (davon 1 Bio-Orange)
4 dünne Kalbsschnitzel (je etwa 150 g)
Salz │ Pfeffer
1/4 TL Chilipulver
2 EL Mehl
1 EL Butter
2 EL Olivenöl
1 EL Zitronensaft
nach Belieben Basilikumblättchen
zum Bestreuen

Zubereitungszeit: 20 Minuten
Kalorien pro Portion: 240 kcal

1_Den Thymian abbrausen und trocken-schütteln, die Blättchen von den Zweigen abstreifen (das geht am besten gegen die Richtung, in die sie wachsen). Die Bio-Orange heiß waschen und die Hälfte der Schale fein abreiben. Den Saft von allen Orangen auspressen.

2_Schnitzel mit dem Handballen schön flach drücken oder ganz leicht klopfen und jedes einmal quer durchschneiden. Auf beiden Seiten mit Salz, Pfeffer und Chili würzen. Das Mehl in einen Teller füllen. Die Schnitzel von beiden Seiten ins Mehl drücken und leicht schütteln, damit das überschüssige Mehl gleich wieder entfernt wird.

3_Eine große Pfanne (noch besser: zwei Pfannen nehmen) auf dem Herd heiß werden lassen. Die Butter und das Öl darin erhitzen. Schnitzel einlegen und bei starker Hitze 1 Minute braten. Umdrehen und noch mal so lange braten. Dann auf vorgewärmte (bei den dünnen Schnitzeln besonders wichtig!) Teller legen.

4_Thymian in die Pfanne rühren und kurz andünsten. Den Orangensaft dazugießen, kräftig aufkochen und den Bratsatz so vom Pfannenboden lösen. Die Sauce mit Orangenschale, Zitronensaft, Salz und Pfeffer würzen, die Schnitzelchen kurz darin wenden und gleich auf den Tisch stellen. Wer mag, streut noch ein paar Basilikumblättchen darüber. Dazu gibt's Bratkartoffeln oder knupriges Weißbrot und ein Gemüse nach Wahl, z. B. Spinat.

Hühner-schnitzelchen in Olivenbutter

Perfekt kombiniert

Zutaten für 4 Personen:
60 g entsteinte schwarze oder grüne Oliven │ 2 Knoblauchzehen
4 Stängel Petersilie │ 1/2 Bio-Zitrone
600 g Hähnchenbrustfilet
Salz │ Pfeffer
50 g Butter

Zubereitungszeit: 20 Minuten
Kalorien pro Portion: 265 kcal

1_Die Oliven mittelgrob hacken. Den Knoblauch schälen, in dünne Scheiben schneiden und noch mal grob drüber-hacken. Petersilie abbrausen und trocken-schütteln, Blättchen abzupfen und grob schneiden. Die Zitrone heiß waschen und die Schale fein abreiben.

2_Das Hähnchenfleisch kalt abspülen und trockentupfen. Jedes Brustfilet der Länge nach in 3–4 dünne Schnitzelchen schneiden. Jeweils auf beiden Seiten leicht salzen und pfeffern.

3_In einer Pfanne 3 EL Butter bei starker Hitze zerlassen. Auf mittlere Hitze zurückschalten und die Hähnchenschnitzel einlegen. 1 Minute braten, umdrehen und noch mal so lange braten.

4_Die Schnitzel aus der Pfanne nehmen. Die restliche Butter im Bratfett schmelzen lassen. Oliven, Knoblauch und Petersilie dazugeben und 1 Minute unter Rühren anbraten. Zitronenschale untermischen, Schnitzel noch mal in der würzigen Butter wenden und auf vorgewärmten Tellern servieren. Dazu schmecken Bratkartoffeln oder Brot und ein Salat, z. B. Radicchio und Feldsalat mit Orangenstückchen.

VARIANTE: Schnitzel in Pestosauce

2 Knoblauchzehen schälen, fein hacken. Die Blätter von 4 Stängeln Basilikum abzupfen und fein schneiden. 1/2 Bio-Zitrone heiß waschen und die Schale fein abreiben. Alles mit 2 EL Pesto (aus dem Glas) und 4 EL Weißwein, Brühe oder Sahne mischen. 3 EL Butter in einer Pfanne zerlassen und darin ganz dünne Schnitzel (Huhn, Pute oder Schwein, insgesamt 600 g) pro Seite 1 Minute braten. Pestosauce auf die Schnitzel löffeln.

Schweine-schnitzel mit Balsamico

Schmecken nach mehr

Zutaten für 4 Personen:
4 Schweineschnitzel (je etwa 150 g)
Salz │ Pfeffer
Chilipulver
4 in Öl eingelegte, getrocknete Tomaten
8 Blätter Radicchio
2 Frühlingszwiebeln
1 EL Butter
1 EL Olivenöl
75 ml Fleischbrühe
5 EL Aceto balsamico
75 g Sahne
1 Prise Zucker
Basilikumblättchen zum Bestreuen

Zubereitungszeit: 25 Minuten
Kalorien pro Portion: 300 kcal

1_Die Schweineschnitzel leicht klopfen und auf beiden Seiten mit Salz, Pfeffer und Chili nach Geschmack würzen.

2_Die Tomaten abtropfen lassen und in feine Streifen schneiden. Den Radicchio waschen, trockenschütteln und ebenfalls in Streifen schneiden. Von den Frühlingszwiebeln Wurzelbüschel und welke grüne Teile abschneiden. Zwiebeln waschen und in Ringe schneiden.

3_Die Butter und das Öl in einer großen Pfanne bei starker Hitze erwärmen. Hitze auf mittlere Stufe schalten, die Schnitzel einlegen und ungefähr 2 Minuten braten. Umdrehen und noch mal so lange braten, dann auf einen vorgewärmten Teller legen und mit einem zweiten Teller abdecken.

4_Zwiebelringe und Radicchiostreifen in die Pfanne geben und unter Rühren andünsten, bis der Radicchio zusammenfällt. Brühe, Balsamico und Sahne angießen, Tomaten unterrühren und die Sauce einmal kräftig aufkochen. Mit Salz, Pfeffer und dem Zucker abschmecken und die Sauce über den Schnitzeln verteilen. Mit Basilikum bestreuen. Dazu schmecken Bandnudeln oder Bratkartoffeln.

TIPP

Wem Radicchio zu bitter ist: Romanasalat nehmen!

Wiener Schnitzel

Nur mit Kalbfleisch echt!

Zutaten für 4 Personen:
50 g Mehl
2 Eier (Größe M)
150 g Semmelbrösel
4 dünne Kalbsschnitzel
(aus der Oberschale, je 120–150 g)
Salz | Pfeffer
150 g Butterschmalz
Zitronenspalten zum Garnieren
und Beträufeln

Zubereitungszeit: 20 Minuten
Kalorien pro Portion: 540 kcal

1_Das Mehl auf einen flachen Teller füllen.
Eier in einen zweiten Teller aufschlagen
und mit einer Gabel gründlich verrühren,
bis sich Eigelb und Eiweiß gut verbunden
haben. Die Semmelbrösel kommen auf
einen dritten Teller.

2_Die Schnitzel auf einem Küchenbrett
auslegen und eventuell mit Frischhaltefolie belegen. Mit dem Fleischklopfer vorsichtig klopfen, bis die Schnitzel schön
flach und vor allem überall gleichmäßig
dick sind. Die Schnitzel auf beiden Seiten
salzen und pfeffern.

3_Jetzt wird paniert. Die Schnitzel zuerst
im Mehl wenden, sie sollen überall einen
weißlichen »Film« haben. Damit dabei
nicht zu viel Mehl hängen bleibt, die
Schnitzel leicht schütteln, dabei rieselt
überschüssiges Mehl wieder runter. Jetzt
die Schnitzel durch das Ei ziehen und zum
Schluss in die Semmelbrösel legen. Leicht
hineindrücken, damit die Bröselschicht
gleichmäßig wird. Die Schnitzel nebeneinander aufs Brett legen.

4_Am besten gleich zwei große Pfannen auf dem Herd erhitzen und darin das Butterschmalz gut heiß werden lassen. Schnitzel einlegen und bei starker Hitze pro Seite etwa 2 Minuten braten. Eine Platte mit einer doppelten Lage Küchenpapier auslegen, die Schnitzel darauflegen und kurz abfetten lassen, dann auf vorgewärmte Teller legen. Die Zitronenspalten dazu und sofort servieren. Jeder träufelt nach Belieben Zitronensaft auf die Schnitzel. Dazu gibt's Bratkartoffeln oder ein Kartoffelsalat mit Salatgurke.

VARIANTE: Cordon bleu

4 dickere Kalbsschnitzel (knapp 2 cm sollten sie schon haben) zunächst leicht klopfen. Dann in jedes Schnitzel seitlich eine Tasche einschneiden. Dort hinein kommen jetzt pro Schnitzel 1 Scheibe gekochter Schinken und 1 dünne Scheibe Emmentaler oder Bergkäse (in Schnitzelgröße). Die gefüllten Schnitzel wie beschrieben panieren und pro Seite etwa 5 Minuten bei mittlerer Hitze braten. Mit Zitronenspalten servieren.

TIPP

Bitte nicht über die Schmalzmenge beim Braten erschrecken: Die braucht es, damit die Schnitzel schön gleichmäßig im Fett »schwimmen« und so die Panade überall knusprig wird. Außerdem saugt die Bröselhülle gar nicht so viel davon auf, wenn das Schmalz richtig gut heiß ist. Und beim Abtropfen auf dem Papier nimmt dieses zudem noch überschüssiges Fett auf.

Piccata von der Pute

Von Ei und Parmesan umhüllt

Zutaten für 4 Personen:
4 Eier (Größe M) | 3 EL Olivenöl
80 g frisch geriebener Parmesan
4 dünne Putenschnitzel (je etwa 150 g)
Salz | Pfeffer
1 TL Zitronensaft
3 EL Mehl | 50 g Butter

Zubereitungszeit: 20 Minuten
Kalorien pro Portion: 570 kcal

1_Die Eier in eine Schüssel aufschlagen. 1 EL Olivenöl und den Parmesan dazugeben und alles mit dem Schneebesen gründlich durchschlagen. 10 Minuten stehen lassen.

2_In der Zeit schon mal die Putenschnitzel mit dem Handballen schön flach klopfen und drücken. Leicht salzen (der Käse in der Eiermischung würzt später auch noch), nach Geschmack pfeffern und mit dem Zitronensaft beträufeln.

3_Eiermischung noch mal durchrühren. Mehl auf einen Teller löffeln. Eine große Pfanne auf den Herd stellen und erhitzen. Übriges Öl und die Butter darin erwärmen, bis die Butter geschmolzen ist.

4_Dann erst die Schnitzel nacheinander im Mehl wenden und leicht schütteln, damit überschüssiges Mehl gleich entfernt wird. Die Schnitzel durch die Eiermischung ziehen und sofort in das heiße Fett legen. Bei etwas mehr als mittlerer Hitze etwa 3 Minuten braten. Umdrehen und noch einmal so lange braten. Ganz heiß auf vorgewärmte Teller legen und gleich auf den Tisch stellen. Dazu passen Bratkartoffeln oder knuspriges Weißbrot und Salat.

TIPPs

Von der Eier-Käse-Mischung bleibt meist ein bisschen was übrig. Einfach mit 1–2 EL Semmelbröseln mischen und zu Küchlein formen. Mit dem Fleisch in der Pfanne goldbraun braten.
Die Piccata wird oft mit einem gekochten Tomatensugo serviert, was Geschmackssache ist. Feiner finden wir eine kalte Tomatensauce dazu: 6 Tomaten waschen und klein würfeln, dabei die Stielansätze entfernen. 1 kleine rote Zwiebel schälen, klein würfeln. Die Blätter von 6 Stängeln Basilikum abknipsen und in feine Streifen schneiden. Beides unter die Tomaten mischen. Mit etwa 2 TL Aceto balsamico und 2–3 EL Olivenöl anmachen und mit Salz und Pfeffer abschmecken. Beim Servieren neben das Fleisch löffeln.

Egal ob Rinderfilet oder -lende, egal wie das Fleisch gebraten wird: mindestens 30 Minuten vor dem Garen soll das gute Stück neben dem Herd liegen und Zimmertempertur annehmen dürfen. Kommt das Fleisch direkt aus dem Kühlschrank in die heiße Pfanne, verhärtet es sich aufgrund des extremen Temperaturunterschieds.

Buttrige Rinder-filetsteaks

Nach Methode Nr. 1
– die Schnelle

Zutaten für 4 Personen:
4 Scheiben Rinderfilet (je 2 1/2–3 cm dick, etwa 160 g schwer, aus der Mitte geschnitten)
2 EL Öl | Salz | Pfeffer
50 g Butter

Zubereitungszeit: 15 Minuten
Kalorien pro Portion: 330 kcal

1_Die Filetscheiben nur dann mit dem Handballen leicht drücken, wenn sie nicht an allen Stellen gleich dick sind, und auf gleiche Höhe bringen.

2_Eine Pfanne auf den Herd stellen (ideal ist eine schwere Pfanne aus Eisen oder Gusseisen, eventuell auch beschichtet). Bei starker Hitze anheizen, dann die Hitze ganz leicht zurückschalten. Das Öl in die Pfanne geben, Fleischscheiben einlegen und 1 Minute braten. Umdrehen und noch einmal 1 Minute braten.

3_Hitze auf mittlere Stufe zurückschalten, das Fleisch mit Salz und Pfeffer würzen und die Butter daneben schmelzen lassen. Jetzt die Steaks fertigbraten, dabei ab und zu umdrehen und mit Butter beschöpfen: nach 2 Minuten ist es noch blutig (rare), nach gut 3 Minuten halb durch (medium) und nach 4–6 Minuten ganz durch (well done). Mit der braunen Butter aus der Pfanne oder den Rotwein-Speck-Zwiebeln servieren.

Dazu: Rotwein-Speck-Zwiebeln

250 g Zwiebeln schälen, mit 50 g durchwachsenem Räucherspeck klein würfeln. In 1 EL Öl glasig braten. 1/4 l trockenen Rotwein zugießen, bei mittlerer Hitze dicklich einkochen lassen. Mit ein paar Butterflöckchen, Aceto balsamico und 1 Prise Zucker abrunden. Zum Fleisch essen.

Extrazarte Filet-steaks vom Rind

Nach Methode Nr. 2 – die Sanfte, und Geheimtipp von Sebastian

Zutaten für 4 Personen:
4 Scheiben Rinderfilet (je 2 1/2–3 cm dick, etwa 160 g schwer, aus der Mitte geschnitten)
2 EL Öl | Salz | Pfeffer

Zubereitungszeit: 20 Minuten
Kalorien pro Portion: 215 kcal

1_Die Filetscheiben gleichmäßig dick drücken. Pfanne bei starker Hitze heiß werden lassen, Öl dazugeben, dann die Hitze leicht reduzieren.

2_Die Filetsteaks in die Pfanne geben und auf jeder Seite 1 Minute braten. Dann auf einen vorgewärmten Teller legen und mit einem zweiten Teller abdecken, 5 Minuten ruhen lassen. Pfanne vom Herd ziehen.

3_Die Pfanne wieder auf den Herd stellen. Die Steaks salzen, pfeffern, in die Pfanne legen und pro Seite noch einmal 1 Minute (rare), 2 Minuten (medium) oder 3 Minuten (well done) braten. Steaks wieder auf den

Teller legen, abdecken und noch einmal 5 Minuten ruhen lassen, bevor sie auf gut vorgewärmten Tellern serviert werden, am besten mit der Estragon-Pfeffer-Sauce.

Dazu: Estragon-Pfeffer-Sauce

1 TL Zucker in einem Topf schmelzen, 3 TL grüne Pfefferkörner (frisch oder aus dem Glas) dazugeben. Mit 50 ml Noilly Prat (Vermouth), Sherry oder weißem Portwein (ersatzweise Fond) ablöschen, 200 ml Rinder- oder Kalbsfond angießen und alles bei starker Hitze auf die Hälfte einkochen lassen. 40 g kalte Butterflöckchen unterschlagen, 2 EL fein gehackten Estragon und 2 EL Sahne unterrühren, mit Salz und etwas Zitronensaft abrunden.

TIPP

Der Vorteil dieser Methode: Das Fleisch wird noch zarter als bei Methode Nr. 1. Der kleine Nachteil: Es ist nicht mehr knallheiß, wenn es auf dem Tisch steht. Ideal also für Steaks, die auf Salat (wie etwa dem Rucolasalat von Seite 52) oder mit einer richtig heißen Sauce (wie der oben) serviert werden. Wer das Steak pur mit Kräuterbutter oder Salat essen will, brät es besser nach Methode 1 oder 3.

Lendensteaks vom Rind

Nach Methode Nr. 3
– die Bequeme

Zutaten für 4 Personen:
4 Scheiben Rinderlende (je 2 1/2–3 cm dick und etwa 180 g schwer, heißen auch Rumpsteak)
2 EL Öl │ Salz │ Pfeffer
2 EL Butter

Zubereitungszeit: 25 Minuten
Kalorien pro Portion: 315 kcal

1_Backofen auf 200 Grad vorheizen (auch schon jetzt einschalten: Umluft 180 Grad). Die Fleischscheiben mit Küchenpapier gut trockentupfen. Falls das Fett am Rand noch dran ist, mit einem Messer einschneiden (nicht ins Fleisch schneiden!), damit es sich beim Braten nicht zusammenzieht und das Fleisch sich aufbiegt.

2_Pfanne bei starker Hitze heiß werden lassen, das Öl dazugeben, dann die Hitze leicht reduzieren. Lendensteaks einlegen und 1 Minute braten, umdrehen und noch einmal 1 Minute braten. Steaks aus der Pfanne nehmen, salzen und pfeffern.

3_Pfanne vom Herd ziehen und die Butter darin schmelzen lassen. Die Steaks wieder einlegen, mit Butter beschöpfen und in der Pfanne in den Ofen (Mitte) schieben. Nach Geschmack 3 (rare), 4 1/2 (medium) oder 6 (well done) Minuten garen.

4_Steaks in Alufolie wickeln, 2–3 Minuten ruhen lassen. Dann auf vorgewärmten Tellern anrichten und servieren.

VARIANTE: Zwiebel-Rostbraten

300 g Zwiebeln schälen und in feine Ringe schneiden. Die Steaks wie beschrieben braten, warm halten. In einer Pfanne 1 EL Öl und 1 EL Butter erhitzen, Zwiebelringe untermischen und auseinanderlösen. Bei mittlerer Hitze etwa 5 Minuten braten, bis sie braun und knusprig werden. Salzen, pfeffern und auf den Steaks verteilen.

TIPP

In den 2–3 Minuten Ruhezeit kann man aus dem Bratsatz eine schnelle Sauce machen: 1/8 l Wein, Sherry oder Brühe angießen und kurz einkochen lassen, dann 3–6 EL Sahne oder 1 EL kalte Butterflöckchen unterschlagen. Die Sauce nach Belieben würzen, zu den Steaks servieren.

Kalbsmedaillons mit Auberginensalat

Eine wahre Sommerfreude!

Zutaten für 4 Personen:
2 Zweige Rosmarin
2 Salbeiblättchen
4 Zweige Thymian
2 Knoblauchzehen
1/2 Bio-Zitrone
8 Scheiben Kalbslende oder -filet (je etwa 2 cm dick und 70–80 g schwer)
2 Auberginen (etwa 600 g)
200 g Kirschtomaten
1/2 Bund Basilikum
1 1/2–2 EL Balsamico bianco
6 EL Olivenöl
2 TL kleine Kapern
Salz | Pfeffer

Zubereitungszeit: 1 1/2 Stunden
Kalorien pro Portion: 320 kcal

1_Backofen auf 250 Grad vorheizen (auch schon jetzt einschalten: Umluft 220 Grad). Rosmarin, Salbei und Thymian abbrausen und trockenschütteln, die Blätter fein schneiden. Knoblauch schälen und in sehr dünne Scheiben schneiden. Zitrone heiß waschen, Schale dünn abschneiden und fein hacken. Alle diese Zutaten miteinander vermischen.

2_Wer Kalbslende gekauft hat, schneidet die Fettschicht an der Seite mit einem scharfen Messer im Abstand von 1–2 cm ein, dabei aber nicht ins Fleisch schneiden. Die Kräutermischung auf dem Fleisch verteilen und leicht einmassieren. Abgedeckt bei Raumtemperatur etwa 1 Stunde ruhen und Aroma annehmen lassen. (Wer das Fleisch länger marinieren möchte, stellt es in den Kühlschrank).

3_Inzwischen das Backblech mit Backpapier auslegen. Auberginen waschen, putzen und die Schale mehrmals mit einer Gabel einstechen. Auberginen aufs Blech legen, in den Ofen (Mitte) schieben und etwa 30 Minuten backen, bis die Haut fast schwarz ist. Leicht abkühlen lassen.

4_In der Zeit die Tomaten waschen und vierteln. Die Basilikumblättchen von den Stängeln knipsen und in Stücke zupfen. Auberginen längs halbieren, das Fruchtfleisch mit dem Esslöffel von den Schalen abkratzen, grob würfeln und mit dem Balsamico und 4 EL Öl verrühren. Die Tomaten und Kapern untermischen, mit Salz und Pfeffer abschmecken, Basilikum auf den Salat streuen.

5_Übriges Öl in einer großen Pfanne heiß werden lassen. Etwas mehr als mittlere Hitze einstellen. Kalbsmedaillons salzen, pfeffern und in die Pfanne legen. Etwa 2 1/2 Minuten braten, wenden und noch mal so lange braten. Mit dem Salat auf vorgewärmten Tellern verteilen und gleich auf den Tisch stellen. Dazu gibt es außerdem knuspriges Fladenbrot oder Ciabatta.

VARIANTE: Kalbsmedaillons mit Selleriepüree

1 Knollensellerie (etwa 600 g) schälen und in Würfel schneiden. Mit 150 ml Milch in einem Topf zum Kochen bringen. Hitze klein stellen, Deckel auflegen und den Sellerie in etwa 15 Minuten schön weich kochen. Dann gut 1 EL Butterflöckchen dazugeben und alles mit dem Kartoffelstampfer fein zerkleinern. Mit Salz, Pfeffer und frisch geriebener Muskatnuss würzen und zu den Kalbsmedaillons servieren.

TIPPs

Statt Kalbsmedaillons schmecken auch Kalbskoteletts super: Die Fettschicht am Rand wie bei der Lende im Abstand von 1 cm einschneiden. Aber so vorsichtig schneiden, dass das Messer nicht ins zarte Kalbfleisch rutscht.
Statt der Kräutermischung auch mal 1 EL Senf mit 1/2 TL abgeriebener Bio-Zitronen- oder Orangenschale verrühren und das Fleisch damit einstreichen.
Der Auberginensalat passt auch zu gegrillten Koteletts jeder Art oder zur Lammkeule aus dem Ofen. Und wer möchte, serviert ihn einfach kalt. (Man kann also den Salat gut vorbereiten und natürlich eine größere Menge machen.)

Schweine-koteletts mit Meerrettich-kraut

Deftig, leicht scharf – lecker!

Zutaten für 4 Personen:
1/2 kleinerer Weiß- oder Spitzkohl (etwa 500 g)
Salz
4 Schweinenackenkoteletts (je etwa 250 g) oder -steaks (je etwa 180 g)
Pfeffer
1 EL scharfer Senf
2 EL Öl
1 Stück frischer Meerrettich (etwa 2 cm)
1/2 EL Butter
125 g saure Sahne

Zubereitungszeit: 30 Minuten
Kalorien pro Portion: 305 kcal

1_Kohl waschen, welke äußere Blätter ablösen. Kohlhälfte längs duchschneiden, den dicken Strunk aus der Mitte jeweils schräg herausschneiden. Kohlviertel quer in feine Streifen schneiden.

2_In einem großen Topf Salzwasser zum Kochen bringen und die Kohlstreifen darin 2 Minuten sprudelnd kochen lassen. In ein Sieb abschütten und kalt abbrausen, abtropfen lassen.

3_Die Koteletts oder Steaks auf beiden Seiten mit Salz und Pfeffer bestreuen und gleichmäßig mit Senf einstreichen. Das Öl in einer großen Pfanne erhitzen, die Koteletts darin bei mittlerer Hitze pro Seite etwa 6 Minuten braten, die Steaks brauchen jeweils nur 5 Minuten.

4_Inzwischen den Meerrettich schälen und fein reiben. Die fertigen Koteletts oder Steaks aus der Pfanne nehmen und auf einem vorgewärmten Teller zugedeckt warm halten.

5_Die Butter in der Pfanne schmelzen, die Kohlstreifen einrühren und etwa 1 Minute bei mittlerer Hitze dünsten. Saure Sahne und Meerrettich untermischen und den Kohl mit Salz abschmecken. Mit den Koteletts oder Steaks auf vorgewärmte Teller verteilen und servieren.

Dazu: Ofenkartoffeln mit Kümmel

800 g kleinere festkochende Kartoffeln schälen und längs halbieren. Mit 1 EL Öl, Salz und Kümmelsamen nach Geschmack in einer hitzebeständigen Form mischen und im 180 Grad heißen Backofen (Umluft 160 Grad) etwa 30 Minuten backen, bis sie weich und gebräunt sind. Zwischendurch ein- bis zweimal durchrühren.

VARIANTE: Kalbskoteletts mit Kartoffel-Gemüse-Stampf

Für den Stampf festkochende Kartoffeln, Möhren und Knollensellerie (insgesamt 800 g) schälen, waschen und würfeln. In einem Topf mit Wasser bedecken, salzen. Erhitzen und zugedeckt 15–20 Minuten kochen, bis das Gemüse weich ist. In der Zeit 4 Kalbskoteletts (je etwa 250 g) auf beiden Seiten mit Salz und edelsüßem Paprikapulver würzen, in je 1 EL Öl und Butter pro Seite 5–6 Minuten bei mittlerer Hitze braten. Wasser vom Gemüse bis auf einen kleinen Rest abschütten. 1–2 EL Butter zum Gemüse geben und alles mit dem Kartoffelstampfer grob zerkleinern. Mit Salz, Pfeffer und frisch geriebener Muskatnuss würzen und mit den Kalbs-koteletts servieren.

Lammkoteletts mit Safran-Orangen-Sauce

Ein bisschen orientalisch

Zutaten für 4 Personen:
1 TL Koriandersamen
4 Zweige Thymian
4 Orangen (davon 1 Bio-Orange)
1 EL Zitronensaft
4 EL Olivenöl
8 doppelte Lammkoteletts
(je etwa 130 g)
1 Döschen Safranfäden (0,1 g)
2 rote Zwiebeln
Salz │ Pfeffer
1 Prise Zucker

Zubereitungszeit: 20 Minuten
+ 1 Stunde Marinieren
Kalorien pro Portion: 595 kcal

1_Die Koriandersamen in eine kleine Pfanne schütten und erwärmen, bis sie fein duften (dauert ungefähr 1 Minute). Dann in den Mörser schütten und zerdrücken. Wer keinen Mörser hat, gibt die Samen aufs Küchenbrett und zerdrückt sie mit einer breiten Messerklinge.

2_Den Thymian abbrausen und trockenschütteln, Blättchen abstreifen. Die Bio-Orange heiß waschen, die Schale fein abreiben. Den Koriander mit Thymian, Orangenschale, Zitronensaft und dem Olivenöl verrühren.

3_Die Lammkoteletts mit einem feuchten Küchentuch abreiben und so die Knochensplitter entfernen. Die Koteletts in einer flachen Schale mit der Marinade begießen und 1 Stunde ziehen lassen. Den Safran leicht zwischen den Fingern zerreiben, mit 1/8 l Wasser mischen und stehen lassen.

4_Dann den Backofen auf 80 Grad einschalten und eine flache, große Form hineinstellen. Alle Orangen so schälen, dass auch die weiße Haut mit entfernt wird. Das Fruchtfleisch zwischen den Trennhäutchen herausschneiden und klein würfeln. Die Zwiebeln schälen, halbieren und in dünne Streifen schneiden.

5_Eine große Pfanne (am besten eine schwere aus Gusseisen) erhitzen. Die Lammkoteletts abtropfen lassen und ohne weiteres Fett in die Pfanne legen. Pro Seite 2 1/2 Minuten bei mittlerer Hitze braten, dann in die Form in den Ofen legen und warm halten.

6_Zwiebelstreifen in die Pfanne geben und im Bratfett bei schwacher Hitze unter Rühren 2 Minuten braten. Orangenwürfel und Safranwasser mitsamt der Marinade dazurühren und einmal aufkochen. Sauce mit Salz, Pfeffer und Zucker abschmecken. Lammkoteletts salzen und mit der Sauce servieren. Dazu gibt es Bratkartoffeln, Fladenbrot oder knuspriges Olivenbrot.

VARIANTE: Lammkoteletts in Rosmarin-Honig-Sauce

8 doppelte Lammkoteletts (je etwa 130 g) in 2 EL Olivenöl wie beschrieben braten und im Ofen warm halten. 4 Knoblauchzehen schälen und in dünne Scheiben schneiden. 4 Zweige Rosmarin abbrausen, trockenschütteln, die Blättchen abzupfen. Knoblauch und Rosmarin mit 2 EL Olivenöl in der Pfanne 2–3 Minuten bei mittlerer Hitze braten. Mit 100 ml Gemüsebrühe oder trockenem Weißwein ablöschen und aufkochen lassen. 1 EL Honig unterrühren und die Sauce mit Salz und Pfeffer würzen. Die Lammkoteletts salzen und pfeffern und mit der Sauce servieren.

Kalbsleber mit Zwiebeln und Sherry

Italienisch-spanische Mischung mit Berliner Einfluss

Zutaten für 4 Personen:
400 g rote oder weiße Zwiebeln
2 säuerliche Äpfel
2 TL Zitronensaft
2 EL Butter
2 EL Öl
700 g Kalbsleber
1/8 l trockener Sherry
Salz | Pfeffer

Zubereitungszeit: 30 Minuten
Kalorien pro Portion: 405 kcal

1_Die Zwiebeln schälen, halbieren und in feine Streifen schneiden. Die Äpfel vierteln und schälen, das Kerngehäuse jeweils herausschneiden. Äpfel in gut 1/2 cm dicke Spalten schneiden und mit dem Zitronensaft mischen.

2_Die Butter und das Öl in einer großen Pfanne erhitzen. Zwiebeln dazurühren, die Hitze auf schwache Stufe schalten. Die Zwiebeln etwa 10 Minuten garen, bis sie weich werden, dabei immer wieder durchrühren. Dann kommen die Apfelspalten dazu. Alles 5 Minuten weiterbraten, bis auch die Äpfel weich werden.

3_Zwischendurch schon mal die Leber waschen und mit Küchenpapier trockentupfen. Die Leber in feine Streifen oder Scheiben schneiden.

4_Die Temperatur der Herdplatte auf höchste Stufe schalten. Die Leber in die Pfanne rühren. Mit dem Sherry ablöschen. Jetzt ständig rühren und die Leber etwa 5 Minuten braten. Mit Salz und Pfeffer abschmecken, fertig! Dazu passen am besten Kartoffelpüree und ein knackig-frischer Blattsalat

Hühnerleber mit Granatapfel

Unbedingt probieren!

Zutaten für 4 Personen:
500 g Hähnchenlebern
1 Schalotte | 2 Knoblauchzehen
1 Knolle Fenchel (ersatzweise 2 Stangen Staudensellerie in feinen Scheiben)
1 Granatapfel
1 EL Butter | 2 EL Öl
Salz | Pfeffer
1 Prise gemahlener Koriander
1/8 l Hühnerbrühe
2 EL Grenadinesirup
1 TL Zitronensaft
Petersilienblättchen zum Bestreuen

Zubereitungszeit: 45 Minuten
Kalorien pro Portion: 270 kcal

1_Die Hähnchenlebern aufs Küchenbrett legen und genau anschauen. Alle feinen Häutchen und weißlichen Sehnen so gut wie möglich entfernen. Je gründlicher das passiert, desto größer ist später der Genuss. Lebern halbieren oder dritteln.

2_Schalotte und Knoblauch schälen und fein hacken. Den Fenchel waschen, zartes Fenchelgrün abschneiden und weglegen. Fenchel der Länge nach vierteln, Strunk aus der Mitte schräg herausschneiden. Fenchelviertel in feine Streifen schneiden. Den Granatapfel halbieren, die Hälften über einer Schüssel aufbrechen und die Kerne zwischen den weißen Trennhäuten herauszupfen und -lösen. Dabei Saft und Kerne in der Schüssel auffangen.

3_Die Butter mit dem Öl in einer großen Pfanne stark erhitzen, auf mittlere Hitze schalten. Die Hähnchenlebern einlegen und 5–6 Minuten braten, dabei immer mal wieder durchrühren. Dann auf einen Teller füllen, mit Salz, Pfeffer und dem Koriander würzen und zugedeckt warm halten.

4_Schalotte, Knoblauch und Fenchel in die Pfanne geben und bei mittlerer Hitze 3–4 Minuten braten, dabei fast immer rühren. Mit der Brühe ablöschen, Granatapfelkerne und -saft mit dem Sirup und dem Zitronensaft dazugeben. Mit Salz und Pfeffer abschmecken. Die Hähnchenlebern einrühren und ganz heiß werden lassen. Vor dem Servieren Fenchelgrün hacken und mit der Petersilie aufstreuen.

Bratwürste mit Wasabi-Erbsen-Püree

Tokio meets Nürnberg

Zutaten für 4 Personen:
400 g mehlig kochende Kartoffeln
Salz | 400 g tiefgekühlte Erbsen
etwa 500 g Nürnberger Rostbratwürste
(ersatzweise andere kleine Bratwürste)
1 EL Öl | 2 Frühlingszwiebeln
125 g Sahne | 50 g Butter
1–2 TL Wasabi-Paste (japanischer grüner Meerrettich aus der Tube)

Zubereitungszeit: 30 Minuten
Kalorien pro Portion: 685 kcal

1_Kartoffeln schälen, waschen und 2 cm groß würfeln. In einem Topf mit Wasser bedecken, salzen und erhitzen. Deckel auflegen und die Kartoffeln bei schwacher bis mittlerer Hitze etwa 10 Minuten garen, bis sie fast weich sind. Dann die Erbsen zugeben und weitere 5 Minuten garen.

2_Eine große Pfanne heiß werden lassen. Die Bratwürste darin im Öl bei mittlerer Hitze 6–7 Minuten braten, bis sie schön braun sind. Dabei die Pfanne öfter mal rütteln und die Bratwürste auf diese Weise umdrehen.

3_Zwischendurch die Frühlingszwiebeln waschen, die Wurzelbüschel und welke grüne Teile abschneiden. Die Zwiebeln in Ringe schneiden. Wasser von Kartoffeln und Erbsen abgießen. Sahne in den Topf schütten und warm werden lassen. Die Butter in Stücke schneiden, mit in den Topf geben und alles mit dem Kartoffelstampfer gründlich zerkleinern. Frühlingszwiebeln und 1 TL Wasabi dazurühren, Püree mit Salz würzen und ein Löffelchen probieren. Nach Belieben mit noch mehr Wasabi würzen.

4_Püree und Bratwürste auf vorgewärmten Tellern verteilen. Wer mag, gießt auch noch ein bisschen Bratfett übers Püree.

VARIANTE: Meerrettich-Püree

800 g Kartoffeln wie beschrieben garen, mit 150 g Sahne (oder Milch) zerdrücken. 50 g Butter und 1 EL frisch geriebenen Meerrettich untermischen. Püree mit Salz, frisch geriebener Muskatnuss und 1/2 TL Apfeldicksaft oder Ahornsirup würzen.

Fleischpflanzerl

Heißen auch Buletten,
Fleischküchlein, Frikadellen ...

Zutaten für 4 Personen:
2 altbackene Brötchen
1/4 l Milch
2 Zwiebeln
1/2 Bund Petersilie
400 g gemischtes Hackfleisch
2 Eier (Größe M)
1 EL scharfer Senf
Salz | Pfeffer
1 TL edelsüßes Paprikapulver
1 EL Butter
1 EL Öl

Zubereitungszeit: 40 Minuten
Kalorien pro Portion: 455 kcal

1_Die Brötchen in Scheiben schneiden und in eine Schüssel legen. Die Milch lauwarm erhitzen und darübergießen. 10 Minuten stehen lassen.

2_Inzwischen Zwiebeln schälen und sehr fein würfeln. Petersilie abbrausen und trockenschütteln, Blättchen abzupfen und ebenfalls fein hacken.

3_Hackfleisch, Eier und Senf mit Petersilie, Zwiebeln, Salz, Pfeffer und Paprika in eine Schüssel füllen. Die Brötchen ausdrücken und dazugeben. Alles kräftig und gründlich durchkneten, bis der Fleischteig gut zusammenhält. In 12–16 Portionen teilen und jede davon zu einem gut 1 cm dicken Pflanzerl formen.

4_In einer großen Pfanne Butter und Öl heiß werden lassen. Hitze auf mittlere Stufe schalten. Pflanzerl einlegen und etwa 12 Minuten braten, nach etwa der Hälfte der Zeit umdrehen. Dazu Kartoffelsalat oder Brot, einen Salat und noch mehr scharfen Senf servieren.

VARIANTE: Putenpflanzerl mit Zitrone und Ingwer

Statt dem gemischten Hackfleisch 400 g Putenschnitzel sehr fein schneiden, dann mit dem Messer noch mal drüberhacken. 1 Bio-Zitrone heiß waschen, die Schale fein abreiben. 4 cm frischen Ingwer und 2 Knoblauchzehen schälen und sehr fein hacken. 2 Frühlingszwiebeln waschen, putzen und in Ringe schneiden. Alles mit den eingeweichten Brötchen und den Eiern in eine Schüssel geben, verkneten und mit Salz, Pfeffer und 1/2 TL gemahlenem Koriander abschmecken. Wie beschrieben in Butterschmalz braten.

VARIANTE: Kalbspflanzerl mit getrockneten Tomaten

Beim Metzger 400 g Kalbshack kaufen oder 400 g Kalbsschulter selber sehr fein zerkleinern. 50 g in Öl eingelegte, getrocknete Tomaten, 2 EL Kapern und 1 EL entsteinte Oliven mit 2 in Öl eingelegten Sardellenfilets und den Blättchen von 1/2 Bund Basilikum fein hacken. Alles mit den eingeweichten Brötchen, den Eiern und 1 TL Aceto balsamico in einer Schüssel gut verkneten. Mit Salz, Pfeffer und 1 Prise Chilipulver würzen. Wie beschrieben in Olivenöl braten.

VARIANTE: Lammpflanzerl mit Koriandergrün

1 Bund Koriandergrün waschen, trockenschütteln und die Blättchen abzupfen. 1 Bund Frühlingszwiebeln waschen und putzen, 4 Knoblauchzehen schälen. Alles fein hacken. 1 Döschen Safranfäden (0,1 g) in 1 EL warmem Wasser anrühren. Diese Zutaten mit den eingeweichten Brötchen (kann auch Fladenbrot sein), den Eiern und 400 g Lammhack (den Metzger danach fragen oder Schulter bzw. Keule selber fein schneiden) in eine Schüssel geben, verkneten. Mit Salz, je 1 TL edelsüßem und rosenscharfem Paprikapulver sowie gemahlenem Kreuzkümmel und 2 TL Ras-el-hanout (marokkanische Gewürzmischung aus dem Asia- oder Gewürzeladen) abschmecken und wie beschrieben in Olivenöl braten.

VARIANTE: Pflanzerl mit Kasseler

Die Fleischpflanzerl wie beschrieben zubereiten, dabei allerdings nur 1 Zwiebel hacken und den scharfen Senf durch groben Senf ersetzen. Dann zusätzlich noch 80 g Gewürzgurken und 100 g geräuchertes Kasseler klein würfeln, untermischen. Wie beschrieben in Öl braten.

 ## Basic-TIPPs

Hackfleisch muss ganz frisch sein, hört man immer wieder. Und das stimmt auch, denn wenn Fleisch so fein zerkleinert wird, ist die Angriffsfläche für Bakterien groß, und es kann schnell schlecht werden. Deshalb lässt man sich das Fleisch am besten direkt beim Metzger durchdrehen. Weiterer Vorteil: Jeder kann sich das Fleischstück, das zerkleinert werden soll, aussuchen und sieht gleich, wie viel Fett drin steckt. Und wer keinen Metzger findet, der Lamm, Kalb & Co. frisch »hackt«, schneidet es mit dem Messer winzig klein. Immer wichtig: Vor allem wenn Schweinefleisch mit von der Partie ist, sollten die Pflanzerl ganz durchgebraten werden!

Geschnetzeltes mit Vanille-Curry-Sauce

Wer kann da schon nein sagen?

Zutaten für 4 Personen:
500–600 g Schweinefilet, Hähnchenbrustfilet oder Putenschnitzel (die
Menge richtet sich nach dem Hunger)
250 g Kirschtomaten
4 Frühlingszwiebeln
1 Vanilleschote │ 2 EL Butter
1 gehäufter TL Currypulver (am besten
Madras-Curry nehmen)
1/8 l Cidre oder ungesüßter Apfelsaft
250 g Sahne │ Salz │ Pfeffer

Zubereitungszeit: 25 Minuten
Kalorien pro Portion: 410 kcal

1_Das Fleisch in knapp 1 cm breite Streifen
schneiden. Die Tomaten waschen und halbieren. Die Frühlingszwiebeln waschen,
putzen und in feine Streifen schneiden.
Die Vanilleschote längs aufschneiden, aufklappen und das Mark mit dem Messerrücken herausschaben. Schote in 4 Stücke
schneiden.

2_Eine große Pfanne auf dem Herd heiß
werden lassen. Butter darin bei mittlerer
Hitze schmelzen. Die Hälfte der Fleischstreifen einrühren und etwa 2 Minuten
braten, dabei ab und zu umrühren. Aus
der Pfanne nehmen und das übrige Fleisch
genauso braten. Ebenfalls herausnehmen.

3_Jetzt kommen die Zwiebeln mit den
Schotestücken in die Pfanne, 1 Minute
braten. Curry und Vanillemark dazugeben,
gut unterrühren und kurz mitbraten. Mit
Cidre oder Apfelsaft und der Sahne aufgießen und einmal aufkochen. Tomaten
dazurühren, mit Salz und Pfeffer würzen.
Das Fleisch untermischen und 2 Minuten
bei schwacher Hitze in der Sauce ziehen
lassen. Abschmecken und mit Reis oder
Nudeln essen.

VARIANTE: Geschnetzeltes mit Kürbis und Gorgonzola

400 g Kürbisfleisch putzen, 1 rote Zwiebel
schälen und beides in Streifen schneiden.
Das Fleisch wie beschrieben schneiden
und braten. Aus der Pfanne nehmen. Den
Kürbis und die Zwiebel in 1 EL Butter bei
mittlerer Hitze 3–4 Minuten braten, mit
1/8 l trockenem Weißwein oder Gemüsebrühe und 200 g Sahne aufgießen. 150 g
Gorgonzola in Würfeln darin schmelzen.
Mit Salz, Pfeffer und edelsüßem Paprikapulver würzen. Fleisch darin 2 Minuten
ziehen lassen. Mit 1 Spritzer Zitronensaft
verfeinern. Mit Kresse bestreut servieren.

Geschnetzeltes mit Austern-pilzen

Japanisch abgeschmeckt

Zutaten für 4 Personen:
600 g Filet oder Lende vom Rind
oder Kalb │ 5 EL Teriyaki-Sauce
1 TL Wasabi-Paste (japanischer grüner
Meerrettich aus der Tube, ersatzweise
extra scharfer Senf) │ 250 g Austernpilze
1 Bund Frühlingszwiebeln │ 4 EL Öl
150 ml Rinderfond (aus dem Glas)
2 EL Sesamöl │ Salz │ 1 TL Zucker
eingelegte Ingwerscheiben (Gari)
zum Garnieren

Zubereitungszeit: 25 Minuten
Kalorien pro Portion: 375 kcal

1_Fleisch in dünne Scheiben schneiden. Teriyaki-Sauce mit dem Wasabi gründlich verrühren und mit den Fleischscheiben mischen.

2_Die Austernpilze mit einem feuchten Küchenpapier abreiben, die zähen Stiele abschneiden. Pilze in Streifen schneiden. Die Frühlingszwiebeln waschen, Wurzelbüschel und alle welken grünen Teile abschneiden. Zwiebeln der Länge nach vierteln. Zu lange Zwiebelstücke noch einmal quer teilen.

3_In einer großen Pfanne 2 EL Öl erhitzen. Das Fleisch darin bei starker Hitze in drei Portionen je etwa 1 1/2 Minuten braten, herausnehmen. Das restliche Öl erhitzen, die Pilze und Zwiebeln darin bei mittlerer Hitze 2–3 Minuten braten. Den Fond und die Marinade vom Fleisch untermischen, mit Sesamöl, Salz und Zucker würzen. Das Fleisch untermengen und erwärmen. Vor dem Servieren mit ein paar eingelegten Ingwerscheiben garnieren und noch etwas Ingwer extra mit auf den Tisch stellen. Dazu gibt es außerdem japanische Buchweizennudeln (Soba-Nudeln) oder Reis.

Hühnerpfanne mit Gemüse

Schnell und simpel

Zutaten für 4 Personen:
600 g Hähnchenbrustfilet
2 junge Zucchini
400 g Kirschtomaten
4 Knoblauchzehen
1/2 Bio-Zitrone
1/2 Bund Petersilie
4 EL Olivenöl
4 Frühlingszwiebeln
Salz | Pfeffer
2–3 EL kleine schwarze Oliven

Zubereitungszeit: 30 Minuten
Kalorien pro Portion: 300 kcal

1_Das Hähnchenfleisch in knapp 2 cm große Würfel schneiden. Die Zucchini waschen, putzen und in etwas kleinere Würfel schneiden als das Fleisch. Die Tomaten waschen und halbieren, Knoblauchzehen schälen. Die Zitrone heiß waschen und die Schale fein abreiben, den Saft auspressen. Die Petersilie abbrausen und trockenschütteln, die Blättchen abzupfen und fein schneiden.

2_Eine große Pfanne auf den Herd stellen und das Öl darin heiß werden lassen. Die Hitze auf mittlere Stufe schalten, Fleisch in die Pfanne geben und 4–5 Minuten braten, dabei immer wieder durchrühren. Inzwischen Frühlingszwiebeln waschen, die Wurzelbüschel und die welken grünen Teile abschneiden. Zwiebeln in 1 cm lange Stücke schneiden.

3_Den Knoblauch durch die Presse zum Fleisch drücken und ganz kurz mitbraten. Dann mit der Zitronenschale, Salz und Pfeffer würzen, aus der Pfanne nehmen.

4_Die Zucchini ins Bratfett rühren und 2 Minuten braten. Zwiebelstücke mit den Oliven und den Tomaten zu den Zucchini geben, 1 Minute weiterbraten. Hähnchenbrustfilet wieder untermischen und gut heiß werden lassen. Die Petersilie dazugeben, die Hühnerpfanne abschmecken und auf den Tisch damit. Dazu gibt es Rosmarinkartoffeln aus dem Ofen oder der Pfanne oder einfach nur Brot.

Rehmedaillons mit Schoko- sauce

Ungewöhnliches für Experimentierfreudige

Zutaten für 4 Personen:
1 Zwiebel | 2 Knoblauchzehen
1–2 rote Chilischoten | 2 EL Öl
200 ml trockener Rotwein
1/8 l Wild- oder Kalbsfond
(aus dem Glas)
8 Scheiben Rehrückenfilet (je 2–3 cm
dick, etwa 80 g schwer, aus der Mitte
geschnitten)
Salz | Pfeffer
2 EL Crème fraîche
70 g Zartbitterschokolade
1 1/2 EL Preiselbeeren (aus dem Glas)

Zubereitungszeit: 30 Minuten
Kalorien pro Portion: 430 kcal

1_Backofen auf 180 Grad vorheizen (auch
schon jetzt einschalten: Umluft 160 Grad).
Die Zwiebel und den Knoblauch schälen
und fein würfeln. Chilischoten waschen
und den Stiel abschneiden, Schoten samt
den Kernen in feine Ringe schneiden.

2_In einem Topf 1 EL Öl erhitzen. Zwiebel,
Knoblauch und Chili darin andünsten. Mit
Wein und Fond aufgießen und die Sauce
offen in etwa 6 Minuten bei mittlerer
Hitze auf die Hälfte einköcheln lassen.

3_Die Rehmedaillons mit Salz und Pfeffer
würzen. Restliches Öl in einer ofenfesten
Pfanne erhitzen, die Fleischscheiben darin
bei starker Hitze auf jeder Seite 1 Minute
anbraten. Die Pfanne in den Ofen (Mitte)
schieben, Medaillons 6–7 Minuten garen.

4_Inzwischen die Sauce durch ein Sieb
gießen, auffangen, wieder in den Topf
geben, erhitzen. Die Crème fraîche unterrühren, Schokolade in Stücken darin bei
schwacher Hitze schmelzen lassen. Preiselbeeren untermischen, Sauce mit Salz abschmecken. Medaillons auf vorgewärmte
Teller setzen, mit der Sauce umgießen.
Dazu passen Spätzle oder Kartoffelnudeln.

Dazu: Spätzle

375 g Mehl mit 1 TL Salz, 1/4 l Wasser
und 3 Eiern (Größe M) zu einem zähen
Teig verrühren. Nach und nach mit dem
Spätzlehobel in kochendes Salzwasser
hobeln. Sobald die Spätzle an die Oberfläche steigen, herausheben.

Geschnetzeltes vom Wild mit Gemüsestiften

Angenehm würzig und säuerlich

Zutaten für 4 Personen:
400 g Knollensellerie, Möhren und
Lauch (gemischt) | Salz
600 g Hirsch-, Reh- oder Wild-
schweinfilet
1 EL Wacholderbeeren
2 EL Butter
je 1 Prise gemahlener Kümmel
und gemahlene Nelken
250 g Buttermilch
1 gehäufter TL Speisestärke
1 TL scharfer Senf
2 TL Balsamico bianco
Pfeffer
Schnittlauchröllchen zum Bestreuen

Zubereitungszeit: 35 Minuten
Kalorien pro Portion: 260 kcal

1_Sellerie und Möhren schälen und erst
längs in dünne Scheiben, dann in feine
Stifte schneiden. Vom Lauch Wurzelbüschel und alles Welke abschneiden.
Lauch der Länge nach aufschneiden und

gründlich waschen, auch zwischen den Schichten. Lauch ebenfalls in Streifen schneiden. Salzwasser zum Kochen bringen und die Gemüsestreifen darin 1 Minute kochen lassen. Dann in ein Sieb schütten, abschrecken, abtropfen lassen.

2_Vom Wildfilet alle Sehnen abschneiden und das Filet in dünne Scheiben schneiden. Größere Scheiben halbieren. Wacholderbeeren im Mörser fein zerdrücken oder mit dem Messer gut durchhacken.

3_Butter in einer Pfanne erhitzen. Das Fleisch darin in drei Portionen jeweils etwa 2 Minuten bei mittlerer Hitze unter Rühren braten. In ein Sieb geben, das in einer Schüssel hängt. Dann die Gemüsestreifen mit dem Wacholder in die Pfanne rühren und 2 Minuten braten, dabei häufig rühren. Die Gewürze darüberstreuen

4_Die Buttermilch mit der Speisestärke gründlich verrühren und in die Pfanne gießen, einmal aufkochen. Die Sauce mit Senf, Balsamico, Salz und Pfeffer würzen. Fleisch untermischen und heiß werden lassen. Vor dem Servieren ein paar Schnittlauchröllchen aufstreuen. Dazu passen Salzkartoffeln, Spätzle, Kartoffelnudeln oder auch Butternudeln.

Bœuf Stroganow

Würziges aus Russlands Küche

Zutaten für 4 Personen:
600 g Rinderfilet oder -lende
200 g Champignons oder Egerlinge
1 Zwiebel
1 gekochte, geschälte Rote Bete (etwa 200 g)
4 Gewürzgurken (etwa 150 g)
1 EL Butter | 1 EL Öl
2 EL Cognac (nach Belieben)
200 ml Fleischbrühe
150 g saure Sahne
2 TL scharfer Senf
1 EL Zitronensaft
Salz | Pfeffer
Dillspitzen, Schnittlauchröllchen oder Gartenkresse zum Bestreuen

Zubereitungszeit: 30 Minuten
Kalorien pro Portion: 330 kcal

1_Fleisch von allen Sehnen befreien und erst in dünne Scheiben, dann in Streifen schneiden. Die Pilze mit einem feuchten Küchenpapier abwischen, die Stielenden abschneiden. Pilze in dünne Scheiben schneiden. Die Zwiebel schälen und fein würfeln. Rote Bete und Gewürzgurken erst in dünne Scheiben, dann in feine Streifen schneiden.

2_Die Butter und das Öl in einer großen Pfanne heiß werden lassen. Das Fleisch darin bei starker Hitze in drei Portionen unter Rühren jeweils etwa 1 1/2 Minuten braten. In ein Sieb geben, das in einer Schüssel hängt.

3_Wenn das Fleisch gebraten ist, Zwiebel und Pilze im Bratfett bei mittlerer Hitze etwa 2 Minuten unter Rühren braten. Wer mag, löscht jetzt mit dem Cognac ab und lässt ihn komplett verdampfen, sodass er nur ein bisschen Aroma gibt. Brühe und saure Sahne angießen, kräftig aufkochen.

4_Rote Bete und die Gurken dazugeben. Mit Senf, Zitronensaft, Salz und Pfeffer würzen. Das Fleisch mitsamt dem Fleischsaft aus der Schüssel untermischen und heiß werden lassen. Mit Dill, Schnittlauch oder Kresse bestreuen. Dazu Kartoffelpüree, Reis oder Butternudeln servieren.

Entenbrust mit Chili-Himbeeren

Etwas ganz Besonderes,
das trotzdem leicht gelingt

Zutaten für 4 Personen:
2 Entenbrustfilets (je etwa 350 g)
Salz │ Pfeffer
1 EL Öl
2 Schalotten
2 Knoblauchzehen
1–2 rote Chilischoten
250 g Himbeeren (ersatzweise in
einem Sieb aufgetaute TK-Beeren)
1 EL Butter
150 ml Himbeersaft
1/2 Bund Basilikum
1 EL Zitronensaft
2 TL Honig

Zubereitungszeit: 30 Minuten
Kalorien pro Portion: 485 kcal

1_Die Entenbrustfilets trockentupfen. Die Haut mit einem scharfen Messer rautenförmig einschneiden, aber vorsichtig und nicht bis ins Entenfleisch schneiden. Die Entenbrüste auf beiden Seiten mit Salz und Pfeffer würzen.

2_Eine Pfanne erhitzen, das Öl hineingeben und die Hitze auf mittlere Stufe zurückschalten. Die Entenbrüste mit der Hautseite nach unten einlegen und 8 Minuten braten. Dann umdrehen und noch mal etwa 7 Minuten braten.

3_Inzwischen die Schalotten und den Knoblauch schälen, beides in sehr feine Scheiben schneiden. Die Chilischoten waschen, die Stiele abschneiden. Schoten samt Kernen in feine Ringe schneiden. Die Himbeeren verlesen, nicht waschen.

4_Die Butter in einem Topf zerlassen. Knoblauch, Schalotten und die Chiliringe darin unter Rühren bei mittlerer Hitze andünsten. Mit dem Himbeersaft aufgießen und die Sauce offen bei mittlerer Hitze um die Hälfte einkochen lassen.

5_Entenbrüste aus der Pfanne nehmen, in Alufolie wickeln und 5 Minuten ruhen lassen. Basilikumblättchen abzupfen. Sauce mit Zitronensaft, Honig und Salz abschmecken. Die Himbeeren und die Basilikumblättchen untermischen. Entenbrüste auswickeln, in dünne Scheiben schneiden und mit den Himbeeren und der Sauce anrichten. Dazu schmeckt Kartoffelgratin oder einfach nur Brot.

Hühnerbrust mit Feigenfüllung

Mit saftigem Innenleben

Zutaten für 4 Personen:
100 g getrocknete Feigen
2 Frühlingszwiebeln
2 Knoblauchzehen
1 Stück Bio-Zitronenschale (etwa 5 cm)
100 g Gorgonzola
Salz │ Chilipulver
4 Hähnchenbrustfilets (je etwa 170 g)
Pfeffer │ 2 EL Olivenöl
100 ml roter Portwein (ersatzweise Hühnerbrühe)
100 ml Hühnerbrühe
50 g kalte Butter

Zubereitungszeit: 40 Minuten
Kalorien pro Portion: 505 kcal

1_Die Feigen fein würfeln. Von den Frühlingszwiebeln Wurzelbüschel und welke Teile abschneiden. Zwiebeln waschen, das Grün abschneiden und weglegen. Knoblauch schälen und mit den weißen Zwiebelteilen und der Zitronenschale sehr fein hacken.

2_Gorgonzola mit einer Gabel zerdrücken, die Feigen und die Knoblauch-Zwiebel-Mischung untermengen. Leicht salzen und mit Chili würzen.

3_Die Hähnchenbrustfilets waschen und trockentupfen. Jeweils seitlich eine Tasche einschneiden. Die Feigenmischung in die Tasche füllen und etwas flach drücken. Die Öffnungen der Filets mit Zahnstochern verschließen. Hähnchenbrüste außen mit Salz und Pfeffer würzen.

4_Öl in einer Pfanne heiß werden lassen. Die Hühnerbrüste einlegen und bei knapp mittlerer Hitze pro Seite etwa 8 Minuten braten. Die Filets in Alufolie wickeln und warm halten.

5_Den Portwein und die Brühe in die Pfanne gießen und den Bratsatz damit lösen. Kräftig aufkochen. Butter in kleine Würfel schneiden und mit dem Schneebesen unterschlagen. Sauce mit Salz und Pfeffer abschmecken. die Hühnerbrüste auswickeln, in Scheiben schneiden und auf vorgewärmten Tellern auslegen. Die Sauce daneben oder darauf verteilen, sofort servieren. Dazu schmecken Reis und ein Tomatensalat mit viel Kräutern.

Kaninchenfilet mit Trauben

Macht Eindruck und kaum Mühe

Zutaten für 4 Personen:
250 g kleine grüne Weintrauben
(am besten ohne Kerne)
1 Bund Rucola (50 g)
2 Knoblauchzehen
8 Kaninchenfilets (je etwa 75 g)
Salz | Pfeffer
1 EL scharfer Senf
2 EL Öl
1 EL Butter
100 ml Weißwein oder Traubensaft
1 TL Zitronensaft
1 TL Honig

Zubereitungszeit: 40 Minuten
Kalorien pro Portion: 345 kcal

1_Die Trauben waschen und von den Stielen zupfen, Trauben halbieren. (Wenn sie doch Kerne haben, am besten mit der Messerspitze herausheben. Macht zwar Arbeit, die lohnt sich aber.) Rucola von allen welken Blättern und dicken Stängeln befreien, waschen, trockenschütteln und fein hacken. Knoblauch schälen und in möglichst feine Scheiben schneiden.

2_Falls an den Kaninchenfilets Sehnen oder Häutchen sichtbar sind, mit dem Messer ablösen. Kaninchenfilets salzen, pfeffern und mit dem Senf einstreichen.

3_Eine Pfanne auf den Herd stellen, die groß genug ist für alle Kaninchenfilets. Heiß werden lassen. Öl und Butter darin erhitzen. Kaninchenfilets einlegen und bei mittlerer Hitze etwa 8 Minuten braten, dabei immer mal wieder umdrehen.

4_Die gebratenen Filets aus der Pfanne nehmen und in Alufolie wickeln. Trauben und Knoblauch ins Bratfett rühren und kurz andünsten. Mit dem Wein oder Saft ablöschen, mit Salz, Pfeffer, Zitronensaft und Honig abschmecken. Rucola untermischen. Kaninchenfilets im Ganzen auf Teller legen oder vorher schräg in dünne Scheiben schneiden. Mit den Trauben und der Sauce garnieren. Dazu passen Reis, Bratkartoffeln oder Weißbrot und Spinatgemüse mit Knoblauch und Zitronensaft.

im Bild: Schweinefleisch
süßsauer

Basic:

Einst das Universal-Küchengerät Asiens, heute auch bei uns zu Haus – weil darin alles schnell brät, knusprig wird und ziemlich viele Vitamine behält!

Und damit das auch immer reibungslos klappt, wird stets alles vorbereitet: nicht nur Gemüse und Fleisch werden geschnitten, sondern auch die Sauce gerührt. Das alles steht jetzt neben dem Wok und wartet auf den Einsatz.

Erst mal gibt man dem Wok Feuer. So lang, bis er richtig heiß ist. Test: ein paar Wassertropfen reintröpfeln. Die tanzen kurz und verdampfen mit einem schönen »Zisch«. Jetzt erst kommt das Öl hinein und dann dürfen auch schon die vorbereiteten Zutaten dazu. Immer wichtig: das Rühren nicht vergessen, sonst brennt schnell mal was an. Die Hitze ist nämlich in der Mitte des Woks besonders hoch, hier wird alles sehr schnell knusprig und gar. Soll's ein bisschen langsamer gehen, schiebt man die Zutaten einfach an den Rand.

Übrigens: Nicht wundern, dass hier die Rezepte nur für 2 Personen sind, das hat schon seinen Grund. Kleinere Mengen gelingen im Wok viel besser. Kommt zu viel auf einmal rein, kühlt der heiße Wok zu stark ab und aus dem Braten wird schnell ein Dünsten. Also Gerichte für mehr Leute besser in zwei bis drei Portionen braten und ganz zum Schluss zusammenmischen und wieder gut heiß werden lassen.

Im Wok braten

Rindfleisch mit Zwiebeln

Mildes aus der Asia-Küche

Zutaten für 2 Personen:
250 g Rinderfilet oder -lende
2 EL Sojasauce | 1/2 TL brauner Zucker
1/2 TL Fünf-Gewürze-Pulver
150 g Zwiebeln
1 Stück frischer Ingwer (etwa 1 cm)
2 Knoblauchzehen | 2 EL Öl
75 ml Reiswein, Sherry oder Fleischbrühe
Salz | Korianderblättchen zum Bestreuen

Zubereitungszeit: 25 Minuten
+ 1 Stunde Marinieren
Kalorien pro Portion: 340 kcal

1_Vom Rindfleisch alle Sehnen entfernen. Fleisch erst in dünne Scheiben, dann in knapp 2 cm breite Streifen schneiden. Sojasauce mit Zucker und Gewürzpulver gut vermischen und übers Fleisch gießen. Mindestens 1 Stunde marinieren lassen.

2_Dann Zwiebeln, Ingwer und Knoblauch schälen. Zwiebeln halbieren und in 1 cm breite Streifen schneiden. Ingwer in feine Streifen, Knoblauch in Scheiben teilen.

3_Den Wok heiß werden lassen, 1 EL Öl hineingeben. Fleisch darin in zwei Portionen je 1–2 Minuten braten, herausnehmen. Zwiebeln, Ingwer und Knoblauch im restlichen Öl 2–3 Minuten unter Rühren braten. Wein, Sherry oder Brühe und Marinade mit dem Fleisch untermischen. Mit Salz abschmecken und Koriander aufstreuen.

Schweinefleisch süßsauer

Auch mit Ente gut

Zutaten für 2 Personen:
1/2 kleine Ananas
150 g Kirschtomaten
2 Frühlingszwiebeln
350 g Schweineschnitzel
100 ml Fleisch- oder Gemüsebrühe
2 EL dunkler Reisessig
1 EL Zitronensaft | 5 EL Sojasauce
2 EL Öl | 2 EL brauner Zucker
1 TL Speisestärke
Salz | Chilipulver

Zubereitungszeit: 30 Minuten
Kalorien pro Portion: 430 kcal

1_Ananas schälen, braune Stellen und harten Strunk aus der Mitte entfernen. Ananas würfeln. Tomaten waschen und vierteln. Die Frühlingszwiebeln waschen, putzen und in Ringe schneiden. Fleisch in Streifen schneiden. Die Brühe mit Essig, Zitronensaft und Sojasauce verrühren.

2_Wok heiß werden lassen, das Öl darin erhitzen. Fleisch in zwei Portionen je gut 1 Minute braten, herausnehmen. Hitze kleiner stellen, Zucker im Wok schmelzen lassen, Brühe zugießen und aufkochen. Ananas, weiße Zwiebelringe und Tomaten dazugeben und erhitzen, Fleisch untermischen. Die Speisestärke mit 1 EL Wasser verrühren, untermischen und einmal aufkochen. Mit Salz und Chili abschmecken und mit dem Zwiebelgrün bestreuen.

Auberginen-Hähnchen-Wok

Mit Mittelmeerwürze

Zutaten für 2 Personen:
1 Aubergine
150 g Kirschtomaten
350 g Hähnchenbrustfilet
1/2 Bio-Zitrone | 1 rote Chilischote
2 Knoblauchzehen | 4 EL Olivenöl
1/8 l trockener Weißwein oder Hühnerbrühe | 1 1/2 EL Honig | Salz
Basilikumblättchen zum Bestreuen

Zubereitungszeit: 25 Minuten
Kalorien pro Portion: 460 kcal

1_Aubergine waschen und in gut 1 cm große Würfel schneiden. Die Tomaten waschen und halbieren. Hähnchenbrustfilet knapp 1 cm groß würfeln. Zitrone heiß waschen, die Schale fein abreiben und den Saft auspressen. Chili waschen und den Stiel abschneiden. Die Schote samt Kernen in feine Ringe schneiden. Den Knoblauch schälen und in dünne Scheiben schneiden.

2_Wok erhitzen und das Öl hineingeben. Hähnchenfleisch darin in zwei Portionen je 1 1/2 Minuten braten, herausnehmen. Aubergine hineingeben und 2 Minuten unter Rühren braten. Chili und Knoblauch kurz mitbraten. Die Tomaten, Wein oder Brühe, Honig, Zitronenschale und 2 EL Zitronensaft mit dem Fleisch dazugeben und gut erhitzen. Salzen und vor dem Servieren Basilikum aufstreuen.

Aus dem Topf

Mal ehrlich: Topfgucker sind wir doch alle, seit wir denken können. Wenn
der paprikasatte Duft vom Gulasch aus der Küche wehte, wenn wir die aroma-
starke Hühnersuppe schnuppern und die feinen Fettaugen darauf schon fast
sehen konnten – wir mussten es einfach tun, den Deckel anheben und einen
kleinen Löffel voll probieren. Später kam dann auch immer wieder Neues
dazu, das würzige Lammcurry aus Indien mit dem frischen Joghurtkick oder
der deftige Kalbfleischtopf aus Griechenland zum Beispiel. Und wir haben
erfahren, dass Rinderrouladen, Königsberger Klopse und Rheinischer Sauer-
braten ebenfalls im Topf schmurgeln. Einfach ein Genie, dieser Topf!

Spezialität

Salami

»Reich mir doch mal die Cervelat rüber«, sagte die Großmutter. In Italien war sie nie gewesen und hatte deshalb keine der mindestens 40 verschiedenen Sorten probiert, die es dort gibt. Sonst hätte sie wohl, wie wir heute, Salami gesagt.

Ursprünglich wurde in Italien die Dauerwurst, wie man sie bei uns früher auch genannt hat, hauptsächlich aus Eselfleisch gemacht. Heute nimmt man meistens Schweinefleisch (auch vom Wildschwein), manchmal mit Rindfleisch oder auch Wild gemischt. Immer wird das rohe Fleisch mehr oder weniger fein zerkleinert, gewürzt und prall in Naturdarm abgefüllt. Die dicken oder dünnen, langen oder kurzen Würste hängt man dann zum Trocknen auf. Das Fleisch gärt dabei leicht, Fermentation nennt das der Fachmann. Deshalb schmeckt Salami nicht nur würzig, sondern auch ein ganz klein bisschen säuerlich. Und natürlich auch nach dem, was sonst noch reinkommt: Kräuter, Gewürze wie Pfeffer oder Peperoni, Weiß- oder Rotwein und manchmal sogar Trüffel. Gegessen wird das feine Resultat fast immer als Imbiss oder Antipasto, in eher dicken Scheiben, weil man Salami in Italien nicht aufs Butterbrot legt, sondern das Brot einfach dazu isst.

Etwas ganz ähnliches haben Spanien und Portugal anzubieten: die Chorizo. Hier entstehen die diversen Variationen aber nicht mit unterschiedlichen Fleischsorten (Chorizo ist immer aus Schweinefleisch), sondern durchs Würzen. Knoblauch kommt rein (mal mehr, mal weniger), Paprika und in die ganz scharfe Sorte auch noch Chili. Chorizo gibt's dann in Scheiben geschnitten als Tapa oder warm im Eintopf.

Ich brauche nur kurz einen Blick darauf zu werfen, dann weiß ich, was Sache ist. Ist ja klar, ich habe schließlich jeden Tag damit zu tun.

Ist das Schweinefleisch sehr hell, hatte das Tier Stress. Gutes Schweinefleisch ist nämlich richtig rot, sogar dunkler als Kalbfleisch. Das Fleisch vom Wildschwein ist so dunkel wie das anderer Wildarten. Kalbfleisch wiederum muss kräftig rosa oder hellrot sein. Da sollte man sich nicht von der Erinnerung an frühere Zeiten beeinflussen lassen. Damals wollten die Leute fast weißes Kalbfleisch. Und das

MEIN METZGER SAGT

Schau mal her!

konnte es nur geben, wenn die Tiere im Dunkeln lebten und kein Eisen im Futter hatten. Diese Aufzucht ist aber Gott sei Dank heutzutage verboten. Rindfleisch ist kräftig rot, sieht es nicht blutig frisch aus, sondern eher dunkelrot, weiß man, dass es gut abgehangen ist. Sollte es noch richtig rot sein, besser mal nachfragen. Es gibt nämlich eine spezielle Methode (die haben die Schweizer erfunden), bei der das Fleisch in Kisten reift und frisch-rot bleibt. Es könnte aber auch zu frisch sein ... »Sitzt« auf dem Fleisch eine dicke Schicht Fett, im Fleisch selber aber ist nicht eine Fettader zu sehen, weiß ich: Das Tier hat in einem kurzen Zeitraum ziemlich viel Futter bekommen (Kraftfutter!). Es ist also zu schnell gewachsen, der gute Geschmack bleibt da meist auf der Strecke.

Klassiker: Echte Bolognese

Und die kommt aus der italienischen Genussregion schlechthin, der Emilia-Romagna. Dort wird sie zwar auch nicht mehr überall traditionell zubereitet, wir machen das jetzt aber:

500 g Fleisch zum Schmoren (am besten Schwein, Rind und Kalb gemischt) sehr fein würfeln. 100 g Pancetta (in dünnen Scheiben) klein würfeln und in 1 EL Olivenöl und 1 EL Butter andünsten. Fleisch dazugeben und mitbraten, bis es nicht mehr rot ist. 1 Schuss Weißwein und je 1/8 l Fleischbrühe und Milch sowie 1 EL Tomatenmark dazurühren (wer mag, kann auch ein paar gehäutete, gewürfelte Tomaten mitgaren). Mit Salz, Pfeffer, frisch geriebener Muskatnuss und 1 winzigen Prise Zimtpulver würzen und den Deckel halb auflegen. Bei schwacher Hitze mindestens 2 Stunden vor sich hin schmurgeln lassen. Dabei ab und zu umrühren und, wenn nötig, noch Flüssigkeit nachgießen. Vor dem Essen abschmecken, fertig. Und dazu gibt's keine Spaghetti, sondern Bandnudeln (Tagliatelle zum Beispiel) und viel frisch geriebenen Parmigiano.

Sprichwörtlich

Eins, das nicht wie die anderen ist

Echt friedlich, wie die vielen Schafe dort grasen. Nur zwei schwarze Hunde sind zum Bewachen da. Aber Moment mal, das sind ja gar keine Hunde. Schafe sind das, schwarze Schafe. Selten und ziemlich auffallend. Außenseiter schon deshalb, weil sie nicht wie die anderen sind. Irgendwie nahe liegend, dass das schwarze Schaf Pate stand, wenn es darum ging, demjenigen in einer Gemeinschaft – sei es die Familie oder eine andere Gruppe –, der unangenehm auffiel, einen Namen zu geben. Denn den Schäfer machten früher schwarze Schafe in der Herde nicht glücklich. Er hielt sich die Tiere nur aus einem einzigen Grund: Er wollte ihre Wolle verkaufen, und die war umso wertvoller, je heller sie war. Das schwarze Fell brachte also gar nichts ein, das Tier musste geschlachtet werden.

✚ Hilfreich

Das Rouladenfleisch ist belegt und aufgewickelt. Damit es beim Garen seine Form behält, muss das Fleischende irgendwie befestigt werden.

Dafür gibt es Rouladennadeln, die aber für sonst nichts zu gebrauchen sind. Heute ist es üblicher, die Päckchen zu verschnüren – mit Küchengarn aus dem Haushaltswarengeschäft. Das ist relativ dick und stabil, sodass man auch einen großen Braten damit umwickeln kann – sei es ein gefüllter Rollbraten oder ein Braten, der seine schöne Form beim Garen behalten soll. Außerdem ist das Küchengarn zum Verschließen von großen Fleischtaschen wie etwa einer gefüllten Kalbsbrust gut. Für die Rouladen tut's aber auch ein doppelt gelegter Bindfaden. So oder so: Nach dem Garen wird das Garn aufgeschnitten und abgezogen, bevor Rouladen & Co. auf die Teller kommen.

Leberknödel-suppe

Wie in der bayrischen Wirtschaft

Zutaten für 4 Personen:
5 altbackene Brötchen (ersatzweise
etwa 250 g Knödelbrot)
150 ml lauwarme Milch
1 kleine Zwiebel
1/2 Bund Petersilie
2 TL Butter
200 g Kalbs- oder Rinderleber
1/4 Bio-Zitrone
2 Eier (Größe M)
Salz | Pfeffer
frisch geriebene Muskatnuss
gut 1 l Fleischbrühe (z. B. vom Tafelspitz)
1 Bund Schnittlauch

Zubereitungszeit: 25 Minuten
+ 15 Minuten Garziehen
Kalorien pro Portion: 290 kcal

1_Die Brötchen in Scheiben schneiden
und in eine größere Schüssel füllen. Die
Milch darübergießen und die Brötchen
10 Minuten einweichen.

2_Inzwischen die Zwiebel schälen und
sehr fein würfeln. Petersilie abbrausen
und trockenschütteln, die Blättchen abzupfen und fein hacken. Butter in einer
kleinen Pfanne zerlaufen lassen. Zwiebel
und Petersilie darin bei schwacher Hitze
3–4 Minuten andünsten. Zu den Brötchen in die Schüssel geben.

3_Die Leber in Würfel schneiden, alle
Häute dabei entfernen. Die Leber in der
Küchenmaschine fein zerkleinern, ebenfalls in die Schüssel geben. Zitrone heiß
waschen, die Schale fein abreiben und
mit den Eiern, Salz, Pfeffer und Muskat
mit in die Schüssel füllen. Alles zu einer
sehr gut gebundenen Masse verkneten.
Daraus 16 kleine, runde Knödel formen.

4_Brühe in einem großen Topf erhitzen.
Knödel einlegen, die Hitze auf schwache
Stufe stellen und die Knödel in der Brühe
in etwa 15 Minuten gar ziehen lassen. Die
Brühe soll dabei nicht kochen, sondern
nur leise köcheln. Schnittlauch waschen,
trockenschütteln und in feine Röllchen
schneiden. Die Suppe abschmecken und
vor dem Essen Schnittlauch aufstreuen.

Gulaschsuppe

Zum Sattessen

Zutaten für 4 Personen:
500 g Rinderschulter oder -keule
2 Zwiebeln
1 Möhre
1 Stück Knollensellerie (mit der
Möhre zusammen etwa 150 g)
1 EL Öl
1 EL Butter
1 TL Kümmelsamen
2 Knoblauchzehen
Salz | Pfeffer
je 1 TL edelsüßes und rosenscharfes
Paprikapulver
etwa 1 1/4 l Fleisch- oder Gemüsebrühe
2 EL Tomatenmark
je 1 rote und grüne Paprikaschote
300 g festkochende Kartoffeln

Zubereitungszeit: 45 Minuten
+ 1 3/4 Stunden Garen
Kalorien pro Portion: 330 kcal

1_Das Fleisch in gut 1 cm große Würfel schneiden, dabei alle größeren Fettstücke und die Sehnen abschneiden. Zwiebeln, Möhre und Sellerie schälen. Zwiebeln fein hacken, Gemüse 1 cm groß würfeln.

2_Öl und Butter im Suppentopf erhitzen. Das Fleisch mit Gemüse, Zwiebeln und Kümmel darin unter Rühren anbraten, bis es nicht mehr ganz rot ist. Den Knoblauch schälen und dazupressen. Salz, Pfeffer und Paprikapulver unterrühren. Die Brühe angießen und erhitzen.

3_Tomatenmark unterrühren, die Hitze klein stellen und den Deckel auflegen. Die Suppe etwa 1 1/2 Stunden sanft kochen lassen, dabei falls nötig, noch mehr Brühe zugießen.

4_Dann die Paprikaschoten waschen und putzen, in 1 cm große Würfel schneiden. Kartoffeln schälen, waschen und gleich groß würfeln. Beides unter die Suppe mischen, alles etwa 15 Minuten weitergaren. Gulaschsuppe abschmecken und in tiefe Teller füllen. Dazu Brot oder Brezeln servieren.

Hühnertopf mit Gemüse

Asiatisch frisch

Zutaten für 4 Personen:
1 kleine Poularde (etwa 1,1 kg)
2 Stangen Lauch
1 Stück frischer Ingwer (etwa 4 cm)
1 Bio-Limette
1 getrocknete Chilischote | Salz
250 g Spinat oder Mangoldblätter
2 Stangen Staudensellerie
2 Möhren | 100 g Zuckerschoten
200 g kleine Champignons oder
Egerlinge | 4 EL Sojasauce
Koriander- oder Basilikumblättchen
zum Bestreuen

Zubereitungszeit: 45 Minuten
+ 1 Stunde Garen
Kalorien pro Portion: 270 kcal

1_Die Poularde abbrausen und in einen Topf legen. Ganz mit Wasser bedecken und zum Kochen bringen.

2_In der Zeit vom Lauch Wurzelbüschel und welke Teile abschneiden. Stangen längs aufschneiden, gründlich waschen und in größere Stücke schneiden. Ingwer

schälen und in feine Scheiben schneiden. Limette heiß waschen, Schale dünn abschneiden. Das alles mit Chili zum Huhn geben, salzen. Hitze klein schalten, Kochlöffel an den Topfrand legen, den Deckel auflegen. Huhn etwa 1 Stunde garen.

3_Spinat oder Mangold verlesen, dicke Stiele abknipsen. Blätter waschen, abtropfen lassen, eventuell klein schneiden. Sellerie waschen, putzen und in Scheiben schneiden. Möhren schälen und in kurze Stifte schneiden. Zuckerschoten waschen und die Enden abschneiden. Pilze putzen und halbieren oder vierteln.

4_Huhn aus der Brühe nehmen und kurz abkühlen lassen, dann häuten. Fleisch in Stücken von den Knochen lösen. Brühe durchs Sieb gießen und 1 l davon wieder in den Topf geben und erhitzen (Rest der Brühe einfrieren oder an den nächsten Tagen für eine Suppe verwenden). Darin Möhren, Sellerie und die Zuckerschoten 2 Minuten sprudelnd kochen. Dann Pilze und Spinat oder Mangold dazugeben und 2–3 Minuten weitergaren. Etwas Limettensaft in den Hühnertopf pressen, mit Sojasauce abschmecken. Hühnerfleisch einlegen und wieder heiß werden lassen. Vor dem Servieren Kräuter aufstreuen.

Wurstgulasch

Mit zwei Sorten Wurst

Zutaten für 4 Personen:
600 g festkochende Kartoffeln
je 1 rote und gelbe Paprikaschote
2 weiße oder rote Zwiebeln
4 Zweige Thymian
250 g Tomaten
3 EL Olivenöl
etwa 400 ml Gemüse- oder
Fleischbrühe
1 TL Tomatenmark
1 EL edelsüßes Paprikapulver
Salz │ Pfeffer
1 kräftige Prise Zimtpulver
300 g rohe Bratwürste (vom
Schwein oder Lamm)
300 g Chorizo (am Stück)
2 TL Rotweinessig oder
Aceto balsamico

Zubereitungszeit: 45 Minuten
Kalorien pro Portion: 745 kcal

1_Die Kartoffeln schälen, waschen und
in 2 cm große Würfel schneiden. Paprika
waschen, längs halbieren und die Stiele,
die Trennhäutchen und die Kerne herausschneiden. Paprikahälften in 1 cm breite
Streifen schneiden. Die Zwiebeln schälen,
halbieren und in nicht zu dünne Streifen
schneiden. Thymian abbrausen, trockenschütteln und die Blättchen abstreifen.

2_Aus den Tomaten Stielansätze herausschneiden. Die Tomaten in eine Schüssel
legen und mit kochend heißem Wasser
begießen. Abschrecken, Haut abziehen
und die Tomaten würfeln.

3_In einem großen Topf 2 EL Olivenöl heiß werden lassen. Kartoffeln, Paprikaschoten, Zwiebeln und den Thymian einrühren und 1–2 Minuten braten und rühren. Brühe dazugießen, das Gemüse mit Tomatenmark, Paprikapulver, Salz, Pfeffer und Zimt würzen. Deckel auflegen, Hitze klein schalten und alles 10 Minuten garen.

4_In der Zeit die Bratwürste in etwa 2 cm große Stücke schneiden. Restliches Öl in einer Pfanne erhitzen und die Bratwurststücke darin kurz anbraten, dann herausnehmen. Von der Chorizo die Haut abziehen, die Wurst in Scheiben schneiden, größere Scheiben zusätzlich halbieren oder vierteln. Beide Wurstsorten mit den Tomaten in den Topf rühren, wieder zudecken und alles noch mal 10 Minuten schmoren. Dabei, falls nötig, noch mehr Brühe (oder auch Wasser angießen).

5_Das Gulasch mit dem Essig abrunden, eventuell noch salzen und dann auf den Tisch stellen. Dazu gibt's knuspriges Brot und saure Sahne zum Draufklecksen.

VARIANTE: Schweineragout

Statt Kartoffeln 500 g Schweinegulasch in 2 EL Öl anbraten. Zwiebeln, Thymian und 1/4 l Brühe dazugeben, 40 Minuten schmoren. Dann Paprikaschoten, Chorizo und die Tomaten dazugeben, würzen und noch mal ungefähr 40 Minuten schmoren. Mit dem Essig abrunden. Die Bratwurst kommt hier nicht rein.

Chili con carne

Originalgetreu

Zutaten für 4 Personen:
300 g getrocknete rote Bohnen
300 g Zwiebeln | 4 Knoblauchzehen
3 rote Chilischoten
600 g Rinderschulter oder -nacken
2 EL Öl | 1 große Dose geschälte
Tomaten (800 g Inhalt)
etwa 1/4 l Gemüse- oder Fleischbrühe
1 EL Tomatenmark
1/2 TL gemahlener Koriander
1/2 TL gemahlener Kreuzkümmel
Salz | Pfeffer
1 EL Rotweinessig oder Aceto balsamico
1 TL brauner Zucker oder Ahornsirup
Tabascosauce zum Abschmecken
4 Stängel Koriandergrün oder Petersilie

Zubereitungszeit: 40 Minuten
+ 12 Stunden Quellen
+ 2 Stunden Schmoren
Kalorien pro Portion: 495 kcal

1_Am Vortag die getrockneten Bohnen in eine Schüssel schütten und mit kaltem Wasser bedecken. Über Nacht darin einweichen und quellen lassen.

2_Am nächsten Tag Bohnen abgießen, in einen Topf füllen, mit frischem Wasser bedecken. Aufkochen, Deckel auflegen (einen Spalt offen lassen, damit nichts überkocht) und die Bohnen bei schwacher Hitze in 1–1 1/2 Stunden weich garen (aber nicht so weich, dass sie zerfallen).

3_Gleichzeitig Zwiebeln und Knoblauch schälen und sehr fein würfeln. Die Chilischoten waschen, die Stiele abschneiden. Die Schoten samt den Kernen fein hacken. Das Fleisch etwa 1 cm groß würfeln, dabei alle Sehnen entfernen.

4_Öl in einem Topf heiß werden lassen. Fleischwürfel darin rundherum bei starker Hitze anbraten. Zwiebeln, Knoblauch und Chili dazugeben, kurz mitdünsten. Die Tomaten in der Dose mit einem Messer klein schneiden. Mit der Brühe zum Fleisch geben, Tomatenmark gut unterrühren. Mit Gewürzen, Salz und Pfeffer würzen, den Deckel auflegen. Fleisch bei schwacher Hitze etwa 1 Stunde schmoren, bis es schön weich ist. Dabei ab und zu umrühren und, wenn nötig, noch mehr Brühe dazugießen.

5_Bohnen in ein Sieb gießen, abspülen, unters Fleisch mischen. Alles zusammen etwa 15 Minuten schmoren. Dann das Chili mit Essig, Zucker oder Ahornsirup, Salz und Tabasco scharf abschmecken. Koriandergrün oder Petersilie abbrausen und trockenschütteln, Blättchen abzupfen und vor dem Servieren aufstreuen. Dazu gibt es Tortilla-Chips oder Brot.

VARIANTE: Blitz-Chili mit Hackfleisch

Zwiebeln, Knoblauch und Chilischoten im Öl bei mittlerer Hitze 5 Minuten dünsten. 500 g Rinderhackfleisch (statt des Schmorfleischs) dazugeben und braten, bis es krümelig ist. Mit 1 kleinen Dose Tomaten (400 g Inhalt), 1/8 l Gemüse- oder Fleischbrühe und dem Tomatenmark mischen, würzen und zugedeckt bei schwacher Hitze 10 Minuten schmoren. 2 Dosen rote Bohnen (Kidneybohnen, je 240 g Abtropfgewicht, statt der getrockneten Bohnen) in einem Sieb gründlich abspülen und untermischen. 5 Minuten schmoren, abschmecken und servieren. Koriander- oder Petersilienblättchen aufstreuen.

Crossover-Gulasch

Mal ganz exotisch

Zutaten für 4 Personen:
2 Zwiebeln
1 Stück frischer Ingwer (etwa 2 cm)
4 Knoblauchzehen
2 Bio-Orangen
2 EL Öl
800 g Rindergulasch
4 Sternanise
4 grüne Kardamomkapseln
2 getrocknete Chilischoten
1 Stück Zimtstange
200 ml Reiswein oder Sherry (ersatzweise Gemüse- oder Fleischbrühe)
1/8 l Gemüse- oder Fleischbrühe
100 ml Sojasauce
Salz │ Pfeffer

Zubereitungszeit: 30 Minuten
+ 1 1/2 Stunden Schmoren
Kalorien pro Portion: 355 kcal

1_Die Zwiebeln schälen und vierteln. Den Ingwer waschen und samt Schale in 4 Scheiben schneiden. Knoblauch schälen und in dickere Scheiben teilen.

2_1 Orange heiß waschen, 1 langes Stück Schale dünn abschneiden und ungefähr 1 TL Orangenschale fein abreiben und zugedeckt beiseitestellen. Den Saft von beiden Orangen auspressen.

3_Das Öl in einem Schmortopf erhitzen. Das Fleisch darin bei mittlerer Hitze in drei Portionen rundherum kräftig anbraten und wieder herausnehmen. Dann Zwiebeln, Ingwer und Knoblauch mit Sternanisen, Kardamom, Chili und Zimt im Bratfett andünsten. Orangensaft, das Stück Orangenschale, Reiswein oder Sherry, Brühe und Sojasauce dazugeben.

4_Das Fleisch wieder in den Topf geben, unterrühren und bei schwacher Hitze zugedeckt etwa 1 1/2 Stunden schmoren, bis es schön zart und weich ist. Falls nötig, leicht salzen und pfeffern. Vor dem Servieren die geriebene Orangenschale aufstreuen. Dazu gibt es Reis oder Reisnudeln.

Biergulasch mit Kümmel

Bayrisch inspiriert

Zutaten für 4 Personen:
3 Zwiebeln
2 Knoblauchzehen
2 EL Butter
800 g Schweinegulasch oder gemischtes Gulasch
2 TL Kümmelsamen
2 TL brauner Zucker
1 TL edelsüßes Paprikapulver
etwa 1/4 l helles Bier
Salz │ Pfeffer
2 TL scharfer Senf
50 g Sahne oder Crème fraîche

Zubereitungszeit: 25 Minuten
+ 1 1/2 Stunden Schmoren
Kalorien pro Portion: 350 kcal

1_Zwiebeln und Knoblauch schälen und klein würfeln. Butter in einem Schmortopf zerlassen. Das Fleisch darin in drei Portionen bei mittlerer Hitze anbraten und wieder herausnehmen. Dann die Zwiebeln und den Knoblauch mit dem Kümmel im Bratfett andünsten. Zucker darüberstreuen und schmelzen lassen.

2_Paprika unterrühren und das Bier angießen. Fleisch wieder hinzufügen, salzen, pfeffern und bei schwacher Hitze zugedeckt etwa 1 1/2 Stunden schmoren, bis es schön weich ist. Zwischendurch umrühren und, wenn nötig, noch etwas Bier (oder auch Wasser oder Brühe) angießen.

3_Senf und Sahne oder Crème fraîche unter das Gulasch rühren, mit Salz und Pfeffer abschmecken, fertig. Dazu passen Salzkartoffeln, Kartoffelpüree oder Butternudeln optimal.

VARIANTE: Paprikagulasch

200 g Zwiebeln und 2 Knoblauchzehen schälen, fein würfeln und in 2 EL Butterschmalz andünsten. Mit 1 EL edelsüßem Paprikapulver und 2 TL rosenscharfem Paprikapulver bestreuen, kurz andünsten. 700 g Schweinegulasch oder gemischtes Gulasch dazugeben, mit 3/8 l Gemüse- oder Fleischbrühe auffüllen, zugedeckt bei schwacher Hitze 1 Stunde schmoren. Dann je 1 rote, gelbe und grüne Paprikaschote und 1 große Tomate waschen, putzen und würfeln. Zum Fleisch geben und alles weitere 30 Minuten schmoren, bis Fleisch und Gemüse weich sind.

Kalbfleischtopf mit Schalotten

Kommt aus Griechenland

Zutaten für 4 Personen:
700 g Kalbsschulter, -nacken oder -keule
50 ml Anisschnaps (z. B. Ouzo, Pastis oder Sambuca; ersatzweise Brühe, etwas Zitronensaft und 1/2 TL gemahlener Anis)
500 g Schalotten oder kleine Zwiebeln
4 Knoblauchzehen | 1/2 Bio-Zitrone
1/4 Bund Thymian | 2 Lorbeerblätter
250 g Tomaten | 4 EL Olivenöl
1 Zimtstange | 2 Nelken
1/4 l trockener Weißwein (ersatzweise Gemüse- oder Fleischbrühe)
1 TL Tomatenmark
1/2 TL Honig | Salz | Pfeffer

Zubereitungszeit: 50 Minuten
+ 1 1/2 Stunden Schmoren
Kalorien pro Portion: 425 kcal

1_Das Kalbfleisch in 3–4 cm große Würfel schneiden, größere Fettstücke und dicke Sehnen dabei abschneiden. Die Fleischwürfel mit dem Anisschnaps mischen. Die Schalotten oder Zwiebeln schälen und ganz lassen, den Knoblauch schälen und in dickere Scheiben schneiden. Zitrone heiß waschen und ein Stück Schale dünn abschneiden. Thymian abbrausen und trockenschütteln, die Blättchen von den Zweigen streifen (gegen die Richtung, in die sie wachsen, geht das ganz leicht). Lorbeerblätter grob schneiden. Aus den Tomaten Stielansätze herausschneiden. Die Tomaten in eine Schüssel legen und mit kochend heißem Wasser überbrühen, abschrecken und die Haut abziehen. Die Tomaten würfeln.

2_In einem Schmortopf 3 EL Öl erhitzen. Auf mittlere Stufe schalten, das Fleisch in drei Portionen rundherum anbraten und wieder aus dem Topf nehmen. Schalotten oder Zwiebeln, Knoblauch, Thymian und Lorbeerblätter im übrigen Öl anbraten. Die Zimtstange einmal durchbrechen und mit den Nelken dazugeben.

3_Fleisch wieder dazugeben, Tomaten und Wein mit Zitronenschale und dem Tomatenmark unterrühren. Mit Honig, Salz und Pfeffer würzen und zugedeckt bei schwacher Hitze etwa 1 1/2 Stunden schmoren, bis das Fleisch schön weich ist. Abschmecken und mit griechischem Fladenbrot oder Ofenkartoffeln essen.

Szegediner Gulasch

Die Ungarn wissen, was gut schmeckt und zufrieden macht

Zutaten für 4 Personen:
600 g nicht zu fette Rinder- oder Schweinebrust oder -schulter (eine Mischung aus Rind und Schwein ist auch ziemlich fein)
400 g Zwiebeln │ 2 Knoblauchzehen
1 mehlig kochende Kartoffel (etwa 100 g)
2 Zweige Thymian
2 EL Butterschmalz
500 g rohes Sauerkraut
etwa 3/8 l Gemüse- oder Fleischbrühe
2 TL Tomatenmark
2 TL edelsüßes Paprikapulver
1/2 TL rosenscharfes Paprikapulver
1 TL Kümmelsamen
Salz │ Pfeffer
100 g saure Sahne

Zubereitungszeit: 35 Minuten
+ 1 1/2 Stunden Schmoren
Kalorien pro Portion: 325 kcal

1_Das Fleisch in knapp 2 cm große Würfel schneiden, dabei alle größeren Fettstücke und die Sehnen abschneiden. Zwiebeln und Knoblauch schälen und fein würfeln. Die Kartoffel schälen, waschen und auf der Rohkostreibe raspeln. Thymian abbrausen und trockenschütteln, die Blättchen abstreifen.

2_Das Butterschmalz im Schmortopf zerlaufen und heiß werden lassen. Fleisch darin in zwei Portionen rundherum bei starker Hitze anbraten und wieder herausheben. Die Hitze auf kleine Stufe stellen. Zwiebeln, Knoblauch und Kartoffel mit dem Thymian in das Bratfett rühren und kurz andünsten. Fleisch wieder zugeben.

3_Das Sauerkraut mit zwei Gabeln auseinanderlösen und dazugeben. Die Brühe angießen, alles mit Tomatenmark, beiden Paprikapulvern und dem Kümmel würzen, salzen und pfeffern. Den Deckel auflegen und das Gulasch 1 1/2 Stunden schmoren lassen, bis das Fleisch schön weich ist. Dabei ab und zu mal durchrühren und bei Bedarf mehr Brühe angießen.

4_Zum Schluss saure Sahne unterrühren und das Gulasch mit Salz und Pfeffer abschmecken. Vielleicht kann es auch noch ein bisschen Paprikapulver vertragen. Dazu gibt's Kartoffelpüree, Salzkartoffeln oder Spätzle.

Kalbsrahmgulasch

Sonntagsklassiker von früher – unbedingt wiederbeleben!

Zutaten für 4 Personen:
2 große weiße Zwiebeln
250 g Tomaten │ 2 EL Butter │ 1 EL Öl
800 g Kalbsgulasch │ Salz │ Pfeffer
1/4 TL frisch geriebene Muskatnuss
1 Prise gemahlener Kümmel
1/4 l Fleischbrühe oder Kalbsfond
250 g kleine Champignons oder Egerlinge │ 1/2 Bio-Zitrone
150 g Sahne │ 1/2 Bund Schnittlauch
50 g Crème fraîche

Zubereitungszeit: 40 Minuten
+ 1 Stunde Schmoren
Kalorien pro Portion: 455 kcal

1_Zwiebeln schälen und sehr fein würfeln. Aus den Tomaten die Stielansätze herausschneiden. Tomaten mit kochend heißem Wasser übergießen, kurz ziehen lassen, abschrecken und häuten. Die Tomaten halbieren und leicht zusammenpressen, bis die Kerne zu sehen sind. Die Kerne abstreifen und wegwerfen, das Tomatenfleisch fein würfeln oder hacken.

2_In einem Schmortopf 1 EL Butter und das Öl erhitzen. Die Fleischwürfel darin in drei Portionen bei starker Hitze anbraten und wieder herausnehmen. In ein Sieb geben, das in einer Schüssel hängt, und beiseitestellen.

3_Dann Zwiebeln im Bratfett andünsten. Mit Salz, Pfeffer, Muskat und Kümmel würzen. Brühe oder Fond angießen und die Tomaten untermischen. Das Fleisch mitsamt dem Fleischsaft in der Schüssel dazugeben. Hitze klein stellen, Deckel auflegen und das Gulasch 45 Minuten sanft vor sich hin schmurgeln lassen.

4_Nach etwa 30 Minuten die Pilze mit feuchtem Küchenpapier abreiben, Stielenden abschneiden. Kleine Pilze ganz lassen, größere einmal durchschneiden. Zitrone heiß waschen und die Schale fein abreiben. Übrige Butter in einer Pfanne zerlassen, Pilze darin bei mittlerer Hitze unter Rühren etwa 5 Minuten braten. Salzen und pfeffern.

5_Pilze, Zitronenschale und die Sahne unter das Gulasch rühren und alles noch einmal etwa 15 Minuten schmoren, bis das Fleisch schön weich ist.

6_Den Schnittlauch abbrausen, trockenschütteln und in feine Röllchen schneiden. Crème fraîche unter das Gulasch rühren, abschmecken und mit dem Schnittlauch bestreuen. Dazu gibt's Semmelknödel, Reis oder Bandnudeln.

Blitz-Hühner-frikassee

Zartes Fleisch mit feinem Gemüse – einfach lecker!

Zutaten für 4 Personen:
400 g gemischtes Gemüse (Möhren, weiße Rübchen oder Kohlrabi, feine grüne Bohnen und dünner Lauch)
Salz | 2 Schalotten oder 1 Zwiebel
600 g Hähnchenbrustfilet
300 ml Hühnerbrühe
2 EL Butter | 1 EL Mehl
Pfeffer | frisch geriebene Muskatnuss
150 g Sahne | 1 Eigelb (Größe M)
2 TL Zitronensaft

Zubereitungszeit: 50 Minuten
Kalorien pro Portion: 415 kcal

1_Das Gemüse schälen oder waschen und putzen. Möhren, Rübchen oder Kohlrabi in Stifte schneiden. Bohnen halbieren, Lauch in feine Ringe schneiden. Salzwasser zum Kochen bringen und darin das Gemüse nach Sorten getrennt bissfest garen: Rübchen und Möhren etwa 2 Minuten, Lauch 3 Minuten, Bohnen 5 Minuten. Jeweils herausheben und im Sieb abschrecken.

2_Schalotten oder Zwiebel schälen und fein würfeln. Hähnchenfleisch waschen, trockentupfen und 1 cm groß würfeln. Die Brühe erhitzen.

3_Butter im Topf bei mittlerer Hitze zerlaufen lassen. Schalotten oder Zwiebel einrühren und andünsten. Fleisch dazugeben und braten, bis es nicht mehr rötlich ist. Das Mehl darüberstreuen und kurz mitgaren. Brühe angießen, mit Salz, Pfeffer und Muskat würzen. Offen etwa 10 Minuten sanft köcheln lassen. Dann das Gemüse untermischen und erwärmen. Topf vom Herd ziehen. Sahne mit Eigelb und etwas heißer Brühe gut verrühren, unter das Frikassee mischen. Nochmals auf den Herd stellen und leicht erwärmen, aber nicht mehr kochen lassen. Mit Salz, Pfeffer und Zitronensaft abschmecken. Dazu gibt's Reis, Kartoffeln oder Rösti.

Wildschwein-ragout mit Gemüse

Mindestens genauso gut: vorkochen und aufwärmen

Zutaten für 4 Personen:
800 g Wildschweineschulter oder
-keule (ohne Knochen)
2 Zwiebeln │ 2 Möhren
1 Stange Lauch
1 Birne oder Apfel
50 g durchwachsener Räucherspeck
2 EL Butter │ 2 EL Öl
Salz │ Pfeffer
1 TL Mehl
1 EL Tomatenmark
etwa 400 ml trockener Rotwein
1 EL Johannisbeer- oder Apfelgelee
(auch sehr fein: eingekochte
Preiselbeeren)
2 Lorbeerblätter
1 TL Wacholderbeeren
50 g Crème fraîche

Zubereitungszeit: 45 Minuten
 + 2 Stunden Schmoren
Kalorien pro Portion: 580 kcal

1_Das Fleisch in 3–4 cm große Würfel schneiden, dabei größere Fettstücke und sichtbare Sehnen entfernen. Zwiebeln und Möhren schälen und fein würfeln. Vom Lauch Wurzelbüschel und welke grüne Teile abschneiden. Lauch der Länge nach aufschneiden und gründlich waschen, dann in feine Streifen schneiden. Birne oder Apfel vierteln, schälen, entkernen und in Scheiben schneiden. Den Speck von der Schwarte befreien und möglichst klein würfeln.

2_Butter und Öl in einem Schmortopf heiß werden lassen. Fleischwürfel darin in drei bis vier Portionen bei starker Hitze gut anbraten, salzen, pfeffern und mit dem Schaumlöffel wieder aus dem Topf heben. Dann den Speck mit Gemüse und Birne oder Apfel in den Topf füllen und im Bratfett gut andünsten. Mehl darüberstreuen und kurz mitbraten, Tomatenmark unterrühren und leicht braten. Mit dem Rotwein ablöschen, mit Salz, Pfeffer und Gelee abschmecken.

3_Lorbeerblätter und Wacholderbeeren einrühren. Fleisch wieder untermischen, Deckel auflegen und die Hitze auf kleinste Stufe schalten. Das Wildschweinragout etwa 2 Stunden sanft schmurgeln. In der

Zeit muss man nicht viel machen, einfach nur ab und zu mal nachschauen, ob genug Flüssigkeit im Topf ist. Wenn sie knapp wird, einfach mehr Wein (oder auch Brühe oder Wasser) nachgießen.

4_Dann die Crème fraîche unter das Ragout rühren und mit Salz und Pfeffer abschmecken. In einer vorgewärmten Schüssel auf den Tisch stellen. Dazu Kartoffeln, Polenta, Spätzle oder Nudeln servieren.

VARIANTE: Rehragout

Statt dem Wildschweinfleisch einmal Rehkeule oder -schulter (ohne Knochen) würfeln. Birne oder Apfel und Speck weglassen, dafür doppelt so viel Wacholderbeeren nehmen. Der Rest bleibt gleich, die Garzeit auch.

TIPP

Vor allem Freunde der französischen Küche mögen passierte Saucen gerne. Dafür die Fleischstücke aus dem Ragout fischen und in die warme Schüssel legen. Die Sauce durch ein Sieb in einen Topf gießen, Gemüse gut ausdrücken. Sauce mit der Crème fraîche mischen, aufkochen und abschmecken. Übers Fleisch gießen.

Lammragout mit Knoblauch

Viva Italia!

Zutaten für 4 Personen:
800 g Lammschulter, -rücken
oder -keule (ohne Knochen)
50 ml Aceto balsamico
2 TL Honig
10–15 Knoblauchzehen (kommt auf die
Größe an, am besten frischer Knoblauch)
1/2 Bio-Zitrone
2 in Öl eingelegte Sardellenfilets
1 Bund gemischte Mittelmeerkräuter
(z.B. Thymian, Rosmarin, Oregano,
Basilikum und Petersilie)
4 EL Olivenöl | Salz | Pfeffer
300 g Kirschtomaten

Zubereitungszeit: 30 Minuten
+ 1 Stunde Schmoren
Kalorien pro Portion: 610 kcal

1_Das Fleisch in 2–3 cm große Würfel schneiden, dabei größere Fettstücke und vor allem die Sehnen abschneiden. Den Balsamico mit dem Honig in einem kleinen Topf bei starker Hitze auf die Hälfte einkochen lassen. Das dauert nur 2–3 Minuten.

2_Den Knoblauch schälen und vierteln. Zitrone heiß waschen, die Schale dünn abschneiden und fein hacken. Sardellenfilets abtropfen lassen und ebenfalls fein hacken. Kräuter zunächst abbrausen und trockenschütteln, dann wird aussortiert. Die Kräuter mit zarten Blättchen wie Petersilie und Basilikum zur Seite legen, die kommen zum Schluss frisch dazu. Die Blättchen der anderen Kräuter von den Zweigen abzupfen und hacken.

3_Das Öl in einem Schmortopf erhitzen. Die Fleischwürfel darin in drei bis vier Portionen rundherum bei starker Hitze anbraten, herausnehmen. Wenn das Fleisch gebraten ist, Hitze klein stellen. Knoblauch mit Kräutern im Bratfett kurz andünsten. Sardellen und Zitronenschale mit Balsamico untermischen. Lammfleisch wieder dazurühren, salzen, pfeffern und den Deckel auflegen. Das Ragout etwa 1 Stunde sanft schmoren lassen, am allerbesten im eigenen Saft. Wenn es aber im Topf zu trocken wird, ein bisschen Wasser (oder auch Weißwein) unterrühren.

4_Zwischendurch die Tomaten in eine Schüssel legen, mit kochend heißem Wasser überbrühen und kurz ziehen lassen. Abschrecken, die Haut abziehen.

5_Tomaten unters fertige Ragout mischen und nur warm werden lassen. Mit Salz und Pfeffer würzen. Übrige Kräuterblättchen abzupfen, fein hacken, aufs Ragout streuen. Dazu schmecken Polentaschnitten (z.B. Italian Basics, Seite 80 und 89).

VARIANTE: Lammragout auf Indisch

2 Zwiebeln, 4 Knoblauchzehen und 2 cm frischen Ingwer schälen. 2 Chilischoten waschen und putzen. Alles fein hacken. 800 g Lammfleisch 3–4 cm groß würfeln. Fleisch portionsweise in 4 EL Öl anbraten und aus dem Topf nehmen. Ins Bratfett je 1 TL Kreuzkümmel, Koriander und Kurkuma (alles gemahlen) und 1 TL Senfpulver rühren, Zwiebelmischung zugeben. 1/4 l Wasser dazu, mit Salz und je 1 Prise Zimt- und Nelkenpulver abschmecken. Fleisch untermischen und 1 Stunde schmoren.

TIPP

Wenn im Ragout ein paar Knochen mitschmoren, bekommt es reichlich Zusatzgeschmack und die Sauce erhält mehr Bindung. Also beim Metzger ein paar Knochen mit einpacken lassen und die dann mit dem Fleisch anbraten und mitschmurgeln. Vorm Servieren rausfischen.

Lammcurry mit Minze

Scharf, würzig, frisch

Zutaten für 4 Personen:
800 g Lammkeule oder nicht zu fette
Lammschulter (ohne Knochen)
1 Zwiebel
4 Knoblauchzehen
1 Stück frischer Ingwer (etwa 4 cm)
1 Bund Minze
150 g Joghurt
2 grüne Chilischoten
2 EL Butterschmalz
je 2 TL gemahlener Koriander und Kreuzkümmel, gemahlene Kurkuma und rosenscharfes und edelsüßes Paprikapulver
Salz │ 1 Prise Zucker
1 EL Zitronensaft

Zubereitungszeit: 30 Minuten
+ 1 Stunde Schmoren
Kalorien pro Portion: 565 kcal

1_Lammfleisch in 3–4 cm große Würfel
schneiden, dabei alle größeren Fettstücke
und die Sehnen abschneiden. Die Zwiebel
schälen, vierteln, in Streifen schneiden.
Den Knoblauch und den Ingwer schälen
und grob hacken.

2_Die Minze abbrausen, trockenschütteln,
die Blätter abzupfen und gut 1 EL beiseitelegen. Den Rest mit den zarten Stängeln
grob hacken und mit Knoblauch, Ingwer
und 100 g Joghurt fein mixen (in der
Küchenmaschine oder im Blitzhacker).
Chilischoten waschen, Stiele abschneiden
und die Schoten in feine Ringe schneiden.

3_Das Butterschmalz im Schmortopf heiß
werden lassen. Darin das Fleisch in drei
Portionen bei starker Hitze anbraten und
wieder herausnehmen. In ein Sieb, das in
einer Schüssel hängt, geben und beiseitestellen. Zwiebel und Chili in das Bratfett
rühren. Mit Gewürzen bestreuen, Joghurt-
paste und 1/4 l Wasser dazugeben, mit
Salz und Zucker abschmecken. Fleisch
mitsamt dem Fleischsaft aus der Schüssel
wieder unterrühren. Hitze klein schalten,
Deckel auflegen und das Fleisch etwa
1 Stunde schmoren. Zwischendurch mal
nachschauen, ob es flüssig genug ist, und
bei Bedarf etwas Wasser nachgießen.

4_Beiseitegelegte Minze fein schneiden.
Mit übrigem Joghurt und dem Zitronensaft unter das Lammcurry mischen. Abschmecken, fertig. Dazu gibt's Reis oder
indisches Fladenbrot und noch ein bisschen mehr frischen Joghurt.

Rindercurry mit Kartoffeln

Mit selbst gemixter Currypaste
besonders fein

Zutaten für 4 Personen:
4 Knoblauchzehen
1 Bund Koriandergrün
1 Stück frischer Ingwer (etwa 2 cm)
3 Chilischoten
je 2 TL gemahlener Kreuzkümmel und
Koriander │ 1 TL gemahlene Kurkuma
Salz │ 2 Zwiebeln
700 g Rinderschulter oder -nacken
2 EL Öl │ 1 TL brauner Zucker
400 ml Kokosmilch
500 g festkochende Kartoffeln
1/2 Bio-Limette

Zubereitungszeit: 40 Minuten
+ 2 Stunden Schmoren
Kalorien pro Portion: 350 kcal

1_Für die Currypaste Knoblauch schälen
und grob hacken. Koriander abbrausen
und trockenschütteln. Blätter abzupfen,
ein paar für später beiseitelegen, den
Rest hacken. Ingwer schälen und hacken.
2 Chilis waschen, entstielen und samt
Kernen grob hacken. Alle diese Zutaten

im Blitzhacker fein zerkleinern. Gewürze und Salz unterrühren.

2_Zwiebeln schälen und fein würfeln. Übrige Chilischote waschen, entstielen und in Ringe schneiden. Das Fleisch knapp 2 cm groß würfeln, dabei größere Fettstücke und Sehnen abschneiden.

3_Das Öl in einem Schmortopf erhitzen. Zwiebeln und Chiliringe darin andünsten. Zucker darüberstreuen und schmelzen lassen. Die Currypaste unterrühren und kurz andünsten, dann die Kokosmilch und 50 ml Wasser unterrühren. Fleisch dazugeben, Hitze auf schwache Stufe schalten und den Deckel auflegen. Das Fleisch in etwa 1 1/2 Stunden richtig schön weich schmoren, dabei ab und zu umrühren.

4_Die Kartoffeln schälen, waschen und ebenfalls in knapp 2 cm große Stücke schneiden. Unter das Fleisch mischen und alles weitere 20–30 Minuten schmoren, bis die Kartoffeln auch weich sind. Dabei bei Bedarf noch etwas Wasser zugeben. Die Limette heiß waschen und die Schale fein abreiben. Das Rindercurry mit Salz abschmecken und vor dem Servieren mit der Limettenschale und dem übrigen Koriander bestreuen.

Geschmorter Schweinebauch

Französisch-asiatische Liaison

Zutaten für 4 Personen:
4 Scheiben Schweinebauch (ohne Schwarte, je etwa 200 g)
Salz | Pfeffer
1 EL Öl
etwa 1/2 l trockener Cidre
4 Knoblauchzehen
1 EL brauner Zucker
1 EL Reisessig oder Aceto balsamico
je 1 TL rosenscharfes Paprikapulver, Currypulver, Ingwerpulver, gemahlener Koriander und Kreuzkümmel

Zubereitungszeit: 20 Minuten
+ 1 1/2–2 Stunden Schmoren
Kalorien pro Portion: 665 kcal

1_Die Schweinebauchscheiben salzen und pfeffern. Das Öl in einem Schmortopf erhitzen und die Scheiben darin nacheinander von beiden Seiten bei starker Hitze gut anbraten und wieder herausnehmen. Das Fett aus dem Topf gießen.

2_Cidre in den Topf gießen. Den Knoblauch schälen und dazupressen. Zucker, Essig und alle Gewürze dazugeben und die Fleischscheiben wieder einlegen.

3_Die Hitze auf kleine Stufe stellen und den Deckel auflegen. Das Fleisch etwa 1 1/2–2 Stunden schmoren, bis es sehr weich und die Flüssigkeit schön sämig ist. Zwischendurch nachschauen, ob noch genug Flüssigkeit im Topf ist. Bei Bedarf etwas Cidre (oder auch Wasser) angießen.

4_Dann das Fleisch aus dem Topf heben und auf Teller legen. Verbliebene Sauce eventuell leicht salzen, auf dem Fleisch verteilen. Gleich auf den Tisch stellen. Dazu schmecken Bratkartoffeln oder Reisnudeln und ein erfrischender Salat.

Dazu: Rettichsalat

1 weißen Rettich schälen und zuerst in feine Scheiben, dann in dünne Streifen schneiden. 3–4 cm frischen Ingwer schälen, klein würfeln oder durch die Presse drücken. Mit 1 TL Honig, 1 EL Reisessig und 2 EL Öl verrühren, mit den Rettichstiften mischen und mit Salz abschmecken. Mit Korianderblättchen oder Schnittlauchröllchen bestreuen.

Rinderrouladen
Klassiker mal etwas anders

Zutaten für 4 Personen:
100 g fetter Speck
2 Salbeiblättchen
2 Zweige Thymian
1/4 Bund Petersilie
2 Gewürzgurken
2 TL Kapern (nach Belieben)
1 EL scharfer Senf
Pfeffer
4 Rinderrouladen (je etwa 160 g)
Salz
1 Zwiebel
1 Möhre
1 Stück Knollensellerie (etwa 100 g)
2 EL Öl
3/8 l Fleischbrühe (auch sehr fein:
Fleischbrühe mit Weißwein oder Bier
gemischt)
2 TL Tomatenmark
50 g Crème fraîche

Zubereitungszeit: 40 Minuten
+ 1 1/2 Stunden Schmoren
Kalorien pro Portion: 555 kcal

1_Den Speck in grobe Würfel schneiden. Kräuter abbrausen und trockenschütteln, die Blättchen von den Stängeln abzupfen und grob hacken. Den Speck und die Kräuter im Blitzhacker zu einer Paste mixen. Gewürzgurken und eventuell die Kapern klein hacken und mit der Hälfte des Senfs unterrühren. Kräftig pfeffern.

2_Rinderrouladen auf dem Küchenbrett auslegen und mit dem Handballen noch etwas flacher drücken. Salzen und mit dem restlichen Senf einstreichen, dann die Speckpaste darauf verteilen und mit dem Löffelrücken gut verstreichen. Die Ränder der Längsseiten leicht nach innen klappen und die Fleischscheiben von der Schmalseite her zu Rouladen aufrollen. Die Enden mit Rouladennadeln oder Zahnstochern feststecken oder die Rouladen mit Küchengarn verschnüren.

3_Zwiebel, Möhre und Sellerie schälen und sehr klein würfeln. Das Öl in einem Schmortopf erhitzen. Rouladen salzen und pfeffern und im Öl rundherum bei mittlerer Hitze anbraten, dann aus dem Topf nehmen. Die Gemüsewürfel im Bratfett andünsten.

4_Die Brühe in den Topf gießen und das Tomatenmark unterrühren. Die Rouladen wieder in den Topf legen. Die Hitze auf schwache Stufe schalten, Deckel auflegen und die Rouladen etwa 1 1/2 Stunden schmoren, bis sie so richtig schön mürbe und weich sind.

5_Die Rouladen aus dem Topf heben und auf vorgewärmte Teller legen. Die Sauce durch ein Sieb gießen, auffangen und wieder zurück in den Topf schütten. Die Crème fraîche unterrühren und die Sauce mit Salz und Pfeffer abschmecken. Mit den Rouladen servieren. Dazu gibt es Kartoffelpüree oder kurze Nudeln.

VARIANTE: Kalbfleischröllchen

4 in Öl eingelegte, getrocknete Tomaten, 2 in Öl eingelegte Sardellenfilets, 2 geputzte Frühlingszwiebeln, 2 geschälte Knoblauchzehen, Blättchen von 1/2 Bund Basilikum und 1 Stück Bio-Zitronenschale (2–3 cm) fein schneiden. Mit 100 g Ricotta oder Doppelrahm-Frischkäse und 2 EL frisch geriebenem Parmesan mischen, mit Salz und Pfeffer abschmecken. 4 dünne Kalbsschnitzel (je etwa 150 g) flacher drücken, mit der Mischung bestreichen. Aufrollen und verschließen, salzen und pfeffern. In 2 EL Olivenöl anbraten, mit 200 ml Weißwein oder Fleischbrühe aufgießen und bei schwacher Hitze zugedeckt etwa 15 Minuten schmoren.

VARIANTE: Putenröllchen

100 g gehäutete Paprikaschoten (aus dem Glas) und 2 EL entsteinte Oliven sehr fein schneiden. Blätter von 1/2 Bund Petersilie und 2 EL geröstete Pinienkerne fein hacken und mit 2 EL Olivenöl und 1 EL frisch geriebenem Käse (z. B. Pecorino) untermischen, mit Salz und Pfeffer abschmecken. Dann 4 dünne Putenschnitzel (je etwa 150 g) flacher drücken und mit der Mischung bestreichen. Aufrollen und verschließen, mit Salz und edelsüßem Paprikapulver würzen. In 2 EL zerlassener Butter anbraten, mit 1/8 l Hühnerbrühe aufgießen und bei schwacher Hitze zugedeckt etwa 10 Minuten schmoren. Putenröllchen aus der Sauce nehmen. Sauce mit 2 EL Crème fraîche und 2 TL Pesto (grün oder rot, aus dem Glas) verfeinern. Röllchen mit der Sauce servieren, zuvor 1–2 EL geröstete Pinienkerne darüberstreuen.

TIPP

Der Klassiker geht so: Rinderscheiben mit Senf einstreichen, mit feinen Streifen von fettem Speck und Gewürzgurken belegen, aufrollen und wie beschrieben schmoren.

Königsberger Klopse

Schmecken gut gemacht
einfach super

Zutaten für 4 Personen:
1 altbackenes Brötchen
1/8 l Milch
2 Schalotten
1 TL + 2 EL Butter
4 in Öl eingelegte Sardellenfilets
1/2 Bio-Zitrone
4 Stängel Petersilie
400 g Kalbshackfleisch (beim Metzger
bestellen oder doch einfach Rinderhackfleisch nehmen)
1 Ei (Größe M)
1 TL scharfer Senf
Salz │ Pfeffer
frisch geriebene Muskatnuss
1 l Fleischbrühe
2 Lorbeerblätter
2 EL Mehl (20 g)
250 g Sahne
100 g kleine Kapern

Zubereitungszeit: 45 Minuten
Kalorien pro Portion: 575 kcal

1_Das Brötchen in Scheiben schneiden und in eine Schüssel legen. Die Milch erwärmen und über das Brötchen gießen.

2_Schalotten schälen und in ganz kleine Würfel schneiden. 1 TL Butter in einem kleinen Topf zerlassen und die Schalotten einrühren. Bei schwacher Hitze 5 Minuten dünsten, ab und zu umrühren. In eine Schüssel umfüllen und abkühlen lassen.

3_Sardellenfilets abtropfen lassen und sehr fein hacken. Zitrone heiß waschen und die Schale fein abreiben. Petersilie abbrausen und trockenschütteln, die Blättchen abzupfen und fein hacken. Alles zu den Schalotten in die Schüssel füllen. Das Brötchen ausdrücken und mit Hackfleisch, Ei und Senf auch dazugeben. Mit Salz, Pfeffer und Muskat abschmecken und so lange kräftig durchkneten, bis das Fleisch gut zusammenhält.

4_Von dem Fleischteig kleine Portionen abnehmen und zwischen den Handflächen zu Klößchen formen – etwa so groß wie ein Tischtennisball. (Wer mag, kann die Bällchen jetzt noch 1 Stunde in den Kühlschrank stellen, dann ziehen die Aromen noch besser ein. Muss aber nicht sein.)

5_Die Fleischbrühe in einem weiten Topf erhitzen, Lorbeerblätter einlegen. Hitze klein stellen und die Fleischbällchen in die Brühe legen. In etwa 10 Minuten darin gar ziehen lassen. Dann mit dem Schaumlöffel herausheben und zugedeckt warm halten. Von der Brühe 1/2 l abmessen.

6_In einem anderen Topf die übrige Butter schmelzen lassen, das Mehl einstreuen und bei mittlerer Hitze goldgelb anbraten, dabei immer rühren. Die abgemessene Brühe zugießen, weiter kräftig mit dem Schneebesen rühren, damit sich keine Klümpchen bilden. Die Sauce offen etwa 5 Minuten köcheln lassen.

7_Zum Schluss die Sahne unter die Sauce rühren, den Topf vom Herd ziehen. Etwa 2 TL Zitronensaft auspressen und mit den Kapern unter die Sauce rühren, mit Salz und Pfeffer abschmecken. Klöße einlegen und noch mal ein paar Minuten ziehen lassen. Mit der Sauce in eine Schüssel füllen. Dazu gibt es Kartoffelpüree, Salzkartoffeln oder auch Reis.

Chinakohl-wickerl

Kohlrouladen mal anders

Zutaten für 4 Personen:
1 großer Chinakohl | Salz
3 Scheiben Toastbrot
1 Bund Frühlingszwiebeln
1 Stück frischer Ingwer (etwa 3 cm)
1 Bund Basilikum | 2 Knoblauchzehen
250 g Schweinehackfleisch
2 Eier (Größe M) | 2 TL Currypulver
1/2–1 TL Sambal oelek
2 rote Zwiebeln
1 kleine Dose geschälte Tomaten
(400 g Inhalt)
2 EL Butterschmalz
1/4 l Fleisch- oder Gemüsebrühe
Pfeffer

Zubereitungszeit: 50 Minuten
+ 20 Minuten Schmoren
Kalorien pro Portion: 240 kcal

1_Den Chinakohl waschen, 15 Blätter vorsichtig ablösen. In einem weiten Topf Salzwasser zum Kochen bringen. Die Chinakohlblätter einlegen, das Wasser aufkochen und den Kohl etwa 1 Minute blanchieren. Herausnehmen und in einem Sieb abschrecken, dann 12 Blätter auf der Arbeitsfläche ausbreiten, die restlichen 3 Blätter fein hacken.

2_Das Brot mit lauwarmem Wasser übergießen und etwa 10 Minuten einweichen. Die Frühlingszwiebeln putzen, waschen und fein hacken. Ingwer schälen und ganz fein schneiden. Basilikumblätter abzupfen, etwa ein Drittel der Blätter für später weglegen, die übrigen Blätter fein schneiden.

3_Den Knoblauch schälen und durch die Presse in eine Schüssel drücken. Toastbrot ausdrücken und fein zerkrümeln. Mit Frühlingszwiebeln, Ingwer und geschnittenem Basilikum zum Knoblauch geben. Hack, Eier, gehackten Chinakohl, Curry, Sambal oelek und Salz dazugeben und alles mit den Händen kräftig durchkneten. In zwölf Portionen teilen, länglich formen und auf die Chinakohlblätter legen. Ränder der Längsseiten nach innen klappen, Blätter von der Schmalseite her aufrollen. Die Enden mit Zahnstochern feststecken oder die Röllchen mit Küchengarn umwickeln.

4_Die Zwiebeln schälen, vierteln und in Streifen schneiden. Tomaten abtropfen lassen und fein schneiden (den Saft für ein anderes Gericht verwenden).

5_Das Butterschmalz in einem weiten Topf heiß werden lassen. Chinakohl-röllchen darin rundherum bei mittlerer Hitze anbraten, aus dem Topf heben. Zwiebeln im Bratfett andünsten. Tomaten und Brühe dazugeben, salzen, pfeffern und die Röllchen wieder einlegen. Deckel auflegen und die Röllchen bei schwacher Hitze etwa 20 Minuten schmoren. Aus dem Topf nehmen, Küchengarn oder Zahnstocher entfernen. Mit der Sauce in eine Schüssel füllen, übriges Basilikum aufstreuen. Mit Reis oder Salzkartoffeln servieren.

VARIANTE: Kohlrouladen

Statt Chinakohl einfach Weißkohl nehmen und den ganzen Kopf kochen, bis sich die Blätter ablösen lassen. Dicke Blattrippen flach schneiden. Für die Füllung 1 Zwiebel schälen und klein würfeln. 1 Bund Petersilie waschen, trockenschütteln, hacken. Beides mit eingeweichtem Toastbrot, Hack und Eiern vermengen. Mit Paprikapulver, Salz und Pfeffer würzen. Füllung auf den Kohlblättern verteilen, einrollen. In Butterschmalz anbraten und in 3/8 l Brühe 30 Minuten schmoren. Sauce mit etwas Sahne oder Crème fraîche und ein wenig Tomatenmark verfeinern.

Kaninchen mit Tomaten

Klassiker vom Mittelmeer

Zutaten für 4 Personen:
1 ganzes Kaninchen (schon vom Händler in 8–12 Stücke teilen lassen)
je 1 Bio-Zitrone und Bio-Orange
je 1/2 Bund Thymian und Oregano
je 1 Zweig Salbei und Rosmarin
2 Knoblauchzehen │ 2 Zwiebeln
400 g Tomaten │ 4 EL Olivenöl
Salz │ Pfeffer │ 1 TL Fenchelsamen
1/4 l trockener Weißwein │ 1 Prise
Zucker │ 2 EL Oliven (nach Belieben)

Zubereitungszeit: 30 Minuten
+ 1–2 Stunden Marinieren
+ 45 Minuten Schmoren
Kalorien pro Portion: 495 kcal

1_Kaninchenstücke mit einem feuchten Tuch abreiben und dabei alle Knochensplitter abwischen. Zitrusfrüchte heiß waschen und die Hälfte von beiden Schalen fein abreiben, Saft auspressen. Kräuter abbrausen und trockenschütteln, die Blättchen von den Stängeln zupfen oder streifen und hacken. Den Knoblauch schälen und in feine Scheiben schneiden.

2_Zitrussaft und die Zitronenschale mit Kräutern und Knoblauch mischen und über den Kaninchenstücken verteilen. Die können jetzt 1–2 Stunden stehen bleiben und Kräuteraroma tanken. (Der ganze Tag schadet auch nicht, dann müssen sie aber in den Kühlschrank.)

3_Dann die Zwiebeln schälen, vierteln, in Streifen schneiden. Aus den Tomaten die Stielansätze herausschneiden. Die Tomaten in eine Schüssel legen, mit kochend heißem Wasser begießen und kurz stehen lassen. Abschrecken und die Haut abziehen, Tomaten würfeln.

4_Öl in einem Schmortopf heiß werden lassen. Kaninchenstücke salzen, pfeffern und nach und nach im Öl von allen Seiten gut anbraten. Jeweils wieder rausnehmen. Wenn alle Stücke gebraten sind, Hitze klein stellen, Zwiebeln und Fenchel im Bratfett kurz anbraten. Tomaten und Wein mit der Marinade vom Kaninchen dazugeben, mit Salz, Pfeffer und Zucker würzen. Wer mag, mischt auch die Oliven darunter. Nun die Kaninchenstücke wieder in den Topf geben. Deckel auflegen und das Kaninchen etwa 45 Minuten bei schwacher Hitze schmoren. Ab und zu nachschauen, ob noch genügend Flüssigkeit im Topf ist.

5_Dann die Kaninchensauce probieren und eventuell noch nachsalzen, die Orangenschale aufstreuen. Dazu am besten Rosmarinkartoffeln oder einfach nur knuspriges Weißbrot servieren.

Paprikahuhn

Saftiges aus Österreich

Zutaten für 4 Personen:
4 Hähnchenkeulen mit dem Rückenstück (je etwa 250 g)
Salz │ Pfeffer
300 g Zwiebeln
1/2 Bio-Zitrone
2 EL Öl
1 EL Butter
je 3 TL rosenscharfes und edelsüßes Paprikapulver
3/8 l Hühnerbrühe
3 TL Tomatenmark
100 g saure Sahne

Zubereitungszeit: 30 Minuten
+ 30 Minuten Schmoren
Kalorien pro Portion: 555 kcal

1_Hähnchenkeulen waschen und trocken-tupfen. Die Keulen jeweils am Gelenk ein-schneiden und halbieren. Mit Salz und Pfeffer einreiben. Die Zwiebeln schälen und in sehr feine Würfel schneiden. Die Zitrone heiß waschen und die Schale fein abreiben.

2_Das Öl in einem Schmortopf erhitzen, die Hühnerstücke darin rundherum bei starker Hitze gut anbraten und wieder herausnehmen. Die Hitze reduzieren und die Butter im Bratfett schmelzen lassen. Zwiebeln einrühren und andünsten. Mit Paprikapulver bestäuben und kurz weiter-rühren, dann die Brühe und das Tomaten-mark unterrühren. Mit der Zitronenschale, Salz und Pfeffer abschmecken und die Hühnerstücke wieder einlegen. Deckel auflegen und das Huhn bei schwacher Hitze etwa 30 Minuten schmoren.

3_Saure Sahne unter die Sauce rühren, abschmecken. Hühnerstücke und Sauce auf vorgewärmten Tellern servieren. Mit Reis oder Salzkartoffeln servieren.

Ossobuco
Mal orientalisch gewürzt

Zutaten für 4 Personen:
1 Döschen Safranfäden (0,1 g)
1/4 l trockener Weißwein oder
Fleischbrühe | 1 Aubergine
400 g Tomaten
4 Knoblauchzehen | 1 große Zwiebel
je 1 Bund Koriandergrün und Petersilie
4 größere Scheiben Kalbshaxe (mit
Knochen, je etwa 250 g)
Salz | Pfeffer | 4 EL Olivenöl
1 EL edelsüßes Paprikapulver
je 2 TL gemahlener Kreuzkümmel und
Koriander
1 TL Ras-el-hanout (marokkanische
Gewürzmischung, Asia-Laden)
1/2 Bio-Zitrone | 2 Frühlingszwiebeln

Zubereitungszeit: 45 Minuten
+ 1 1/2 Stunden Schmoren
Kalorien pro Portion: 415 kcal

1_Safran zerkrümeln, in den Wein oder die Brühe rühren. Die Aubergine waschen, putzen, klein würfeln. Aus den Tomaten die Stielansätze herausschneiden. Die Tomaten in eine Schüssel legen, mit kochend heißem Wasser begießen und

kurz ziehen lassen. Abschrecken, häuten und klein würfeln. Knoblauch und Zwiebel schälen, fein würfeln. Kräuter abbrausen und trockenschütteln. Blätter von den Stängeln zupfen, 1 EL davon (gemischt) zugedeckt wegstellen, Rest fein hacken.

2_Fleischscheiben mit einem feuchten Tuch abwischen und alle Knochensplitter entfernen. Mit Salz und Pfeffer würzen.

3_Das Öl in einem Schmortopf erhitzen, die Kalbfleischscheiben darin von beiden Seiten bei starker Hitze anbraten und wieder herausnehmen. Auberginenwürfel im Bratfett anbraten. Zwiebel, Knoblauch und Kräuter dazugeben, Tomaten und Wein oder Brühe unterrühren. Sauce mit Paprika, Kreuzkümmel, Koriander und Ras-el-hanout würzen und leicht salzen. Kalbsscheiben wieder einlegen, Deckel auflegen. Die Hitze klein stellen und das Fleisch etwa 1 1/2 Stunden schmoren.

4_Zitrone heiß waschen, Schale dünn abschneiden. Frühlingszwiebeln waschen und putzen. Zitronenschale, Zwiebeln und die beiseitegelegten Kräuter zusammen fein hacken. Vor dem Servieren auf die Kalbfleischscheiben streuen. Schmeckt mit Reis oder Fladenbrot.

Sauerbraten

Klassiker aus dem Rheinland

Zutaten für 6 Personen:
1 Möhre │ 2 Zwiebeln
1/4 Knollensellerie
1 Petersilienwurzel
1 TL Pfefferkörner
1 TL Wacholderbeeren
4 Nelken │ 4 Lorbeerblätter
1 l Rotwein (ersatzweise Wasser)
1/4 l Rotweinessig
1 kg Rinderbraten (z. B. Schulter)
1/2 kleiner Apfel
Salz │ Pfeffer
1 EL Mehl │ 1 EL Butter │ 1 EL Öl
1 Stück Brotrinde (von Schwarzbrot)
oder 1/2 Scheibe Pumpernickel
1 EL Rübenkraut │ 50 g Rosinen
50 g Sahne oder Crème fraîche

Zubereitungszeit: 35 Minuten
+ 3–4 Tage Marinieren
+ 2 1/2 Stunden Schmoren
Kalorien pro Portion: 405 kcal

1_Möhre, 1 Zwiebel, Sellerie und Petersilienwurzel schälen und in kleine Würfel
schneiden. Mit Pfefferkörnern, Wacholderbeeren, Nelken, Lorbeerblättern, Wein
und Essig in einer Schüssel mischen. Das
Rindfleisch einlegen und in der Marinade
3–4 Tage im Kühlschrank ziehen lassen.
Dabei jeden Tag umdrehen.

2_Dann die restliche Zwiebel schälen und
klein würfeln. Apfel schälen, entkernen
und in Spalten schneiden. Den Braten aus
der Marinade nehmen und trockentupfen.
Mit Salz und Pfeffer würzen und mit dem
Mehl bestäuben.

3_Einen Schmortopf auf den Herd stellen,
in dem der Braten gut Platz hat. Butter
und Öl darin heiß werden lassen. Den
Braten bei mittlerer Hitze rundherum
gut anbraten. Das dauert mindestens
10 Minuten.

4_Die Zwiebel und den Apfel dazugeben, Brotrinde oder Pumpernickel in Stücke zupfen und ebenfalls mit in den Topf geben. Marinade durch ein Sieb gießen und auffangen, 3/8 l abmessen, mit dem Rübenkraut mischen, zum Braten gießen. Die Hitze auf schwache Stufe schalten, den Deckel auflegen und den Braten etwa 2 1/2 Stunden schmoren, bis er schön weich ist. Dabei ab und zu umdrehen und wenn es nötig ist, noch mehr Marinade angießen. Inzwischen die Rosinen in lauwarmem Wasser einweichen.

5_Den Braten aus der Sauce heben, die Sauce durch ein Sieb gießen, auffangen und wieder in den Topf füllen, kräftig aufkochen. Rosinen abtropfen lassen und mit Sahne oder Crème fraîche untermischen. Sauce mit Salz und Pfeffer kräftig würzen. Den Braten in Scheiben schneiden und mit der Sauce servieren. Dazu schmecken Spätzle, Nudeln oder Semmelknödel.

VARIANTE: Bööflamot

Rindfleisch wie beschrieben marinieren. Die gesamte Marinade dann mit 1/2 l Wasser verdünnen, im Topf aufkochen, mit Salz und Pfeffer würzen. Fleisch einlegen und in etwa 1 1/2 Stunden in der Brühe gar ziehen lassen. Für die Sauce 1 EL Butter mit 1 TL Zucker schmelzen und 1 EL Mehl darin anschwitzen. 1/2 l durchgesiebte Kochbrühe unter Rühren angießen. 10 Minuten bei schwacher Hitze vor sich hin köcheln lassen, abschmecken. Das Fleisch in Scheiben schneiden und mit der Sauce servieren.

TIPP

Genauso fein schmeckt der Braten auch mit einer anderen Fleischsorte: Bei Lamm und Hirsch bleibt die Garzeit gleich, dafür ist Schwein schon nach 1 1/2 Stunden weich, und ein Putenbraten braucht nur 1 Stunde.

Rotweinbraten

Italienische Feinkost

Zutaten für 6 Personen:
1 kg Rinderbraten (z. B. Schulter)
1/2 Bund Rosmarin
1 Stängel Salbei
8 Knoblauchzehen
2 rote Zwiebeln
2 TL Pfefferkörner
2 Lorbeerblätter
1 Zimtstange
3/4 l trockener Rotwein
Salz | Pfeffer
2 EL Olivenöl
1 TL Honig

Zubereitungszeit: 30 Minuten
+ 1 Tag Marinieren
+ 2 1/2 Stunden Schmoren
Kalorien pro Portion: 480 kcal

1_Braten in eine Schüssel legen. Kräuter waschen, trockenschütteln und grob zerkleinern. Knoblauch und Zwiebeln schälen und klein schneiden. Pfefferkörner im Mörser grob zerdrücken. Alles mit Lorbeerblättern, Zimtstange und Wein zum Fleisch geben. 1 Tag im Kühlschrank durchziehen lassen, dabei einmal umdrehen.

2_Dann Braten aus der Marinade heben, trockentupfen, salzen und pfeffern. Das Öl im Schmortopf erhitzen. Den Braten darin rundherum anbraten. Die Marinade mit allen Zutaten angießen. Hitze klein stellen, Deckel auflegen und den Braten etwa 2 1/2 Stunden schmoren, dabei immer mal wieder umdrehen.

3_Braten aus dem Topf nehmen. Sauce durch ein Sieb gießen, auffangen, wieder in den Topf füllen. Sauce bei starker Hitze leicht einkochen lassen, mit dem Honig, Salz und Pfeffer würzen. Den Braten in Scheiben schneiden und mit der Sauce servieren. Dazu passen Rosmarinkartoffeln und Salat oder Brokkoligemüse.

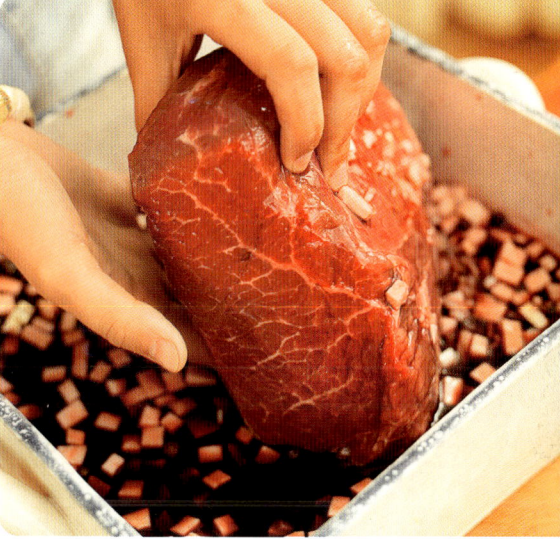

 Basic-TIPP

Beide Braten können auch im Backofen gegart werden: Fleisch in einem Bräter anbraten, die Marinade aufgießen und den Bräter in den 180 Grad heißen Ofen (Umluft 160 Grad) stellen. Genauso lang garen, immer wieder mit Flüssigkeit übergießen. Vorteil: Der Braten wird außen knuspriger. Nachteil: Er bleibt nicht ganz so saftig wie im geschlossenen Topf.

im Bild:
Tafelspitz

Basic:

Pochieren, gar ziehen
und simmern lassen
sowie auch dämpfen
– hier wird das Fleisch
ohne jegliches kräftige
Anbraten stets ganz
sanft zubereitet.

Einen großen Topf, reichlich Flüssigkeit,
ein bisschen was Würziges und viel Zeit –
mehr braucht es nicht, um ein Stück Fleisch
butterzart werden zu lassen. Das Fleischstück kann richtig edel sein oder musku-
lös und hartfaserig, wird es pochiert, zergeht es auf der Zunge. Wichtig ist dabei
vor allem eins: Die Flüssigkeit soll immer
knapp unter dem Siedepunkt bleiben,
also in Bewegung sein und leicht wallen,
aber nicht sprudelnd kochen. Für den
Notfall eine Tasse kaltes Wasser neben
den Herd stellen. Wenn das Wasser im
Topf doch zu kochen anfangen sollte, einfach einen Schuss kaltes Wasser nach-
schütten. Und: Damit sich die Fleischporen schließen können und das Fleisch
nicht auslaugt, das gute Stück immer in
die heiße Flüssigkeit geben. Außer es
geht vor allem um die Brühe, dann kommen kaltes Wasser und Fleisch gemein-
sam in den Topf und werden erhitzt.

Anders beim Dämpfen: Hier kocht das
Wasser zwar heftig, das Fleisch liegt aber
auf einem Einsatz über dem Wasser und
wird auf diese Weise nur vom heißen
Dampf »umspült« und ebenfalls ganz
sanft gegart. Für diese Zubereitungs-
methode können aber nur zarte Stücke
wie Filet oder Lende verwendet werden.

Sanft garen

Tafelspitz

Saftiger geht es kaum!

Zutaten für 6 Personen:
500 g Fleischknochen (vom Rind)
Salz │ 1,2 kg Tafelspitz
1 Möhre
1 Stück Sellerieknolle (etwa 150 g)
1 Stange Lauch │ 1 Zwiebel
1 EL Pfefferkörner
2 Lorbeerblätter

Zubereitungszeit: 15 Minuten
+ 4 Stunden Garen
Kalorien pro Portion: 240 kcal

1_Einen großen Topf auf den Herd stellen, Knochen hineingeben, 3 l Wasser dazuschütten und heiß werden lassen. Die Flüssigkeit salzen, das Fleisch einlegen und bei schwacher Hitze 2 Stunden sanft gar ziehen lassen. Dabei ab und zu den entstehenden Schaum abschöpfen.

2_Dann Möhre und Sellerie schälen und grob würfeln. Vom Lauch Wurzelbüschel und welke Teile abschneiden. Lauch der Länge nach aufschlitzen, waschen und grob zerkleinern. Zwiebel waschen und samt der Schale halbieren.

3_Gemüse mit Pfefferkörnern und Lorbeerblättern zum Fleisch geben, weitere 2 Stunden garen. Dann das Fleisch aus dem Topf nehmen, in Scheiben schneiden und mit etwas Brühe und verschiedenen Saucen (z. B. Apfelkren oder Schnittlauchsauce) und Bratkartoffeln servieren.

Pochiertes Rinderfilet

Zergeht auf der Zunge!

Zutaten für 4 Personen:
1/4 l trockener Rotwein
3/4 l Fleischbrühe oder Rinderfond
1 EL Pfefferkörner │ 2 Lorbeerblätter
1 getrocknete Chilischote
1 Stück Bio-Orangenschale (etwa 5 cm)
600 g Rinderfilet
1 altbackenes Brötchen
je 1 Bund Petersilie und Basilikum
2 Knoblauchzehen │ 2 EL Kapern
5 in Öl eingelegte Sardellenfilets
1/2 TL abgeriebene Bio-Zitronenschale
5 EL Olivenöl │ Salz │ Pfeffer

Zubereitungszeit: 40 Minuten
Kalorien pro Portion: 235 kcal

1_Wein, Brühe oder Fond, Pfefferkörner und Lorbeerblätter im großen Topf aufkochen. Chili andrücken, mit Orangenschale dazugeben. Hitze auf schwache Stufe stellen. Rinderfilet in den heißen, aber nicht kochenden Sud legen und darin 30 Minuten sanft ziehen lassen.

2_Inzwischen das Brötchen in Wasser einweichen. Kräuter waschen, Blättchen abzupfen, Knoblauch schälen. Brötchen ausdrücken, mit Kräutern, Knoblauch, Kapern und Sardellen im Blitzhacker zerkleinern. Zitronenschale und Öl unterrühren, salzen und pfeffern. Filet aus dem Sud heben und kurz ruhen lassen. Dann in Scheiben schneiden und mit der Sauce servieren.

Gedämpfte Kalbsmedaillons

Unvergleichlich zart

Zutaten für 4 Personen:
4 Zweige Thymian │ 1/2 Bio-Zitrone
8 Scheiben Kalbsfilet (je etwa 80 g)
Salz │ Pfeffer
1 Stange Lauch │ 1 dicke Möhre
1/4 Sellerieknolle │ 1 EL Butter
50 ml Noilly Prat (Vermouth) oder
trockener Weißwein
1/4 l Kalbsfond │ 2 Lorbeerblätter
50 g Crème fraîche │ 1 TL körniger Senf

Zubereitungszeit: 35 Minuten
Kalorien pro Portion: 250 kcal

1_Thymian waschen, Blättchen abstreifen. Zitrone heiß waschen, die Schale fein abreiben, Saft auspressen. Kalbsmedaillons salzen und pfeffern, mit Thymian und Zitronenschale bestreuen. Das Gemüse waschen oder schälen, putzen, in feine Streifen schneiden, mischen, salzen und pfeffern und in einen Dämpfeinsatz legen. Medaillons nebeneinander daraufsetzen, mit Butter in Flöckchen belegen.

2_Noilly Prat oder Wein, Fond und Lorbeer in einem Topf aufkochen. Dämpfeinsatz hineinsetzen, Deckel auflegen und das Fleisch etwa 8 Minuten dämpfen, dann zugedeckt warm halten. Sud durch ein Sieb gießen, auffangen und im Topf um etwa ein Drittel einkochen. Mit Crème fraîche, Senf, Salz, Pfeffer und Zitronensaft abschmecken, zum Fleisch servieren.

Aus dem Ofen

Die meisten unserer Freunde haben es wahrscheinlich noch gar nicht gemerkt. Nämlich? Dass wir eigentlich dauernd was aus dem Ofen ziehen, wenn sie kommen, vor allem dann, wenn sie zu vielen auftauchen. Na und warum haben sie's bisher nicht entdeckt? Weil es ja nicht jedes Mal einen echt bayerischen Schweinebraten gibt, sondern vielleicht einen mit Orangen und Zitronen, der uns gleich an Sizilien denken lässt, oder ein perfekt rosa gebratenes Roastbeef, einen saftigen Hackbraten, knusprige Entenkeulen mit Honigwürze oder Hühnerkeulen mit Gemüse. Und warum aus dem Backofen? Weil wir, wenn Braten & Co. erst mal in der Röhre sind, nichts mehr machen müssen außer ab und zu mal nachschauen. Und weil wir dann so super entspannt sind, dass uns alle bewundern, wie cool wir immer beim Kochen bleiben.

Spezialität

Speck

In hauchdünne Scheiben schneiden und auf der Zunge schmelzen lassen – Mamma mia, ist das gut! Wer hätte sich träumen lassen, dass Fett mal so »in« sein könnte. Heute bringt man von der Italienreise nicht mehr nur Pasta und Pesto mit, sondern auch ein gutes Stück **Lardo,** wie die weiße Köstlichkeit in Italien heißt. Für diesen fetten, oft rein weißen Speck wird der fetteste Teil vom Schwein, der Rücken, pur oder mit einem ganz kleinen Fleischanteil zusammen mit Salz und Gewürzen in Behälter geschichtet und reift dort über mehrere Monate zu einer würzigen, zarten Delikatesse heran. Die besten ihrer Art kommen aus der Toskana oder dem Aostatal. Bei uns dient der Schweinerücken hauptsächlich zum Spicken oder auch zum Belegen von zartem Fleisch. Wird etwa ein sehr mageres Fleischstück vor dem Braten im Ofen mit Speckscheiben belegt, bleibt es beim Garen schön saftig. Ist der Rückenspeck roh, heißt er **grüner Speck.** Aber der **fette Speck,** wie der Teil vom Rücken ebenfalls heißt, ist auch geräuchert und gepökelt im Angebot.

Alle Teile dagegen, die vom Bauch des Schweines stammen, sind von Fleischstreifen durchzogen und nicht ganz so fett wie die der Rückenpartie. Sie werden bei uns fast immer gepökelt und geräuchert und anschließend zum Trocknen aufgehängt. Diesen **durchwachsenen Räucherspeck** nimmt man dann zum Kochen oder isst ihn – schön fein geschnitten – als Brotzeit oder mit Eiern gebraten zum Frühstück. Die Italiener bereiten Schweinebauch anders zu. Sie verfeinern ihn raffiniert mit Kräutern und Gewürzen, manchmal rollen sie den Speck sogar ein, dann wird er eventuell leicht geräuchert und reift an der Luft. Und das Ganze heißt dann **Pancetta** von »pancia« für »Bauch«.

Die Leute werden immer fauler. Die wollen sich beim Essen noch nicht mal mehr die Arbeit machen, das Fleisch vom Knochen zu schneiden und den dann auch noch abzunagen.

Bei manchen ist's natürlich auch der Geiz: Es soll nur bezahlt werden, was auch gegessen werden kann. Milchmädchenrechnung sag ich da nur. Weil das Stück ohne Knochen uns Metzgern mehr Arbeit macht und deshalb auch ein bisschen teurer ist. Dazu kommt: Mit Knochen schmeckt etwa ein Schweinenacken einfach viel besser. Der Knochen

> **MEIN METZGER SAGT**
>
> **Fett und Knochen müssen sein!**

hält das Fleisch nämlich nicht nur in Form, sondern gibt ihm beim Garen noch mehr Aroma. Was man bei großen Braten wie dem ganzen Kotelettstück noch mehr merkt als bei einzelnen Koteletts, die nicht so lange in die Pfanne müssen. Und dann: Fast alle sind dem Fitnesswahn verfallen und meinen, dass sie nur noch mageres Fleisch essen können. Ob's dann noch so gut ist, ist die andere Frage. Fleisch ohne Fett wird beim Braten, Schmoren oder Grillen nicht nur gar, sondern auch trocken. Ganz anders das Fleisch, das von feinen Fettadern durchzogen ist. Sie machen das Fleisch saftig bringen Zusatzaroma. Deshalb bleibt auch der dicke Fettstreifen am Steakrand beim Garen dran. Den muss ich ja nachher nicht mitessen!

Klassiker: Sauce Béarnaise

Kam bei uns Roastbeef auf den Tisch, gab's immer auch eine estragonwürzige Sauce dazu, die Sauce Béarnaise. Die geht fast wie eine Hollandaise, nur muss man vorher einen kleinen Sud kochen.

Für den Sud 2 Schalotten schälen, fein würfeln und mit 2 TL sehr grob gemahlenem (oder im Mörser zerstoßenem) Pfeffer in 1 EL Butter andünsten. Je 50 ml trockenen Weißwein und Weißweinessig dazugießen und offen bei mittlerer Hitze einkochen lassen, bis nur noch ungefähr 2 EL übrig sind. Durch ein feines Sieb gießen, auffangen und lauwarm abkühlen lassen. Dann 200 g Butter bei schwacher Hitze schmelzen lassen. 3 ganz frische Eigelb (Größe M) mit dem Sud in einer Schüssel cremig schlagen, die Schüssel ins Wasserbad setzen, dabei immer weiterrühren und nach und nach die Butter in einem dünnen Strahl dazugießen. 1/2 Bund Estragon abbrausen, trockenschütteln, Blättchen abzupfen, hacken. Estragon unter den Butterschaum rühren, mit Salz und Cayennepfeffer würzen.

Sprichwörtlich
Was mach' ich jetzt bloß?

Die einen nennen es gemütlich oder sogar idyllisch, die anderen stoisch und träge. Sehen wir Kühen und Ochsen auf der Weide zu, kommt eins ganz bestimmt nicht auf: Hektik. Echte Gewohnheitstiere sollen Kühe sogar sein. Zielstrebig steuern sie ihren persönlichen Platz im Stall an, und wenn sie wie manche Büffelkühe in Italien auf Matten schlafen dürfen, muss es immer dieselbe sein. Stundenlang können sie da stehen und warten, wenn eine andere es gewagt hat, sich dort niederzulassen. Man kann sich also vorstellen, dass diese Tiere nicht gerade flexibel sind. Und vielleicht sagt man deshalb, wenn man vor einer unbekannten Situation steht und nicht weiß, was man machen soll: »Wie der Ochs vorm Berg!« oder richtig hessisch »Wie der Ochs vorm neuen Scheunentor!«.

 # Hilfreich

Man kann in einen Braten nicht reinschauen, wie soll ich also wissen, wann er fertig ist? Ganz einfach. Mit einem Thermometer die Temperatur prüfen, die das Fleisch in der Mitte hat.

Zwei Möglichkeiten gibt es dafür: Ein spezielles Bratenthermometer (herkömmlich oder digital) in den Braten stecken – immer in die dickste Stelle und so, dass die Spitze ungefähr in der Mitte sitzt – und beides zusammen in den Ofen schieben. Ist die gewünschte Kerntemperatur (mehr darüber steht auf Seite 129) erreicht, ist der Braten fertig. Oder ein einfaches (digitales) Küchenthermometer kommt zum Einsatz: Ab und zu ins gegarte Fleisch stechen und gleich wieder rausziehen, wenn die Temperatur angezeigt wird. Dieses Thermometer kann man zwar beim Garen nicht im Fleisch lassen, dafür aber noch für andere Dinge verwenden, etwa um die Temperatur von geschmolzener Schokolade oder einer Zuckerlösung zu messen.

Gefüllte Kalbsbrust

Geht viel einfacher als vermutet

Zutaten für 4–6 Personen:
800–900 g Kalbsbrust (vom Metzger eine Tasche einschneiden lassen)
Salz │ Pfeffer
frisch geriebene Muskatnuss
3 altbackene Brezeln (ersatzweise Brötchen)
3 Eier (Größe M)
1/8 l Milch
1/2 Bio-Zitrone
1 Bund Petersilie
2 Zwiebeln
2 Petersilienwurzeln
2 Möhren
2 Stangen Lauch
2 EL Butterschmalz
1/2 l Flüssigkeit (das kann Gemüse- oder Fleischbrühe sein, aber auch Brühe mit Bier oder Wein gemischt)

Zubereitungszeit: 45 Minuten
+ 2 Stunden Braten
Kalorien pro Portion (bei 6 Personen):
390 kcal

1_Die Kalbsbrust innen und außen mit Salz, Pfeffer und Muskat würzen.

2_Dann geht's erst mal um die Füllung: Von den Brezeln alle dicken Salzkörner abstreifen. Die Brezeln in Würfel oder Scheiben schneiden. In einer Schüssel Eier und Milch verquirlen, Brezeln unter- mischen und stehen lassen.

3_Zitrone heiß waschen und die Schale fein abreiben. Die Petersilie abbrausen, trockenschütteln und die Blättchen fein schneiden. Je 1 Zwiebel, Petersilienwurzel und Möhre schälen, 1 Stange Lauch vom Wurzelbüschel und den welken grünen Teilen befreien. Die Zwiebel fein würfeln, das restliche vorbereitete Gemüse in Streifen schneiden.

4_In einer Pfanne 1 EL Butterschmalz erhitzen. Zwiebelwürfel und Gemüse-streifen darin unter Rühren bei mittlerer Hitze 2–3 Minuten dünsten. Petersilie unterrühren und zusammenfallen lassen.

5_Den Backofen auf 200 Grad vorheizen (später einschalten: Umluft 180 Grad). Das gedünstete Gemüse zu den einge-weichten Brezeln in die Schüssel geben. Alles gut mischen, mit Salz, Pfeffer und der Zitronenschale würzen und in die Öff-nung der Kalbsbrust löffeln. Damit die Füllung beim Braten drin bleibt, muss die Öffnung verschlossen werden. Man kann im Abstand von etwa 2 cm Zahnstocher von einer Seite zur anderen stechen und diese dann mit Küchengarn über Kreuz zusammenbinden. Oder das Küchengarn in eine Fleischnadel fädeln und die Öff-nung mit großen Stichen zunähen (siehe auch Seite 27).

6_Das restliche Gemüse schälen oder waschen, putzen und in grobe Stücke schneiden. Einen großen Bräter auf den Herd stellen und übriges Schmalz darin zerlaufen lassen. Braten hineinlegen und bei starker Hitze rundherum gut anbraten. Das Gemüse daneben verteilen und die Flüssigkeit angießen.

7_Bräter in den Ofen (unten) schieben und die Kalbsbrust etwa 2 Stunden braten, bis sie schön braun ist. Dabei ab und zu mit der Flüssigkeit beschöpfen und ein- bis zweimal umdrehen.

8_Dann die Kalbsbrust in Alufolie wickeln und 10 Minuten ruhen lassen. Inzwischen Sauce durch ein Sieb gießen, auffangen und abschmecken. Kalbsbrust in Scheiben schneiden (nicht zu dünn, sonst fällt die Füllung gleich raus) und mit der Sauce servieren. Dazu gibt's Kartoffelsalat – am besten mit Gurkenscheiben oder Endivienstreifen.

Knusprige Kalbshaxe

Schmeckt nicht nur den Bayern

Zutaten für 4–6 Personen:
1 Möhre
1 Stück Knollensellerie (etwa 200 g)
1 Zwiebel │ ein paar Stängel Petersilie
250 g Kalbsknochen
1 Kalbshaxe mit Knochen
(etwa 2 1/2 kg)
Salz │ Pfeffer │ 40 g Butter
1 TL edelsüßes Paprikapulver
etwa 1/2 l dunkles Bier
2 Lorbeerblätter

Zubereitungszeit: 30 Minuten
+ 3 Stunden Braten
Kalorien pro Portion (bei 6 Personen):
345 kcal

1_Den Backofen auf 160 Grad vorheizen (später einschalten: Umluft 140 Grad). Die Möhre, den Sellerie und die Zwiebel schälen und fein würfeln. Petersilie ab-brausen, trockenschütteln und grob schneiden. Alles mit den Kalbsknochen mischen und in einen großen Bräter oder die Fettpfanne des Backofens legen.

2_Kalbshaxe rundherum mit Salz und Pfeffer bestreuen und gut einmassieren. Die Butter zerlassen, das Paprikapulver unterrühren. Die Haxe damit einpinseln und aufs Gemüsebett legen. Bräter oder Fettpfanne in den Ofen (unten) schieben und die Haxe 45 Minuten braten.

3_Dann die Kalbshaxe mit etwas Bier begießen, den Rest des Biers auf dem Gemüse verteilen. Die Haxe weitere 2 1/4 Stunden braten, dabei häufig mit der Flüssigkeit begießen und ab und zu auch mal umdrehen. Falls nötig, noch mehr Bier angießen.

4_Die Haxe vom Gemüsebett nehmen, in Alufolie wickeln und im ausgeschalteten Ofen kurz ruhen lassen. Inzwischen die Sauce durch ein Sieb in einen Topf gießen und eventuell leicht einkochen lassen, ab-schmecken. Die Haxe auf einer Platte oder einem Fleischbrett auf den Tisch stellen und das Fleisch in Scheiben vom Knochen abschneiden. Mit der Sauce servieren. Dazu schmecken Semmel- oder Kartoffel-knödel und ein grüner Salat.

Schweine-Krustenbraten

Sonntagsbraten aus Bayern

Zutaten für 6 Personen:
2 Knoblauchzehen | Salz | Pfeffer
1/2 TL gemahlener Kümmel
1/2 TL edelsüßes Paprikapulver
1 Schweinebraten mit Schwarte (etwa
1,2 kg, z. B. Schulter oder Nacken)
2 Zwiebeln | 2 Möhren | 1/4 Sellerie-
knolle | 1 Stange Lauch | 1 Tomate
500 g Fleischknochen oder Spareribs in
Stücken | ein paar Stängel Petersilie

Zubereitungszeit: 40 Minuten
+ 2 1/2 Stunden Braten
Kalorien pro Portion: 215 kcal

1_Knoblauch schälen und durchpressen,
mit Salz, Pfeffer, Kümmel und Paprika
mischen. Die Fleischseite des Bratens damit einmassieren. Backofen auf 180 Grad
vorheizen (erst später: Umluft 160 Grad).

2_Braten mit der Schwarte nach unten in
einen großen Bräter legen. 1/4 l Wasser
aufkochen und in den Bräter gießen. Den
Braten in den Ofen (Mitte) schieben und
30 Minuten garen.

3_Zwiebeln, Möhren und Sellerie schälen
und 1 cm groß würfeln. Lauch putzen, der
Länge nach aufschlitzen, waschen und in
grobe Stücke schneiden. Tomate waschen
und vierteln, dabei Stielansatz entfernen.
Knochen oder Spareribs mit einem feuchten Tuch abwischen, Petersilie abbrausen.

4_Den Braten aus dem Ofen holen und
mit der Schwarte nach oben aufs Küchenbrett legen. Ein richtig scharfes Messer
suchen und die Schwarte rautenförmig
einschneiden (jede Raute nicht viel größer
als 1 cm). Fleisch mit der Schwarte nach
oben wieder in den Bräter legen. Gemüse,
Knochen oder Spareribs und die Petersilie
daneben verteilen. Den Braten weitere
2 Stunden garen, dabei immer wieder mit
der Flüssigkeit aus dem Bräter begießen.

5_Den Braten aus dem Bräter nehmen
und auf den Rost (mit der Fettpfanne
darunter) legen. 1 EL warmes Wasser mit
1 TL Salz verrühren, die Schwarte damit
einpinseln. Den Backofengrill einschalten.
Den Braten noch einmal etwa 5 Minuten
in den Ofen schieben und die Schwarte
knusprig werden lassen. Den Ofen aus-
schalten, Braten in Alufolie wickeln und
10 Minuten im Ofen ruhen lassen.

6_Die Sauce durch ein Sieb in einen Topf
gießen, Gemüse ausdrücken. Die Sauce
abschmecken. Den Braten in Scheiben
schneiden und mit der Sauce servieren.
Dazu passen am besten Knödel.

Schweinebraten mit Orangen und Zitrone

Könnte aus Sizilien kommen

Zutaten für 6 Personen:
4 Zweige Rosmarin | je 6 Zweige Thy-
mian und Oregano | 2 Lorbeerblätter
4 Bio-Orangen | 1 Bio-Zitrone
1/2 l trockener Weißwein (ersatzweise
Brühe und etwas mehr Zitronensaft)
1 Schweinebraten ohne Schwarte
(etwa 1 kg, z. B. Halsgrat)
2 Knollen Fenchel | 2 rote Zwiebeln
Salz | Pfeffer | 4 EL Olivenöl

Zubereitungszeit: 40 Minuten
+ 1 Tag Marinieren
+ 2 1/2 Stunden Braten
Kalorien pro Portion: 350 kcal

1_Kräuter waschen, trockenschütteln und grob schneiden. 1 Orange und 1/2 Zitrone heiß waschen, die Schalen fein abreiben und den Saft auspressen. Zitrussaft und -schale mit Kräutern und Wein verrühren. Braten mit dieser Mischung abgedeckt in einer Schüssel 1 Tag im Kühlschrank marinieren. Zwischendurch einmal umdrehen.

2_Dann den Backofen auf 180 Grad vorheizen (erst später einschalten: Umluft 160 Grad). Übrige Orangen so schälen, dass die weiße Haut mit entfernt wird. Die Filets zwischen den Trennhäutchen herausschneiden. Zitronenhälfte ebenfalls schälen und würfeln. Fenchel waschen, putzen und der Länge nach achteln. Die Zwiebeln schälen und ebenfalls achteln.

3_Braten aus der Marinade nehmen und trockentupfen, salzen und pfeffern. Öl in einem Bräter erhitzen, Braten darin rundherum bei starker Hitze anbraten, dann herausnehmen. Orangen- und Zitronenfruchtfleisch, Fenchel und Zwiebeln in den Bräter geben, Braten darauflegen. Im Ofen (Mitte) 45 Minuten braten.

4_Marinade angießen und den Braten weitere 1 3/4 Stunden braten, dabei ab und zu mit der Flüssigkeit beschöpfen.

5_Dann den Braten in Alufolie wickeln, 10 Minuten ruhen lassen. Das fruchtige Gemüse im Bräter abschmecken. Den Braten in Scheiben schneiden und mit dem Gemüse servieren. Dazu gibt's außerdem Ciabatta.

Schweine-rollbraten

Italienisch gewürzt

Zutaten für 6 Personen:
1 Bio-Zitrone
je 5 Zweige Rosmarin, Thymian und Oregano | 12 Salbeiblättchen
1/2 Bund Petersilie | 6 Knoblauchzehen | 3 TL Fenchelsamen
2 TL schwarze Pfefferkörner
8 EL Olivenöl | Salz
1 größere Scheibe magerer Schweinehals (etwa 1 kg) | Pfeffer
1/4 l trockener Weißwein

Zubereitungszeit: 45 Minuten
+ 2 Stunden Braten
Kalorien pro Portion: 305 kcal

1_Die Zitrone heiß waschen und die Schale fein abreiben. Zitrone halbieren und eine Hälfte auspressen. Die Kräuter abbrausen und trockenschütteln, ohne die groben Stiele fein hacken. Den Knoblauch schälen und fein schneiden. Die Fenchelsamen und Pfefferkörner im Mörser grob zerstoßen. Zitronenschale, Kräuter, Knoblauch und Fenchelmischung mit 6 EL Olivenöl und Salz mischen.

2_Fleisch mit dem Würzöl bestreichen, zu einem Rollbraten aufrollen und mit Küchengarn verschnüren. Den Braten außen salzen und pfeffern.

3_Den Backofen auf 180 Grad vorheizen (später einschalten: Umluft 160 Grad). Das übrige Öl im Bräter erhitzen. Braten darin rundherum bei starker Hitze gut anbraten. Wein und Zitronensaft mischen und dazugießen. Den Braten in den Ofen (Mitte) schieben, etwa 2 Stunden braten. Dabei immer mal wieder mit der Flüssigkeit begießen und ab und zu umdrehen.

4_Braten aus dem Ofen nehmen, in Alufolie wickeln, 10 Minuten ruhen lassen. Dann in Scheiben schneiden und auf einer vorgewärmten Platte anrichten. Dazu gibt's Rosmarinkartoffeln oder Brot und Salat.

Marinierte Wildschwein-keule

Für Obelix im Idefix-Format

Zutaten für 6–8 Personen:
1 Wildschweinkeule (mit Knochen
(etwa 1,2 kg, ohne Knochen soll das
Stück um die 1 kg wiegen)
2 Zwiebeln | 2 Möhren
2 Stangen Staudensellerie
1 Zimtstange | 4 Nelken
2 TL Koriandersamen
1/2 l Rosé oder trockener Cidre
2 Lorbeerblätter
50 ml Cognac oder Calvados
(nach Belieben)
Pfeffer
frisch geriebene Muskatnuss
1 EL Ahornsirup oder Honig
Salz | 2 EL Olivenöl
2 EL kalte Butter

Zubereitungszeit: 30 Minuten
+ 1–2 Tage Marinieren
+ 2 Stunden Braten
Kalorien pro Portion (bei 8 Personen):
280 kcal

1_Die Keule waschen, trockentupfen und in ein ausreichend großes Gefäß legen, in das auch noch die Marinade passt und das im Kühlschrank Platz hat.

2_Die Zwiebeln und die Möhren schälen und in grobe Stücke schneiden. Sellerie waschen und putzen, mit den Blättern in grobe Stücke schneiden. Die Zimtstange einmal durchbrechen und mit den Nelken und dem Koriander in einer Pfanne ohne Fett 1 Minute lang anrösten.

3_Rosé oder Cidre mit den gerösteten Gewürzen, dem Gemüse, den Lorbeerblättern und nach Belieben Cognac oder Calvados verrühren. Mit Pfeffer, Muskat, Ahornsirup oder Honig und Salz würzen. Über die Schweinekeule gießen und das Fleisch mindestens 1 Tag, besser 2 Tage marinieren, dabei ab und zu umdrehen.

4_Dann den Backofen auf 180 Grad vorheizen (erst später einschalten: Umluft 160 Grad). Die Keule aus der Marinade nehmen und mit Küchenpapier trockentupfen. Mit Salz und Pfeffer einreiben. Öl in einem Bräter erhitzen und die Keule darin rundherum kräftig bei starker Hitze anbraten. In den Ofen (Mitte) schieben und 30 Minuten braten.

5_Marinade durch ein Sieb gießen und auffangen, etwas davon über die Wildschweinkeule schöpfen. Die Keule weitere 1 1/2 Stunden garen, dabei immer wieder mit Marinade beschöpfen und ab und zu umdrehen. Insgesamt kommt fast die ganze Marinade in den Bräter.

6_Die Keule aus dem Bräter heben und auf einer Platte im abgeschalteten Ofen ruhen lassen. Die Sauce aus dem Bräter in einen Topf gießen, erhitzen. Die Butter klein würfeln und zügig mit dem Schneebesen unter die Sauce schlagen. Mit Salz und Pfeffer abschmecken. Das Fleisch in Scheiben (vom Knochen) schneiden und mit der Sauce servieren. Dazu gibt es Bandnudeln, Spätzle oder Salzkartoffeln und einen gemischten Salat.

TIPP

Wer mag, verfeinert Keule und Sauce noch mit kleinen Zwiebeln und Apfelvierteln (insgesamt etwa 500 g). Einfach nach den ersten 30 Minuten Garzeit mit in den Bräter legen und ebenfalls mit etwas Marinade beschöpfen.

Rehbraten mit Pflaumen

Was richtig Feines für den Herbst und Winter

Zutaten für 6 Personen:
1 Rehbraten ohne Knochen (etwa 1 kg, am besten Keule)
1/2 Bio-Ztrone | Salz | Pfeffer
je 1/4 TL frisch geriebene Muskatnuss, gemahlener Kümmel und Koriander, edel-süßes Paprikapulver und Zimtpulver
1 Stück Knollensellerie (etwa 150 g)
2 Möhren | 1 Stange Lauch
4 EL Öl
500 g Knochen (am besten vom Reh, ersatzweise Kalbsknochen)
1 EL Puderzucker
2 EL Tomatenmark
1/2 l trockener Rotwein (ersatzweise Wildfond aus dem Glas)
je 1 TL Wacholderbeeren und Pfefferkörner
2 Nelken | 4 Lorbeerblätter
100 g weiche Trockenpflaumen

Zubereitungszeit: 45 Minuten
+ 2 3/4 Stunden Braten
Kalorien pro Portion: 325 kcal

1_Vom Rehbraten die Sehnen so gut wie möglich abschneiden. Die Zitrone heiß waschen und die Schale fein abreiben. Die Schale mit 1 TL Salz und 1 TL Pfeffer, Muskat, Kümmel, Koriander, Paprika und Zimt mischen und den Braten rundherum damit einreiben.

2_Für die Sauce den Sellerie und die Möhren schälen und in gut 1 cm große Würfel schneiden. Vom Lauch die Wurzel-büschel und welke Teile abschneiden. Die Stange der Länge nach aufschlitzen und gründlich waschen, auch zwischen den Schichten, dann in 2–3 cm lange Stücke schneiden.

3_Den Backofen auf 120 Grad vorheizen (Ober- und Unterhitze nehmen). In einem Bräter auf dem Herd 2 EL Öl erhitzen. Den Rehbraten darin bei mittlerer Hitze rund-herum etwa 5 Minuten lang anbraten, wieder herausnehmen. Das restliche Öl in den Bräter geben und das Gemüse und die Knochen darin gut anbraten. In die Fettpfanne des Backofens umfüllen.

4_Puderzucker im Bratfett schmelzen, das Tomatenmark gründlich unterrühren und alles mit dem Wein und 1/2 l Wasser auf-gießen. Zum Gemüse und den Knochen in die Fettpfanne gießen, salzen und die Wacholderbeeren, Pfefferkörner, Nelken und Lorbeerblätter dazugeben.

5_Die Fettpfanne in den Ofen (etwas unter der Mitte) schieben. Den Rehbraten auf den Rost legen. Wer ein Bratenther-mometer hat, steckt dieses in die dickste Stelle des Fleisches. Den Rost über der Fettpfanne in den Ofen schieben und den Braten etwa 2 3/4 Stunden garen. Das Thermometer soll dann 75 Grad anzeigen.

6_Den Braten im Ofen lassen. Die Zutaten aus der Fettpfanne durch ein Sieb in einen Topf gießen. Die Sauce gut aufkochen und bei Bedarf einkochen lassen. Pflaumen achteln und in der Sauce erwärmen. Die Sauce mit Salz und Pfeffer abschmecken. Den Braten in Scheiben schneiden und mit der Sauce servieren. Schmeckt mit Spätzle, Nudeln oder Kartoffelpüree.

TIPP
Statt mit Reh auch mit Hirsch oder Wildschwein ziemlich gut!

Hackbraten

Unkompliziertes für Freunde

Zutaten für 4–6 Personen:
2 Scheiben altbackenes Weißbrot
(z. B. Ciabatta)
1 große rote Zwiebel
4 Knoblauchzehen
1/2 Bund Thymian
1 Bund Petersilie
1/2 Bio-Zitrone
1 TL Fenchelsamen
1 TL Pfefferkörner
100 g in Öl eingelegte, getrocknete
Tomaten
2 EL entsteinte grüne Oliven
1 EL Kapern
600 g gemischtes Hackfleisch
2 Eier (Größe M)
Salz
1 Prise Chilipulver
250 g Kirschtomaten
1 TL Zucker
2 EL Olivenöl

Zubereitungszeit: 35 Minuten
+ 1 Stunde Braten
Kalorien pro Portion (bei 6 Personen):
400 kcal

1_Die Brotscheiben in eine Schüssel legen. Mit lauwarmem Wasser begießen und darin weich werden lassen.

2_Inzwischen die Zwiebel und den Knoblauch schälen und sehr fein hacken. Die Kräuter abbrausen und trockenschütteln. Thymianblättchen abstreifen, Petersilienblätter abzupfen und fein hacken. Zitrone heiß waschen, die Schale dünn (ohne das Weiße!) abschneiden und auch ganz fein schneiden. Die Fenchelsamen und die Pfefferkörner im Mörser so fein wie möglich zerstoßen.

3_Jetzt den Backofen auf 180 Grad vorheizen (erst später einschalten: Umluft 160 Grad).

4_Getrocknete Tomaten abtropfen lassen und mit Oliven und Kapern fein schneiden. Mit Zwiebel, Knoblauch, Zitronenschale, Kräutern und Gewürzmischung in eine Schüssel füllen. Hackfleisch dazugeben, die Eier in die Schüssel aufschlagen. Die Brotscheiben gut ausdrücken, in Stücke zupfen und auch in die Schüssel geben. Jetzt alles salzen und mit Chili würzen. Mit den Händen so lange kräftig durchkneten, bis der Hackfleischteig zusammenklebt.

5_Eine längliche, ofenfeste Form suchen und den Hackfleischteig hineingeben. In der Form aus dem Teig einen länglichen Laib (wie ein Brot) formen. Kirschtomaten waschen, halbieren und neben dem Hackbraten verteilen, mit Zucker bestreuen. Olivenöl über Tomaten und Braten laufen lassen. Den Braten in den Ofen (Mitte) schieben und ungefähr 1 Stunde braten.

6_Mit einem Holzstäbchen in die dickste Stelle des Hackbratens stechen. Der Saft, der dort ausläuft, muss hell sein. Ist er noch rötlich, ist der Braten noch nicht durch und muss noch mal in den Ofen. Ist er fertig, kurz stehen lassen, in Scheiben schneiden und mit den Tomaten auf den Tisch stellen. Dazu gibt es Brot und Salat oder Gemüse, z. B. Blattspinat mit Zitrone und Knoblauch.

VARIANTE: Speckbraten

Den Teig aus 1 1/2 eingeweichten Brötchen, 600 g gemischtem Hack, 2 Eiern (Größe M), 1 Bund gehackter Petersilie, 1 gewürfelten Zwiebel und 1 fein geraspelten Möhre kneten. Mit 2 TL scharfem Senf, Salz und Pfeffer würzen. Den Teig zum Laib formen und mit hauchdünnen Scheiben geräuchertem Speck belegen. Wie beschrieben backen. Der Speck gibt dem Fleisch eine besondere Würze und hält den Braten saftig. Wer mag, kann ihn mitessen.

 ## Basic-TIPP

Ein bisschen Fett im Hackbraten ist gut, es gibt ihm nicht nur Geschmack, sondern hält ihn auch schön saftig. Deshalb wird der Braten auch mit gemischtem Hackfleisch gemacht. Wer's mager mag, kann nur Rinderhackfleisch nehmen. Auch sehr gut: Lammhack.

Gemüse mit Hackfüllung

Je bunter die Gemüse-mischung desto besser

Zutaten für 4–6 Personen:
4 eher flache Zwiebeln (am besten schmecken frische rote oder weiße)
1 schlanke Aubergine
Salz │ 4 kleine Zucchini
4 Tomaten
2 kleinere, längliche Paprikaschoten
80 g altbackenes Weißbrot
150 g Sahne │ 1/2 Bund Basilikum
1/4 Bund Thymian │ 4 Salbeiblättchen
4 Knoblauchzehen
100 g durchwachsener Räucherspeck
3 EL Butter │ 2 Eier (Größe M)
2 EL frisch geriebener Parmesan
300 g Rinderhackfleisch
Pfeffer │ Chilipulver
1/8 l Gemüsebrühe

Zubereitungszeit: 1 1/4 Stunden
+ 40 Minuten Backen
Kalorien pro Portion (bei 6 Personen):
320 kcal

1_Die Zwiebeln schälen. Die Aubergine waschen und putzen. In einem weiten Topf Salzwasser aufkochen. Zwiebeln einlegen und 2 Minuten sprudelnd kochen lassen. Dann die Aubergine dazugeben und alles weitere 3 Minuten kochen. Alles in ein Sieb abgießen und kaltes Wasser darüberlaufen lassen.

2_Die Zwiebeln quer halbieren und das Innere mit der Messerspitze anheben und herausziehen. Zwei Schichten sollen übrig bleiben. Die Aubergine der Länge nach halbieren, jede Hälfte noch einmal quer durchschneiden. Die Stücke mit einem scharfkantigen Teelöffel bis auf einen Rand von etwa 1 cm aushöhlen. Zucchini waschen, putzen, der Länge nach durchschneiden und wie die Aubergine aushöhlen. Tomaten waschen, quer halbieren und mit dem Löffel aushöhlen. Paprika waschen, längs halbieren und putzen. Die Gemüse mit den Schnittflächen nach oben auf ein Backblech setzen. Ausgehöhltes Gemüse- und Zwiebelfleisch zusammen fein hacken.

3_Das Brot in eine Schüssel legen, mit der Sahne begießen und weich werden lassen. Kräuter abbrausen und trockenschütteln. Die Basilikumblätter abzupfen und fein hacken, die Thymianblättchen von den Zweigen streifen, Salbei in feine Streifen schneiden. Knoblauch schälen und fein hacken. Vom Speck die Schwarte abschneiden. Speck klein würfeln, Knorpel dabei entfernen.

4_Den Backofen auf 180 Grad vorheizen (später einschalten: Umluft 160 Grad). In einer Pfanne 1 EL Butter erhitzen. Speck, Thymian und Salbei dazugeben und bei mittlerer Hitze 5 Minuten dünsten. 2 EL vom gehackten Gemüsefleisch und den Knoblauch kurz mitdünsten. In eine Schüssel füllen.

5_Das Brot gut ausdrücken und in kleine Stücke zerpflücken. Mit den Eiern, dem Basilikum, dem Parmesan und dem Hackfleisch zur Speckmischung geben, mit Salz, Pfeffer und Chili würzen und kräftig durchkneten. Die Gemüse auf dem Blech leicht salzen, Hackmischung einfüllen und mit der übrigen Butter in kleinen Würfeln belegen. Übriges gehacktes Gemüse mit der Brühe vermischen, salzen, pfeffern und neben dem gefüllten Gemüse verteilen. Das Gemüse im Ofen (Mitte) etwa 40 Minuten backen, bis es schön braun ist. Mit ofenfrischem Weißbrot essen.

Kartoffelgratin mit Hack

Richtig schön deftig

Zutaten für 4 Personen:
700 g Kartoffeln (am besten eine mehlig kochende Sorte) | Salz
1 Bund Frühlingszwiebeln
100 g durchwachsener Räucherspeck
3 EL Butter
150 g Schmant oder Crème fraîche
1/2 Bund Petersilie
200 g rohe Bratwürste
300 g Rinderhackfleisch
1 EL scharfer Senf
Pfeffer
frisch geriebene Muskatnuss
300 g feste Tomaten (z. B. Fleischtomaten)
100 g frisch geriebener Bergkäse oder mittelalter Gouda

Zubereitungszeit: 40 Minuten
+ 45 Minuten Backen
Kalorien pro Portion: 775 kcal

1_Die Kartoffeln schälen, waschen und in mittelgroße Würfel schneiden. Mit gesalzenem Wasser in einem Topf zum Kochen bringen. Deckel auflegen, Hitze auf schwache bis mittlere Stufe schalten und die Kartoffeln in etwa 15 Minuten weich kochen.

2_Inzwischen von den Frühlingszwiebeln die Wurzelbüschel und die welken Teile abschneiden. Die Zwiebeln waschen und in Ringe schneiden. Vom Räucherspeck die Schwarte abschneiden. Den Speck in kleine Würfel schneiden, alle Knorpel dabei entfernen.

3_Die Speckwürfel in eine kleine Pfanne geben und etwa 5 Minuten bei schwacher Hitze unter Rühren anbraten, bis das Fett schön glasig aussieht. Das Garwasser der Kartoffeln abgießen. 2 EL Butter klein würfeln, mit 100 g Schmant oder Crème fraîche unter die Kartoffeln rühren. Mit dem Kartoffelstampfer mittelgrob zerdrücken. Speck samt Fett und Zwiebeln unterrühren. Mit Salz abschmecken.

4_Den Backofen auf 180 Grad vorheizen (erst später einschalten: Umluft 160 Grad). Petersilie abbrausen und trockenschütteln, Blättchen abzupfen und fein schneiden. Die Bratwurstmasse in kleinen Stücken aus der Haut drücken und mit dem Hackfleisch, übrigem Schmant oder Crème fraîche, der Petersilie und dem Senf verrühren. Mit Salz, Pfeffer und Muskat abschmecken.

5_Die Tomaten waschen und in dünne Scheiben schneiden, dabei die Stielansätze entfernen. (Wer will, kann die Tomaten vorher auch noch häuten.) Eine feuerfeste Form mit ein wenig von der übrigen Butter ausstreichen. Kartoffeln, Hackmasse und Tomaten in jeweils zwei Schichten in die Form geben. Ganz oben liegt eine Schicht Tomaten. Käse daraufstreuen, restliche Butter in kleine Stücke schneiden und obenauf legen. Das Ganze in den Ofen (Mitte) schieben und etwa 45 Minuten backen, bis die Oberfläche schön braun ist. Kurz stehen lassen, dann in Stücke teilen und auf Teller legen. Dazu gibt es am besten eine Schüssel bunt gemischten Salat.

TIPP

Es müssen nicht immer Kartoffeln sein: auch Knollensellerie oder Kürbisfleisch schmecken richtig super. Vorbereitet wird beides wie die Kartoffeln.

Lammkeule
mit Knoblauch

Festessen für viele

Zutaten für 10 Personen:
1 Lammkeule mit Knochen (etwa
2 1/2 kg) | Salz | Pfeffer
1/2 Bund Rosmarin
8 frische Lorbeerblätter
10 dicke Knoblauchzehen (am besten
von frischen Knollen)
1 Bio-Zitrone | 4 EL Olivenöl

Zubereitungszeit: 20 Minuten
+ 5 Stunden 20 Minuten Braten
Kalorien pro Portion: 440 kcal

1_Backofen auf 250 Grad vorheizen (auch
schon jetzt: Umluft 220 Grad). Die Lammkeule rundherum mit Salz und Pfeffer einreiben, in die Fettpfanne des Ofens legen
und in den Ofen (Mitte) schieben. Die
Keule 10 Minuten braten, dann umdrehen
und noch einmal 10 Minuten braten.

2_Inzwischen den Rosmarin abbrausen
und trockenschütteln, Blätter abzupfen
und hacken. Lorbeerblätter waschen und
grob zerkleinern. Knoblauch schälen und

ebenfalls hacken. Zitrone heiß waschen
und die Schale fein abreiben.

3_Kräuter und Knoblauch mit Zitronen-
schale und dem Olivenöl mischen, leicht
salzen und pfeffern. Die Keule aus dem
Ofen holen. Die Temperatur auf 100 Grad
(Ober- und Unterhitze nehmen!) zurück-
schalten und die Ofentüre kurz öffnen, um
die Hitze im Ofen zu reduzieren. Auf der
Keule die Hälfte der Ölmischung verteilen,
Keule umdrehen und mit der übrigen
Mischung einstreichen. Wieder in den
Ofen schieben und 5 Stunden braten.

4_Das Fleisch der Lammkeule in Scheiben
vom Knochen schneiden und auf einer
vorgewärmten Platte anrichten. Den Bratfond aus der Fettpfanne darüber verteilen.
Dazu gibt es Bratkartoffeln, knuspriges
Weißbrot und Salat, am besten einen bunt
gemischten Blattsalat mit Tomatenwürfeln.

TIPP

Wer mehr Sauce will, löscht den Bratfond
in der Fettpfanne mit 1/8 l aromatischem
Weißwein ab, füllt das Ganze in einen
Topf und kocht es einmal auf. Mit Salz,
Pfeffer und wenig Honig abschmecken
und zum Fleisch servieren.

Lammrücken
mit Kruste

Am Knochen am besten!

Zutaten für 4 Personen:
je 1 Bund Petersilie und Koriandergrün
2 Knoblauchzehen
2 Frühlingszwiebeln
1/2 Bio-Zitrone
50 g Semmelbrösel
6 EL Olivenöl
1/2 EL edelsüßes Paprikapulver
je 1 TL rosenscharfes Paprikapulver
und Ras-el-hanout (marokkanische
Gewürzmischung aus dem Asia- oder
Gewürzeladen)
Pfeffer | Salz
1 Lammrücken mit Knochen (etwa 1 kg,
unbedingt vorbestellen!)

Zubereitungszeit: 15 Minuten
+ 50 Minuten Braten
Kalorien pro Portion: 390 kcal

1_Backofen auf 200 Grad vorheizen (auch
schon einschalten: Umluft 180 Grad). Die
Kräuter abbrausen und trockenschütteln,
Blättchen abzupfen und fein hacken. Den
Knoblauch schälen und durch die Presse
drücken. Von den Frühlingszwiebeln die

Wurzelbüschel und welke grüne Teile abschneiden. Zwiebeln waschen und fein hacken. Zitrone heiß waschen und die Schale fein abreiben.

2_Kräuter, Knoblauch, Zwiebeln und Zitronenschale mit den Semmelbröseln, dem Öl, Paprika, Ras-el-hanout und 1 TL Pfeffer gründlich verrühren und mit Salz abschmecken.

3_Den Lammrücken mit Salz und Pfeffer einreiben und in die Fettpfanne des Ofens legen. Die Bröselmasse darauf verteilen und mit den Fingern leicht andrücken.

4_Das Lammfleisch in den Ofen (Mitte) schieben und etwa 50 Minuten braten. Kurz stehen lassen, dann das Fleisch vom Knochen lösen, in Scheiben schneiden und auf vorgewärmten Tellern servieren. Dazu schmecken Fladenbrot und grüne Bohnen als Gemüse und/oder Tomaten als Salat.

TIPP

Nach 50 Minuten Bratzeit ist das Fleisch leicht rosa. Wer es ein bisschen blutiger mag, holt den Lammrücken schon nach 40 Minuten aus dem Ofen.

Lammhaxen auf Kräuteräpfeln

Super saftig!

Zutaten für 4 Personen:
4 Lammhaxen (je etwa 400 g)
1 Bio-Zitrone | 2 TL scharfer Senf
2 TL Honig oder Ahornsirup
4 EL Olivenöl | Salz | Pfeffer
je 1/2 TL Chili- und edelsüßes
Paprikapulver | je 1 Prise Zimtpulver
und frisch geriebene Muskatnuss
700 g säuerliche Äpfel
300 g rote Zwiebeln
1 Stängel Salbei
je 2 Zweige Rosmarin und Thymian
4 Lorbeerblätter
1/8 l trockener Weißwein, Cidre
oder Gemüsebrühe

Zubereitungszeit: 30 Minuten
+ 3 Stunden Braten
Kalorien pro Portion: 695 kcal

1_Die Lammhaxen mit einem feuchten Tuch abreiben und dabei alle Knochensplitter entfernen. Zitrone heiß waschen und die Schale fein abreiben. Mit Senf,

Honig oder Sirup und Öl verrühren und mit Salz, Pfeffer und den Gewürzen abschmecken. Haxen damit einstreichen.

2_Die Äpfel vierteln, schälen und das Kerngehäuse herausschneiden. Zwiebeln schälen und in Achtel schneiden. Die Kräuter abbrausen und trockenschütteln, Blätter von den Stielen zupfen.

3_Den Backofen auf 150 Grad vorheizen (erst später einschalten: Umluft 130 Grad). Einen Bräter auf dem Herd heiß werden lassen. Die Lammhaxen darin bei starker Hitze ohne weiteres Öl rundherum anbraten, herausnehmen. Äpfel, Zwiebeln und Kräuter im Bräter mischen, mit Salz und Pfeffer würzen. Wein, Cidre oder Brühe angießen.

4_Lammhaxen nebeneinander in den Bräter legen, mit Alufolie abdecken (die glänzende Seite soll nach unten zeigen). Lamm im Ofen (Mitte) etwa 3 Stunden braten, bis es so weich ist, dass sich das Fleisch mit einem Löffel von den Knochen ablösen lässt. Vorsicht beim Abheben der Folie, der Dampf darunter ist sehr heiß! Das Lammfleisch mit Äpfeln und Zwiebeln servieren. Dazu schmecken Weißbrot und ein Blattsalat.

Kalbstafelspitz

Wird bei niedrigen Temperaturen besonders zart und saftig

Zutaten für 6 Personen:
1 Kalbstafelspitz (etwa 1 kg)
Salz │ Pfeffer
2 Zweige Rosmarin
je 4 Zweige Thymian und Oregano
4 Salbeiblättchen
4 Knoblauchzehen
1 Bio-Zitrone
100 ml Olivenöl

Zubereitungszeit: 20 Minuten
+ 4 Stunden Braten
Kalorien pro Portion: 265 kcal

1_Vom Tafelspitz größere Fettstücke sowie längere und breitere Sehnenstücke abschneiden. Tafelspitz rundherum mit Salz und Pfeffer würzen und leicht einmassieren.

2_Die Kräuter abbrausen und trockenschütteln. Die Blätter von den Stielen abzupfen oder -streifen und mittelgrob hacken. Den Knoblauch schälen und in dünne Scheiben schneiden. Die Zitrone heiß waschen und die Schale dünn (ohne das Weiße darunter) abschälen und in feine Streifen schneiden. Alle diese Zutaten mit 80 ml Olivenöl verrühren, leicht salzen und pfeffern.

3_Backofen auf 80 Grad (Ober- und Unterhitze nehmen!) vorheizen. Eine große, ofentaugliche Pfanne oder einen Bräter auf dem Herd erhitzen und das übrige Öl hineingießen. Den Kalbstafelspitz darin bei mittlerer Hitze von allen Seiten insgesamt etwa 5 Minuten lang anbraten. Vom Herd nehmen und das Kräuteröl über dem Fleisch verteilen.

4_Pfanne oder Bräter in den Ofen (Mitte) schieben und das Fleisch etwa 4 Stunden garen, dabei zwischendurch immer mal wieder mit dem würzigen Öl beschöpfen.

5_Nach der Zeit den Tafelspitz aus dem Ofen holen. (Wer ein Fleischthermometer benutzt: Die Kerntemperatur sollte jetzt 65 Grad haben). Das Fleisch in Scheiben schneiden, auf eine vorgewärmte Platte legen und etwas vom Öl darüberlöffeln. Dazu gibt's Bratkartoffeln oder knuspriges Weißbrot und gedünsteten Blattspinat oder Mangold oder einen Salat.

Gänsebrust auf Ingwertomaten

Genial kombiniert und herrlich ingwerfrisch

Zutaten für 4 Personen:
2 Gänsebrustfilets ohne Knochen
(etwa 800 g)
Salz | Pfeffer
1/2 TL gemahlener Koriander
600 g Tomaten
1 Bund Frühlingszwiebeln
1 Stück frischer Ingwer (etwa 4 cm)
1 TL Honig
Koriander- oder Basilikumblättchen zum Bestreuen

Zubereitungszeit: 30 Minuten
+ 2 Stunden Braten
Kalorien pro Portion: 530 kcal

1_Die Fettschicht der Gänsebrüste kreuzweise einschneiden, aber nicht ins Fleisch schneiden. Salz, Pfeffer und gemahlenen Koriander mischen und die Brustfilets damit würzen.

2_Aus den Tomaten die Stielansätze herausschneiden. Die Tomaten in eine Schüssel legen, mit kochend heißem Wasser übergießen, kurz ziehen lassen. Dann abschrecken und die Haut abziehen, die Tomaten würfeln.

3_Von den Frühlingszwiebeln die Wurzelbüschel und die welken grünen Teile abschneiden. Die Zwiebeln waschen und in etwa 1 cm breite Ringe schneiden. Den Ingwer schälen und zuerst in dünne Scheiben, dann in feine Stifte schneiden. Tomaten, Zwiebeln und Ingwer in einer Schüssel mischen und mit Salz, Pfeffer und dem Honig würzen.

4_Den Backofen auf 80 Grad (Ober- und Unterhitze nehmen!) vorheizen. Eine ofentaugliche, große Pfanne oder einen Bräter auf der Herdplatte bei starker Hitze heiß werden lassen. Die Gänsebrüste mit der Fettseite nach unten hineinlegen und die Hitze auf mittlere Stufe zurückschalten. Die Brustfilets etwa 5 Minuten braten, dann umdrehen und noch einmal etwa 4 Minuten braten.

5_Gänsebrüste aus Pfanne oder Bräter nehmen, das Fett abgießen. Die Tomatenmischung hineingeben und die Gänsebrüste darauflegen. In den Ofen (Mitte) schieben und etwa 2 Stunden garen. Dann die Gänsebrustfilets in Scheiben schneiden und mit dem Tomatengemüse auf eine vorgewärmte Platte legen. Vorm Servieren ein paar Kräuterblättchen aufstreuen. Schmeckt mit Bratkartoffeln mit grob geschroteten Koriandersamen oder einfach nur mit Brot.

 ## Basic-TIPPs

Voll im Trend liegt das Garen im Backofen bei niedrigen Temperaturen, bei 80–100 Grad oder manchmal auch 120 Grad. Das Fleisch bleibt dabei schön saftig und zart. Damit es bei der relativ schwachen Hitze trotzdem eine Kruste bekommt, wird es vorher in der Pfanne oder im richtig heißen Ofen rundherum angebraten. Dann schiebt man es pur oder mit einer Sauce bei milder Hitze in den Ofen.
Wer nun ganz genau wissen will, wann der Braten fertig ist, misst mit Hilfe eines Braten- oder Fleischthermometers (siehe Seite 115) die Temperatur im Inneren des Fleischstücks, die sogenannte Kerntemperatur. Und die liegt beim Schwein bei 70–75 Grad, beim Kalb bei 65–70 Grad, beim Roastbeef bei 60 Grad, beim Rinderbraten bei 70–75 Grad, beim Lamm bei 60–70 Grad und beim Wild bei 75 Grad.
Das Gute beim Niedrigtemperaturgaren: Wenn das Fleisch mal 30 Minuten oder sogar 1 Stunde länger im Ofen bleibt, ist es trotzdem noch saftig. Also die ideale Garmethode, wenn Freunde zum Essen kommen, die sich gerne verspäten.

Entenkeulen mit Thymian- honig

Erst knusprig anbraten, dann sanft fertig garen!

Zutaten für 4 Personen:
6 Entenkeulen mit Schulterteil
(insgesamt 1 1/2 kg)
Salz | Pfeffer
1 Bio-Zitrone
1/2 Bund Thymian
8 Knoblauchzehen
1/4 l trockener Weißwein
3 EL Honig (ganz normaler oder
Orangenblüten- oder Lavendelhonig)

Zubereitungszeit: 30 Minuten
+ 3 Stunden Braten
Kalorien pro Portion: 575 kcal

1_Backofen auf 250 Grad vorheizen (auch schon jetzt einschalten: Umluft 220 Grad). Entenkeulen waschen und trockentupfen. Dann die Keulen bewegen, um das Gelenk zu finden, im Gelenk einschneiden und jeweils in zwei Stücke trennen. Mit Salz und Pfeffer kräftig einreiben und in eine Bratreine legen. Die muss so groß sein,

dass die Keulen nebeneinander Platz haben. Wer keine so große Reine hat, nimmt die Fettpfanne des Ofens.

2_Die Entenkeulen in den Ofen (Mitte) schieben und 30 Minuten braten, dabei einmal umdrehen.

3_Zitrone heiß waschen und die Schale fein abreiben. Zitrone halbieren und eine Hälfte auspressen. Thymian abbrausen, trockenschütteln und die Blättchen von den Zweigen streifen. Knoblauch schälen und halbieren. Diese Zutaten mit dem Wein und dem Honig gründlich verrühren.

4_Backofenhitze auf 120 Grad (Ober- und Unterhitze nehmen!) reduzieren. Entenkeulen aus dem Ofen holen und vom Blech heben, das ausgebratene Fett weggießen. Entenkeulen wieder aufs Blech legen, die Honigmischung gleichmäßig darüberlöffeln. Die Keulen mit Alufolie abdecken (glänzende Seite nach unten). Wieder in den Ofen schieben und noch einmal etwa 2 1/2 Stunden garen, bis das Fleisch fast von den Knochen fällt. Wer die Keulen jetzt noch richtig knusprig haben will, schiebt sie noch für 5 Minuten unter die heißen Grillschlangen des Ofens. Dazu schmecken ein Salat und Weißbrot.

Gratinierte Kalbsmedaillons

Unvergleichlich saftig

Zutaten für 4 Personen:
300 g Champignons oder Egerlinge
1 EL Zitronensaft
2 Frühlingszwiebeln
2 Tomaten
6 EL Raps- oder Olivenöl
Salz | Pfeffer
1/2 Bund Petersilie
2 Zweige Thymian
50 g Semmelbrösel
2 EL frisch geriebener Parmesan
oder Bergkäse
1 EL körniger Senf
8 Scheiben Kalbsfilet oder -lende
(je etwa 3 cm dick und 80 g schwer)
2 EL Butter

Zubereitungszeit: 40 Minuten
Kalorien pro Portion: 405 kcal

1_Backofen auf 220 Grad vorheizen (auch schon jetzt einschalten: Umluft 200 Grad). Pilze mit einem feuchten Küchenpapier abreiben und die Enden abschneiden. Die Pilze in knapp 1 cm dicke Scheiben schneiden und mit dem Zitronensaft

mischen, damit sie nicht zu braun werden. Frühlingszwiebeln putzen, waschen und je einmal längs und quer durchschneiden. Die Tomaten waschen oder häuten (vorher mit kochendem Wasser übergießen und kurz ziehen lassen) und würfeln, dabei die Stielansätze herausschneiden.

2_Die Pilze in einer ofenfesten Form mit Frühlingszwiebeln, Tomaten und 2 EL Öl mischen, salzen und pfeffern. In den Ofen schieben und 15 Minuten vorgaren.

3_Inzwischen die Kräuter waschen und trockenschütteln, Blättchen abzupfen oder -streifen und sehr fein hacken. Mit Semmelbröseln, Käse, Senf und übrigem Öl verrühren, mit Salz und Pfeffer würzen. Die Kalbsmedaillons salzen und pfeffern.

4_Butter in einer Pfanne zerlassen. Die Kalbsmedaillons darin bei starker Hitze pro Seite 1 Minute braten. Die Form aus dem Ofen holen, die Medaillons nebeneinander auf die Pilze legen. Semmelbröselmasse darauf verteilen und leicht andrücken. Mit etwas Butter aus der Pfanne beträufeln. Fleisch im Ofen (Mitte) etwa 5 Minuten gratinieren, bis die Kruste schön braun ist. Dazu gibt es einfach Brot und Blattsalat.

Roastbeef superzart

Nach der 80-Grad-Methode

Zutaten für 6 Personen:
1 kg Roastbeef (Rinderlende)
1/2 Bio-Zitrone
4 Zweige Thymian
1 1/2 EL scharfer Senf
Salz | Pfeffer
2 EL Olivenöl

Zubereitungszeit: 20 Minuten
+ 4 Stunden Braten
Kalorien pro Portion: 250 kcal

1_Das Roastbeef trockentupfen. Die Zitrone heiß waschen und die Schale fein abreiben. Den Thymian abbrausen und trockenschütteln, Blättchen abstreifen und mit Zitronenschale und Senf mischen. Roastbeef gründlich mit Salz und Pfeffer einreiben und mit der Senfmischung bestreichen.

2_Den Backofen auf 80 Grad (Ober- und Unterhitze nehmen!) vorheizen. Einen Bräter hineinstellen (in die Mitte).

3_Eine Pfanne auf dem Herd heiß werden lassen und das Olivenöl hineingießen. Das Roastbeef darin bei mittlerer Hitze von allen Seiten (auch den schmalen) kräftig anbraten, das dauert 8–10 Minuten. Dann das Fleisch in die Form im Ofen legen und etwa 4 Stunden garen.

4_Das Roastbeef kurz ruhen lassen, in Scheiben schneiden und in der warmen Form servieren. Dazu passen sehr gut Bratkartoffeln und ein bunt gemischter Salat, eventuell eine grüne Sauce (die von Seite 111, beim pochierten Rinderfilet), eine Remoulade oder auch eine Mischung aus frisch geriebenem Meerrettich, geraspeltem Apfel und cremiger saurer Sahne.

TIPP

Ein Roastbeef kann unterschiedlich dick sein. Wer sicher gehen will, dass es nicht zu blutig wird, gart es mit einem Bratenthermometer (in die dickste Stelle in der Mitte des Fleischstücks stechen). Zeigt es 60 Grad Kerntemperatur an, ist das Roastbeef perfekt, nämlich rosa gegart.

Brathuhn mit Orange

Beilage inklusive

Zutaten für 4 Personen:
1 großes Hähnchen (etwa 1,4 kg)
1 Bio-Orange
4 Knoblauchzehen
4 Zweige Rosmarin
1 getrocknete Chilischote
1 EL Zitronensaft
4 EL Olivenöl | Salz
4 Stangen Lauch (etwa 800 g)
1/8 l trockener Weißwein, Hühner-
oder Gemüsebrühe

Zubereitungszeit: 30 Minuten
+ etwa 1 Stunde Braten
Kalorien pro Portion: 490 kcal

1_Das Hähnchen innen und außen gut
waschen und trockentupfen. Die Orange
heiß waschen, die Schale fein abreiben.
Den Rest der Schale so abschneiden, dass
auch die weiße Haut darunter entfernt
wird. Orangenfleisch würfeln. Knoblauch
schälen und grob hacken. Den Rosmarin
abbrausen und trockenschütteln, die
Blättchen abzupfen und grob hacken.
Die Chilischote andrücken.

2_Chili mit Orangenschale und -würfeln,
Knoblauch, der Hälfte des Rosmarins,
Zitronensaft und 2 EL Olivenöl mischen,
salzen. Das Hähnchen innen und außen
mit Salz einreiben, Orangenmischung in
den Hähnchenbauch löffeln.

3_Backofen auf 220 Grad vorheizen (auch
schon jetzt einschalten: Umluft 200 Grad).
Lauch putzen, längs aufschlitzen, waschen,
in 2 cm lange Stücke schneiden. Mit rest-
lichem Öl und Rosmarin sowie Wein oder
Brühe in einem Bräter mischen, salzen.

4_Das Huhn mit einer Seite (also nicht auf
Brust oder Rücken) auf den Lauch legen.
Im Ofen (Mitte) 20 Minuten braten, dann
auf die andere Seite drehen und noch mal
20 Minuten braten. Jetzt auf den Rücken
legen und weitere 25 Minuten braten.
Garprobe machen: mit einer Nadel in die
dickste Stelle der Keule stechen. Wenn
klarer Saft ausläuft, ist das Huhn fertig.
Ist er rötlich, noch 5–10 Minuten braten.

5_Das Huhn aus dem Ofen nehmen und
mit dem Messer und der Geflügelschere
in 8–12 Teile schneiden. Die Füllung mit
dem Lauchgemüse im Bräter mischen,
abschmecken und mit dem Huhn essen.
Dazu gibt's Fladenbrot.

Hühnerstücke auf Fenchel

Schön würzig, aber nicht
zu scharf

Zutaten für 4 Personen:
1 großes Hähnchen (etwa 1,4 kg)
1 Bio-Limette
3–4 TL Wasabi-Paste (japanischer
grüner Meerrettich aus der Tube)
2 EL Soja- oder Fischsauce
1 TL brauner Zucker
4 EL Öl | Salz
2 rote Zwiebeln
4 Knollen Fenchel
1 TL Fenchelsamen
1 Prise gemahlener Koriander
Pfeffer

Zubereitungszeit: 30 Minuten
+ 40 Minuten Braten
Kalorien pro Portion: 545 kcal

1_Das Hähnchen innen und außen gut
waschen und trockentupfen. Mit Geflügelschere und Messer in 8–12 Stücke teilen
(wer sich das nicht zutraut, bittet gleich
den Geflügelhändler drum). Limette heiß
waschen und die Schale fein abreiben,
den Saft auspressen. Beides mit dem

Wasabi, der Soja- oder Fischsauce, dem Zucker und 2 EL Öl in einer flachen Schale gründlich verrühren und mit Salz würzen. Die Hühnerstücke darin wenden.

2_Den Backofen auf 180 Grad vorheizen (später einschalten: Umluft 160 Grad). Die Zwiebeln schälen und in feine Ringe schneiden. Fenchel waschen, die Enden und alle braunen Stellen abschneiden. Zartes Fenchelgrün abzupfen und hacken. Fenchel der Länge nach in etwa 1/2 cm dicke Scheiben schneiden.

3_Fenchelscheiben mit Zwiebeln, Fenchelsamen, Koriander und dem Fenchelgrün mischen und in einer größeren, ofenfesten Form ausbreiten. Salzen, pfeffern und das restliche Öl darüberlöffeln.

4_Die Hühnerstücke nebeneinander auf den Fenchel legen, restliche Sauce aus der Schale darüberlaufen lassen. Im Ofen (Mitte) etwa 40 Minuten backen, bis die Hühnerstücke schön gebräunt sind. Dabei einmal wenden. Dazu schmecken Fladenbrot und ein Tomatensalat mit Koriandergrün besonders gut.

Hühnerkeulen mit Kartoffeln

Einfaches Gästeessen

Zutaten für 4 Personen:
4 Hähnchenkeulen mit Rückenteil (je etwa 280 g)
Salz │ Pfeffer
1 Prise Chilipulver
400 g Tomaten
600 g vorwiegend festkochende Kartoffeln (möglichst kleine mit zarter Schale)
1/2 Bio-Zitrone
1/2 Bund Oregano
4 Zweige Thymian
2 Knoblauchzehen
4 EL Olivenöl

Zubereitungszeit: 40 Minuten
+ 40–45 Minuten Braten
Kalorien pro Portion: 605 kcal

1_Die Hähnchenkeulen waschen und trockentupfen. Dann die Keulen bewegen, um das Gelenk zu finden. Im Gelenk einschneiden und die Keulen jeweils in zwei Stücke zerteilen. Salz, Pfeffer und Chili mischen und die Keulen damit einreiben.

2_Stielansätze aus den Tomaten herausschneiden. Tomaten mit kochend heißem Wasser übergießen, kurz ziehen lassen, abschrecken und häuten. Tomaten grob würfeln. Kartoffeln gründlich waschen und bürsten oder schälen, große Knollen einmal durchschneiden. Die Kartoffeln in Salzwasser 5 Minuten vorkochen.

3_Zitrone heiß waschen und die Schale fein abreiben, Saft auspressen. Kräuter abbrausen und trockenschütteln, Blättchen abzupfen oder -streifen und sehr fein hacken. Knoblauch schälen und durch die Presse drücken. Kräuter, Knoblauch, Zitronenschale und 2 TL Zitronensaft mit dem Öl mischen, salzen und pfeffern.

4_Den Backofen auf 180 Grad vorheizen (später einschalten: Umluft 160 Grad). Die Kartoffeln abgießen und mit den Tomaten in einer flachen, feuerfesten Form mischen. Die Hähnchenkeulen mit der Hautseite nach oben darauflegen und das gewürzte Öl darüber verteilen. In den Ofen (Mitte) schieben und 40–45 Minuten braten, bis die Kartoffeln weich sind. Kurz stehen lassen, dann in der Form auf den Tisch stellen. Dazu schmecken Weißbrot und ein Blattsalat, z. B. Rucola.

Entenbraten mit Apfel

Königliches für Festtage

Zutaten für 4 Personen:
1 Bauernente (etwa 2 1/2 kg)
Salz | Pfeffer
1/2 Bund Thymian
2 säuerliche Äpfel
3 Zwiebeln
2 Scheiben frischer Ingwer
2 Möhren
1/4 Knolle Sellerie
1 Stange Lauch
1 EL Puderzucker
1 EL Tomatenmark
1/4 l trockener Rotwein

Zubereitungszeit: 50 Minuten
+ 3 1/2 Stunden Braten
Kalorien pro Portion: 845 kcal

1_Die Ente innen und außen gut waschen und trockentupfen. Direkt an der Bauch-öffnung innen die beiden Fettstücke ab-ziehen. Ente innen und außen kräftig mit Salz und Pfeffer einreiben. Thymian ab-brausen und trockenschütteln. Die Äpfel und 2 Zwiebeln schälen, die Äpfeln auch entkernen. Beides achteln, mit Ingwer und Thymian mischen und in den Enten-bauch legen.

2_Die Ente mit der Brust nach unten in einen großen Bräter legen, 200 ml heißes Wasser angießen. Die Ente in den Ofen (zweite Schiene von unten) schieben, Temperatur auf 120 Grad schalten (Ober- und Unterhitze nehmen!) und die Ente 3 1/2 Stunden braten. Dabei ab und zu umdrehen und mit der Flüssigkeit aus dem Bräter beschöpfen.

3_Nach 2 1/2 Stunden die übrige Zwiebel und das Gemüse waschen oder schälen, putzen und klein würfeln. Puderzucker in einem Topf schmelzen lassen. Tomaten-mark zugeben und kurz anrösten. Mit dem Wein aufgießen und aufkochen lassen, das Gemüse hinzufügen. Die Sauce offen bei schwacher Hitze etwa 1 Stunde vor sich hin köcheln lassen.

4_Die Ente aus dem Ofen holen und mit dem Messer und der Geflügelschere in 8–12 Stücke zerteilen. Mit der Haut nach oben auf den Rost legen. Backofengrill anschalten, den Rost mit der Fettpfanne darunter in den Ofen (10–15 Abstand zu den Grillschlangen) schieben und die Entenstücke ein paar Minuten grillen, bis die Haut knusprig ist. Dann im abgeschal-teten Ofen ruhen lassen. Die Sauce aus dem Bräter und dem Topf durch ein Sieb gießen, auffangen und zurück in den Topf schütten. Aufkochen, abschmecken und zur Ente servieren. Dazu gibt's außerdem Semmel- oder Kartoffelknödel.

VARIANTE: Gänsebraten

Statt der Bauernente einfach 1 Gans (etwa 4 1/2 kg) nehmen, die reicht dann für 6–8 Personen. Mit der Apfel-Zwiebel-Mischung (insgesamt sollten es für die Gans 600–700 g sein) füllen und wie beschrieben im Ofen etwa 5 1/2 Stunden braten. Dann in Stücke teilen und diese noch kurz grillen.
Wer bei der Füllung mal variieren will: Maronen und Knollensellerie passen gut zur Gans, aber auch Möhren und Orangen (beides in Würfeln) mit Thymian gemischt schmecken sehr fein.

TIPP

Wenn's doch mal zu wenig Sauce ist, etwa weil Kinder mitessen und die am liebsten nur Knödel und Sauce mögen, lässt sie sich ganz einfach mit ein wenig Knödel-wasser verlängern. Das ist schon gesalzen und außerdem durch die Stärke in den Knödeln ganz leicht gebunden.

Basic-TIPP

Kommt bei uns Geflügel in den Ofen, wird es mit einer Kombination von Niedrig- und Normaltemperatur-garen zubereitet. Geflügelfleisch muss immer durchgegart werden, und dafür sind 80 Grad einfach zu wenig, 180 oder 200 Grad (bei dieser hohen Hitze hat man Enten und Gänse früher gebraten) lassen aber die mageren Teile wie die Brust leicht trocken werden. 120 Grad sind ideal: Das Fleisch wird richtig durch, ist beim Servieren schön heiß und bleibt trotzdem zart. Und der Grill zum Schluss sorgt für die herrliche Kruste, ohne die der Entenbraten nur halb so gut wäre!

im Bild: Lamm in Pizzateig

Basic:

Wenn's früher mal was Besonderes sein sollte, kam Schweinefilet in Blätterteig auf den Tisch. Das schmeckt heute noch, aber es gibt feine Alternativen.

Außen hart und innen zart – manche kennen das vom Fisch in der Salzkruste. Dass eine salzige Hülle aber auch Fleisch so richtig gut tut, haben wir jetzt erst herausgefunden. Die Salzmasse schützt es vor zu starker Hitze und steuert zudem noch extra Aroma bei. Der Fleischsaft kann nicht auslaufen, nichts austrocknen. Einzige Voraussetzung für den optimalen Genuss: Die Kruste muss vorm Servieren gut vom Fleisch entfernt werden, sonst schmeckt es zu salzig.

Wer keine Lust auf Salzkruste hat, nimmt Brot- oder Pizzateig. Der Teig hält etwa Lammfilet saftig und saugt sich während des Garens selber mit Aroma voll. Statt Lamm können genauso Würste, Rinderfiletenden oder Lendenstreifen – alles, was noch ein bisschen rosa sein darf – mit dem Teig umhüllt werden.

Aber auch der Blätterteig darf keinesfalls fehlen – heute allerdings in Kombination mit würzigem Hackfleisch, das im knusprigen Teigmantel so richtig saftig bleibt. Für Nostalgiker: ein Schweinefilet rundherum anbraten, mit Senf, Kräutern und Zitronenschale würzen, dann wie das Hack mit Schinken in den Teig hüllen. Backzeit: 40 Minuten bei 200 Grad.

Verhüllt garen

Rinderfilet in der Salzkruste

Nicht ganz billig!

Zutaten für 4 Personen:
750–800 g Rinderfilet (am besten aus der Mitte geschnitten) | 2 EL Öl
je 4 Zweige Thymian und Rosmarin
1/2 Bio-Zitrone | 50 g körniger Senf
2 TL grob gemahlener Pfeffer
1 TL Honig | 2 kg Salz (fein oder grob)
2 Eiweiß (Größe M)

Zubereitungszeit: 20 Minuten
+ 30 Minuten Backen
Kalorien pro Portion: 310 kcal

1_Rinderfilet von den Sehnen befreien und in einer Pfanne im Öl rundherum bei starker Hitze nur so lange anbraten, bis sich die Poren schließen. Die Kräuter abbrausen und trockenschütteln, die Blätter hacken. Zitrone heiß waschen, die Schale fein abreiben. Beides mit Senf, Pfeffer und Honig verrühren, Fleisch damit einreiben.

2_Den Backofen auf 220 Grad vorheizen (auch jetzt einschalten: Umluft 200 Grad). Salz, Eiweiße und 150 ml kaltes Wasser mischen. Backblech mit Backpapier auslegen. Die Hälfte der Salzmasse daraufgeben, Fleisch darauflegen, mit übrigem Salz bedecken, andrücken. Das Fleisch im Ofen (Mitte) etwa 30 Minuten backen. 10 Minuten stehen lassen, dann die Kruste mit dem Messer aufbrechen und abheben, Fleisch in Scheiben schneiden. Pur essen oder Zitronensaft daufträufeln.

Hack in Blätterteig

Schön scharf

Zutaten für 4 Personen:
4 Platten TK-Blätterteig | 1 altbackenes Brötchen | 100 g Sahne (+ noch 1 EL mehr) | 1 cm frischer Ingwer
2 Knoblauchzehen | 2 rote Chilischoten
1/2 Bund Minze | 500 g gemischtes Hackfleisch | 2 Eier + 1 Eigelb (Größe M)
Salz | 150 g Feta (Schafkäse) | 80 g roher Schinken (in dünnen Scheiben)

Zubereitungszeit: 40 Minuten
+ 50 Minuten Backen
Kalorien pro Portion: 850 kcal

1_Teig auftauen lassen. Brötchen in 100 g Sahne einweichen. Ingwer und Knoblauch schälen, hacken. Chilis waschen, putzen, fein hacken. Minze abbrausen und fein hacken. Das Brötchen ausdrücken und zerpflücken, mit Hack, Eiern, Ingwer, Knoblauch, Chili, Minze und Salz verkneten. Feta 2 cm groß würfeln und untermischen.

2_Backofen auf 180 Grad vorheizen (erst später einschalten: Umluft 160 Grad). Backblech mit Backpapier auslegen. Blätterteig aufeinanderlegen, dünn ausrollen, aufs Blech legen, mit Schinken belegen. Hack auf einer Teighälfte zum länglichen Laib formen, den übrigen Teig darüberklappen, Ränder zusammendrücken. Im Ofen (Mitte) 30 Minuten backen. Eigelb mit 1 EL Sahne verrühren, auf dem Teig verstreichen, weitere 20 Minuten backen.

Lamm in Pizzateig

Calzone mal anders

Zutaten für 4 Personen:
300 g Mehl | Salz | 4 EL Olivenöl
1/2 Würfel frische Hefe (20 g)
12 Lammfilets (etwa 600 g) | Pfeffer
je 50 g in Öl eingelegte, getrocknete Tomaten und entsteinte schwarze Oliven
2 Zweige Rosmarin | 4 Zweige Thymian

Zubereitungszeit: 40 Minuten
+ 1 Stunde Ruhen + 15 Minuten Backen
Kalorien pro Portion: 560 kcal

1_Das Mehl mit 1 TL Salz und Öl in einer Schüssel mischen. Hefe zerkrümeln und in 150 ml lauwarmem Wasser anrühren. Zum Mehl gießen und alles kräftig verkneten. Teig zur Kugel formen, in der Schüssel zugedeckt 1 Stunde ruhen lassen.

2_Lammfilets von den Sehnen befreien, salzen und pfeffern. Tomaten und Oliven fein hacken, Kräuter abbrausen, trockenschütteln, hacken und untermischen.

3_Den Backofen auf 250 Grad vorheizen (auch schon jetzt: Umluft 220 Grad). Teig vierteln und jeweils auf Mehl möglichst dünn ausrollen. Mit der Tomatenmischung bestreichen, je 3 Filets darauflegen, mit Teig bedecken, Enden zusammendrücken. Auf einem mit Backpapier belegten Blech im Ofen (Mitte) etwa 15 Minuten backen. Etwa 5 Minuten stehen lassen und dann schräg halbieren. Mit Salat servieren.

Vom Grill

Als die Männer noch auf die Jagd gingen, da war Fleischessen Glückssache. Kamen sie mit fetter Beute nach Hause, zündeten die Frauen sofort die Holzscheite an und hingen einen Teil des Fleisches auf Spießen mitten rein. Vielleicht weil die meisten Männer heute nicht mehr jagen dürfen, machen viele von ihnen so gerne Feuer. Und alle, die da dabei sein dürfen, freuen sich. Denn was schmeckt besser als ein würzig mariniertes Kotelett, Chicken wings oder saftige Lammköfte vom Grill – selbst wenn der ein Gasgrill ist!

Spezialität

Blutwurst

»Rache ist Blutwurst«, zischt der Nachbarsjunge, zieht erst mal ab und überlegt sich jetzt bestimmt was ganz Gemeines. Könnte es sein, dass Blutwurst für viele nichts Gutes ist? Wohl kaum. Blut ist einfach ein ganz besonderer Saft, an den sich manche nicht so richtig rantrauen. Früher war die Herstellung von Blutwurst allerdings schon fast Routine. Wurde ein Schwein geschlachtet, verarbeitete man das ganze Tier – und da gehörte das Blut auch dazu. Heutzutage kommt Blutwurst selten auf den Tisch.

Dabei kann so eine frische, weiche Blutwurst richtig gut schmecken. Man macht sie zusammen mit ebenfalls frischer, weicher Leberwurst (beide sind in Naturdarm verpackt) warm, kratzt die Wurstmasse aus der Pelle und lässt sie sich mit Sauerkraut und Kartoffelpüree, manchmal auch mit Apfelkompott schmecken. Weil diese frischen Würste richtig frisch sein müssen, gibt es sie damals wie heute bei guten Metzgern nur an bestimmten Tagen – normalerweise am Tag nach dem Schlachten.

Und dann sind da noch die geräucherten und länger gereiften Blutwürste, die zwar immer noch etwas weich, aber dennoch so hart sind, dass man sie als Brotbelag nehmen oder in Scheiben schneiden und braten kann. Je nach Metzger werden sie mit Fettstücken im Inneren oder ohne angeboten. Damit man nun weiß, welche Wurst zum Braten geeignet ist, welche man im Wasser erwärmen kann und welche einen guten Brotbelag abgibt – den Fachmann fragen.

Manchen sehe ich es einfach schon an der Nasenspitze an. Die gehen nicht sehr oft zum Metzger, vielleicht sind sie sogar ein bisschen unsicher.

Die kommen rein, schauen starr in die Auslage und sagen dann: »Ich möchte 4 doppelte Lammkoteletts, bitte.« Oder: »Haben Sie rohe Bratwürste?« Wenn ich dann antworte, dass ich die gerade verkauft oder heute einfach nicht im Angebot habe, machen sie auf dem Absatz kehrt und sind weg. Da muss ich dann echt schnell sein, wenn ich ihnen doch noch was Gutes tun will. Dabei wäre es viel

MEIN METZGER SAGT

Frag' mich ruhig.

besser, sie würden mir sagen, was sie vorhaben. Wenn sie grillen wollen, könnte ich ihnen supertolle Schweinesteaks mit ganz feinen Fettadern anbieten, die geradezu nach dem Grillrost verlangen. Oder ein Ochsenkotelett, das über der Glut richtig schön saftig bleibt. Dazu verrate ich ihnen sogar noch, wie sie es marinieren müssen und wie lang das gute Stück braucht, bis es well done, medium oder rare ist. Wenn sie einen Tafelspitz zubereiten möchten, kann ich ihnen eine flache Schulter oder ein Stück vom Bug geben. Ich sage Ihnen, ich kenne da Leute, die mich das einmal gefragt haben und seitdem nie mehr einen Tafelspitz wollen, sondern immer nur auf die flache Schulter zeigen. Also: Traut Euch und fragt mich, ich weiß immer was und ich erzähl's Euch richtig gern!

Klassiker: Tzatziki & Co.

Es ist ziemlich egal, was wir auf den Grill legen, für uns ist das Vergnügen nur perfekt, wenn wir dazu gutes Brot, eine Schüssel Salat – und einen erfrischenden Tzatziki bekommen. Da haben uns die Griechen was Tolles verraten.

Dafür wird Joghurt (am besten griechischer aus Schafmilch, es kann aber auch ein ganz normaler Joghurt sein, allerdings nicht mager) mit Gurkenraspeln (nach dem Raspeln leicht salzen und Wasser ziehen lassen, das man vor dem Untermischen gut abgießt), gepresstem Knoblauch und frisch gehackter Minze gemischt. Gewürzt wird mit Salz und Pfeffer und 1 Schuss Olivenöl. Wer kreativ sein mag, ersetzt einen Teil des Joghurts mal durch Quark oder saure Sahne, wer rohen Knoblauch nicht mag, lässt ihn einfach weg, Zitronen-Freaks mischen ein bisschen Schale unter. Bei den Kräutern sind wir auch nicht festgefahren: Dill passt sehr gut, Petersilie ebenfalls. Und wenn wir etwas Asiatisches auf dem Grill haben, nehmen wir Thai-Basilikum oder Koriandergrün.

Sprichwörtlich

Das ist ja 'ne Ente!

In der Zeitung stand es geschrieben: Wer heute um Punkt 12 beim Brunnen im Zentrum der Stadt ist, bekommt Freibier mit Kaviar. Hingegangen? Reingefallen! Es ist der 1. April und wir wurden mal wieder schön in den selbigen geschickt. Hier war es geplant, so was kann aber natürlich auch mal aus Versehen passieren. In jedem Fall ist es eine »Zeitungsente«. Ganz Kritische behaupten, dass der Ausdruck mit der Ente selber gar nichts zu tun hat: Journalisten haben früher jeden Artikel gekennzeichnet, dessen Inhalt nicht ganz gesichert war – mit »n.t.« für »non testatum« (nicht geprüft). Daraus soll sich dann rein phonetisch die (e)nt(e) entwickelt haben. Anders in Frankreich: Dort sagt man der Ente nach, dass sie ziemlich unzuverlässig ist, da sie ihr Nest gerne mal verlässt und das Brüten vergisst. Und so nennt man in Frankreich eine Lüge »donner des canards« (wörtlich übersetzt: Enten geben). Sagt man nur die halbe Wahrheit, bekommt man zu hören »vendre des canards à moitié« (Enten zur Hälfte verkaufen).

 Hilfreich

Wer einen Gas- oder Elektrogrill hat, hat's einfach. Die brauchen nur 10 Minuten vorgeheizt werden, dann kann's losgehen. Anders beim Holzkohlengrill.

Zu allererst ganz wichtig: Spiritus oder Benzin sind gefährlich und haben beim Grillen nichts zu suchen! Stattdessen Grillanzünder kaufen. Eine Schicht Holzkohle oder Briketts im Grill verteilen und 3–6 Grillanzünderwürfel (wie viele hängt von der Größe des Grills ab) und eventuell eine grob zerzupfte Eierschachtel dazwischen legen. Dann anzünden und Kohle oder Briketts etwa 25 Minuten lang anheizen, bis sie von einer weißen Schicht überzogen sind. Dabei bei Bedarf umschichten und zwischendurch pusten oder einen Blasebalg verwenden. Nun den Grillrost auflegen und loslegen.

Vorspeisen-Grillplatte

Da ist für jeden was dabei

Zutaten für 6 Personen:
Für das Tandoori-Putenfleisch:
300 g Putenbrustfilet
1 EL Zitronensaft | 125 g Joghurt
einige Tropfen rote Lebensmittelfarbe
1 Stück frischer Ingwer (etwa 1 cm)
2 Knoblauchzehen
je 1/2 TL gemahlener Koriander, Kreuzkümmel und Pfeffer, rosenscharfes
Paprikapulver und gemahlene Kurkuma
Salz
Für die Speckpflaumen:
je 1 EL Orangen- und Zitronensaft
150 g entsteinte Trockenpflaumen
(etwa 25 Stück)
etwa 125 g durchwachsener Räucherspeck (in dünnen Scheiben)
Für die Lammfleischröllchen:
1 Handvoll Bärlauch oder Rucola
1/2 Bio-Zitrone
2 Knoblauchzehen
12 in Öl eingelegte, getrocknete
Tomaten
200 g Lammkeule (in dünnen Scheiben)
Salz | Pfeffer

Für die Asia-Bällchen:
1/2 dünne Stange Lauch
1 Bio-Limette
1 Stück frischer Ingwer (etwa 2 cm)
300 g Schweinehackfleisch
1 EL Sojasauce | 1 Ei (Größe M)
etwa 3 EL Semmelbrösel
Salz | Pfeffer

Zubereitungszeit: 1 Stunde 10 Minuten
+ Grillzeit
Kalorien pro Portion: 405 kcal

1_Für die Tandoori-Pute das Filet in etwa
2 cm große Würfel schneiden. Zitronensaft und Joghurt verrühren, mit Lebensmittelfarbe rot einfärben. Ingwer und
Knoblauch schälen und dazupressen.
Gewürze zugeben, mit Salz abschmecken.
Putenwürfel untermischen und mindestens 1 Stunde darin marinieren.

2_Für die Speckpflaumen Orangen- und
Zitronensaft mit den Pflaumen mischen
und kurz stehen lassen. Dann die Speckscheiben quer halbieren und in jede
Hälfte 1 Pflaume einwickeln.

3_Für die Lammröllchen Bärlauch oder
Rucola waschen, trockenschütteln und
fein hacken. Zitrone heiß waschen, Schale

dünn (ohne das Weiße!) abschneiden und
fein hacken. Knoblauch schälen und ebenfalls fein hacken. Die Tomaten abtropfen
lassen. Die Lammscheiben jeweils quer
halbieren, mit Salz und Pfeffer würzen.
Bärlauch oder Rucola mit Zitronenschale
und Knoblauch mischen und aufstreuen.
Je 1 Tomate in die Mitte jeder Fleischscheibe legen und zusammenrollen.
Außen leicht salzen und pfeffern.

4_Für die Asia-Bällchen Lauch putzen,
längs aufschlitzen, gut waschen und sehr
fein hacken. Limette heiß waschen und
die Schale fein abreiben. Ingwer schälen
und sehr fein schneiden oder durch die
Presse drücken. Hackfleisch mit den vorbereiteten Zutaten, der Sojasauce, dem Ei
und den Bröseln sehr gründlich verkneten
und mit Salz und Pfeffer würzen. Zu gut
walnussgroßen Bällchen formen.

5_Grill anheizen, das Grillgut auf Platten
oder Tellern zurechtlegen. Und los geht's
mit dem Brutzeln: Die Speckpflaumen
brauchen um die 3 Minuten, die Lammröllchen ungefähr 4 Minuten, die Asia-
Bällchen etwa 10 Minuten und die Tandoori-Pute rund 4 Minuten, dabei immer
gut 10 cm Abstand zu Glut halten. Dazu
gibt's reichlich knuspriges Weißbrot.

Bunte Spieße

Reichlich Auswahl

Zutaten für 4–6 Personen:
Für die Lammfleischspieße:
300 g Lammkeule (ohne Knochen)
Salz | Pfeffer
1/2 TL getrockneter Thymian
1 EL Zitronensaft
1 junger Zucchino
200 g Kirschtomaten
Für die Hähnchenfiletspieße:
20 getrocknete Aprikosen
250 g Hähnchenbrustfilet
150 g rohe Bratwürste
1 EL Aprikosen- oder Orangenmarmelade
1 EL Zitronensaft
1 TL Sambal oelek | Salz
1 TL gemahlener Koriander
Für die Schweinefiletspieße:
300 g Schweinefilet
12 Salbeiblättchen
1 EL Apfelessig
2 TL scharfer Senf
1 TL Apfeldicksaft
Salz | Pfeffer
2 säuerliche Äpfel
1 EL Zitronensaft
10 frische Lorbeerblätter

Außerdem:
24 lange Spieße (am besten aus Metall,
z. B. Schaschlikspieße)

Zubereitungszeit: 1 Stunde
+ Grillzeit
Kalorien pro Portion (bei 6 Personen):
335 kcal

1_Für die Lammspieße das Fleisch von
dicken Sehnen befreien und 2 cm groß
würfeln. Salz, Pfeffer, Thymian und den
Zitronensaft mischen, das Fleisch darin
wenden. Den Zucchino waschen, putzen,
längs halbieren und in 2 cm lange Stücke
schneiden. Tomaten nur waschen. Alle
vorbereiteten Zutaten abwechselnd auf
8 Spieße stecken.

2_Für die Hähnchenspieße die Aprikosen
mit lauwarmem Wasser begießen, etwa
30 Minuten quellen lassen. In der Zeit das
Hähnchenfleisch waschen, trockentupfen
und in etwa 2 cm große Würfel schneiden.
Würste in 2 cm lange Stücke schneiden.
Die Marmelade mit Zitronensaft und
Sambal oelek verrühren und mit Salz und
Koriander abschmecken. Die Filet- und
Wurststücke damit einpinseln und ab-
wechselnd mit den Aprikosen auf weitere
8 Spieße stecken.

3_Für die Schweinespieße das Fleisch
2 cm groß würfeln. Salbei abbrausen,
trockentupfen, fein hacken und mit Essig,
Senf und Dicksaft verrühren, mit Salz und
Pfeffer würzen. Die Fleischstücke gründlich untermischen. Äpfel schälen, vierteln
und entkernen. Apfelviertel in 2 cm dicke
Stücke schneiden, mit dem Zitronensaft
mischen, leicht salzen und pfeffern. Äpfel
und Fleisch abwechselnd auf die letzten
8 Spieße stecken, dabei immer mal wieder
1 Lorbeerblatt dazwischen verteilen.

4_Grill anheizen. Bunte Spieße auf den
Rost legen (gut 10 cm Abstand zur Glut)
und braten, dabei häufig wenden: Die
Lammspieße brauchen 13–15 Minuten,
die Hähnchenspieße etwa 10 Minuten
und Schweinespieße etwa 15 Minuten.
Dazu gibt's knuspriges Brot, verschiedene
Senfsorten, einen gemischten Salat und
Joghurt mit gemischten Kräutern.

TIPPs

Klar, dass man auch nur eine Spießsorte
machen kann. Dann einfach entsprechend
mehr daraufstecken.
Oder die Vorspeisenplatte von Seite 142
und die Spieße kombinieren und eine
Party feiern!

Hamburger vom Grill

Nicht ganz das Original
– aber einfach toll!

Das Original wird nur aus Rinderhack, Salz und Pfeffer gemacht. Und ein echter Hamburger-Koch kauft das Fleisch auch nicht als Hack, sondern zerkleinert es bei sich zu Hause im Fleischwolf – bei nicht zu feiner Einstellung nur einmal durchlassen, fertig. Wer kein solches Gerät besitzt, befreit entweder das Fleisch von allen Sehnen, schabt und hackt es dann ganz fein. Oder er bittet ganz einfach den Metzger, die Rinderschulter ganz frisch durch den Wolf zu drehen.

Zutaten für 4 Personen:
Für die Fleischburger:
1 Zwiebel │ 2 Knoblauchzehen
2 TL Olivenöl + Olivenöl zum Bestreichen
700 g Rinderschulter (beim Metzger extra durchdrehen lassen, normales Hackfleisch hat oft zu viel Fett)
1 TL scharfer Senf oder Worcestersauce
Salz │ Pfeffer
Zum Belegen:
einige Blätter Eissalat
2 feste Tomaten
1 rote oder weiße Zwiebel
1 kleine Salatgurke
4 Hamburger-Brötchen
scharfer Senf und Ketchup
nach Belieben

Zubereitungszeit: 40 Minuten
+ Grillzeit
Kalorien pro Portion: 380 kcal

1_Für die Fleischburger Zwiebel und Knoblauch schälen und fein hacken. 2 TL Olivenöl in einer kleinen Pfanne warm werden lassen. Zwiebel und Knoblauch einrühren und bei schwacher Hitze etwa 5 Minuten dünsten, bis sie weich sind. Braun sollen sie aber nicht werden.

Lammköfte

Türkei-Klassiker

Zutaten für 4 Personen:
600 g Lammschulter (ohne Knochen)
1/2 Bio-Zitrone
1/4 Bund Thymian
2 getrocknete Chilischoten
2 EL Pistazienkerne (gesalzen oder ungesalzen, ist egal)
2 TL gemahlener Kreuzkümmel
1 TL Pfeffer
Salz
8 lange Holz- oder Metallspieße
Olivenöl für den Rost und zum Beträufeln

Zubereitungszeit: 40 Minuten
+ 2 Stunden Kühlen
+ Grillzeit
Kalorien pro Portion: 210 kcal

2_Das Fleisch mit Zwiebelmischung, Senf oder Worcestersauce, Salz und Pfeffer nur kurz verkneten. In vier Portionen teilen und jeweils zu einem etwa 2 cm dicken, runden Burger (Fleischküchlein) formen.

3_Zum Belegen Eissalat waschen, trockenschütteln und in Streifen schneiden. Die Tomaten waschen und in dünne Scheiben schneiden, dabei Stielansätze entfernen. Zwiebel schälen und in feine Ringe teilen. Gurke waschen und ebenfalls in dünne Scheiben schneiden. Die Brötchen einmal durchschneiden.

4_Den Grill anheizen. Den Grillrost und die Burger dünn mit Öl einpinseln, Burger auf den Rost legen (gut 10 cm Abstand zur Glut) und 4–5 Minuten grillen, dann umdrehen und noch mal so lange grillen. Während der letzten Minute die Brötchen mit der Schnittfläche nach unten ebenfalls auf den Rost legen.

5_Beim Essen entscheidet jeder selber: nur den Hamburger zwischen das Brötchen legen oder vorher Salat, Tomaten und Zwiebel oder/und Gruken auflegen und das Fleisch selber noch mit Senf oder Ketchup würzen. Aber eins ist klar: Der Hamburger wird aus der Hand gegessen. Kleckern erlaubt und kaum zu vermeiden!

1_Lammfleisch nur von den allergrößten Fettstücken befreien. Das Fleisch in grobe Würfel schneiden, dann mit dem großen, schweren Messer mittelfein hacken und in eine Schüssel füllen.

2_Die Zitrone heiß waschen, die Schale dünn (ohne das Weiße!) abschneiden und fein hacken. Den Thymian abbrausen und trockenschütteln, die Blättchen von den Zweigen streifen. Chilischoten fein zerkrümeln, die Pistazien mittelgrob hacken. Diese Zutaten mit Kreuzkümmel, Pfeffer und Salz zum Fleisch geben.

3_Alles mit den Händen 2–3 Minuten lang kräftig durchkneten. Zu etwa 5 cm langen und 2–3 cm dicken »Würstchen« formen und jeweils 2–3 davon der Länge nach auf die Spieße stecken. Auf eine Platte legen und etwa 2 Stunden in den Kühlschrank stellen und gut durchziehen lassen.

4_Dann den Grill anheizen. Den Grillrost mit Olivenöl einpinseln. Die Lammköfte auf den Rost legen (gut 10 cm Abstand zur Glut) und etwa 10 Minuten grillen, bis sie schön braun und knusprig sind. Dabei ab und zu wenden. Auf eine Platte legen und mit etwas Olivenöl beträufeln. Dazu gibt es aufgebackenes Fladenbrot (kann man auch kurz auf den Grill legen) und Joghurt – mit fein gehackter Petersilie, Olivenöl, Zitronensaft und Sambal oelek oder gemahlenem Kreuzkümmel verrührt.

VARIANTE: Cevapcici

1 Zwiebel und 2 Knoblauchzehen schälen, hacken und in 2 TL Butterschmalz glasig dünsten. Mit 600 g Hackfleisch (am allerbesten Rind und Lamm gemischt) und 1 Ei (Größe M) verkneten und mit Salz, Pfeffer und edelsüßem Paprikapulver würzen. Zu etwa 5 cm langen und 2 cm dicken Würstchen formen und dann abwechselnd mit frischen Lorbeerblättern auf die Spieße stecken. Mit etwas Öl einpinseln und etwa 15 Minuten grillen, dabei immer wieder mal umdrehen.

TIPP

Wer Holzspieße nimmt, muss diese mindestens 30 Minuten in Wasser einweichen, damit sie später auf dem Grill nicht zu brennen anfangen und damit sich das Fleisch einfacher davon abstreifen lässt. Besser geeeignet sind für diese Gerichte Metallspieße.

Satéspießchen

Genial zum Grillen

Zutaten für 4 Personen:
700 g Schweinelende oder Hähnchenbrustfilet
125 g geröstete, gesalzene
Erdnusskerne
2 EL rote Currypaste (Asia-Laden)
1/2 EL Honig oder 1 EL brauner Zucker
2 EL Limettensaft
4 EL helle Sojasauce
250 g Joghurt
Salz
4 Frühlingszwiebeln
4 Stängel Koriandergrün
36 lange Holzspieße
Öl für den Rost

Zubereitungszeit: 30 Minuten
+ 2 Stunden Marinieren
+ Grillzeit
Kalorien pro Portion: 430 kcal

1_Das Fleisch in möglichst dünne
Scheiben schneiden und in eine Schale
legen. Für die Sauce die Erdnusskerne
grob hacken und mit Currypaste, Honig
oder Zucker, Limettensaft, Sojasauce und
Joghurt pürieren. Mit Salz abschmecken
und ein Viertel von der Sauce über den
Fleischscheiben verteilen. Abgedeckt etwa
2 Stunden in den Kühlschrank stellen und
marinieren lassen.

2_In der Zeit schon mal die Holzspieße in
kaltes Wasser legen. Das verhindert, dass
sie später auf dem Grill Feuer fangen.

3_Dann die Fleischscheiben wellenförmig
(manche nennen das ziehharmonikaartig)
auf die Spieße stecken. Übrige Erdnusssauce in Schälchen verteilen. Von den
Frühlingszwiebeln die Wurzelbüschel und
die welken grünen Teile wegschneiden.
Zwiebeln waschen und in feine Ringe
schneiden. Den Koriander abbrausen und
trockenschütteln, die Blättchen abzupfen.

4_Grill anheizen, den Grillrost einölen.
Die Satéspießchen auf den Rost legen
(etwa 10 cm Abstand zur Glut) und etwa
4 Minuten grillen, bis sie schön braun
sind, dabei ein- bis zweimal umdrehen.
Auf eine Platte legen und mit Zwiebelringen und Korianderblättchen bestreuen.
Mit der Erdnusssauce essen. Dazu gibt es
außerdem ofenfrisches Fladenbrot und
Salatgurkenscheiben.

Würziges Buttermilch-Hähnchen

Gelb »angemalt«

Zutaten für 4 Personen:
1 großes Hähnchen (etwa 1,2 kg)
2 Knoblauchzehen
1 getrocknete Chilischote
500 g Buttermilch
je 1 TL gemahlene Kurkuma, Currypulver,
gemahlener Kreuzkümmel und Koriander
je 1 Prise frisch geriebene Muskatnuss
und Zimtpulver │ Salz
Öl für den Rost

Zubereitungszeit: 25 Minuten
+ 12–24 Stunden Marinieren
+ 30 Minuten Grillen
Kalorien pro Portion: 395 kcal

1_Hähnchen waschen und trockentupfen.
Mit der Geflügelschere und dem Messer
in 8 Stücke teilen, in eine Schüssel legen.

2_Knoblauch schälen und fein hacken,
Chili fein zerkrümeln. Beides mit Butter-
milch, den Gewürzen und Salz verrühren.
Probieren, eventuell noch nachwürzen.

3_Buttermilch über die Hähnchenstücke gießen. Abdecken und für 12–24 Stunden in den Kühlschrank stellen, dabei ab und zu umdrehen.

4_Dann die Hähnchenstücke abtropfen lassen. Den Grill anheizen, den Grillrost einölen. Die Bruststücke noch beiseitelegen, übrige Hähnchenteile auf den Rost legen (mit etwa 15 cm Abstand zur Glut) und 10 Minuten grillen. Dann auch die Bruststücke dazugeben und alles weitere 20 Minuten grillen, bis das Geflügelfleisch durch ist. Dabei ab und zu umdrehen und nach der Häfte der Zeit mit Buttermilchmarinade einpinseln. Dazu gibt es Weißbrot und Blattsalat. Auch fein dazu: ein Chutney oder eine würzige Senfsauce (aus dem Glas).

VARIANTE: Orangen-Buttermilch-Hähnchen

Schale von 1 Bio-Orange abreiben. Mit 1 EL Orangenmarmelade, 1 EL Zitronensaft, 1–2 EL Orangenlikör (nach Belieben) und 500 g Buttermilch verrühren. Mit reichlich grob gemahlenem Pfeffer, 1 Prise gemahlenen Nelken und Salz abschmecken. Die Hähnchenstücke darin wie beschrieben marinieren und dann grillen.

TIPP

Zur Garprobe mit einem Stäbchen in die dickste Stelle einer Keule stechen. Der austretende Saft muss klar sein. Wenn er rötlich ist, die Stücke etwas länger grillen.

Speck und Schweinebauch vom Grill

Einfach saugut!

Zutaten für 4 Personen:
4 Scheiben durchwachsener Räucherspeck (je etwa 1 cm dick)
4 Scheiben frischer Schweinebauch (je etwa 1 1/2 cm dick)
1 Stück in Sirup eingelegter Ingwer (etwa 2 cm, aus dem Glas)
4 Zitronenblätter | 1 EL grüne Pfefferkörner (frisch oder aus dem Glas)
50 ml Ananassaft | 2 EL Sojasauce
1 EL Zitronensaft | Salz

Zubereitungszeit: 30 Minuten
+ 3–4 Stunden Marinieren
Kalorien pro Portion: 550 kcal

1_Schwarten von Speck und Schweinebauch jeweils mit einem scharfen Messer in Abständen von 1–2 cm einschneiden, damit sich die Scheiben später beim Grillen nicht aufbiegen. Oder gleich die Schwarten ganz abschneiden.

2_Den Ingwer aus dem Sirup nehmen und fein schneiden. Zitronenblätter waschen und in sehr feine Streifen schneiden (mit der Schere geht das ganz besonders gut). Pfefferkörner hacken und mit Ingwer, den Zitronenblätterstreifen, Ananassaft, Sojasauce und Zitronensaft verrühren. Mit Salz und etwa 1 EL Ingwersirup (von dem eingelegten Ingwer) abschmecken. Die Mischung über den Fleisch- und Speckscheiben verteilen und ein paar Stunden durchziehen lassen.

3_Dann den Grill anheizen. Speck und Schweinebauch auf den Grillrost legen (mit 15–20 cm Abstand zur Glut). Den Speck etwa 6 Minuten, den Schweinebauch etwa 20 Minuten grillen, bis sie schön knusprig und braun sind. Dabei immer mal wieder umdrehen. Dazu gibt's Laugenbrezeln oder Fladenbrot und einen Tomatensalat mit Zwiebeln.

Gegrillte Koteletts

Grundrezept mit unsagbar vielen Variationsmöglichkeiten

Zutaten für 4 Personen:
4 Schweinenackenkoteletts (je etwa
1 1/2 cm dick und 240 g schwer)
3 EL körniger Senf
1 EL Apfelessig
1 TL Apfeldicksaft
1 TL gemahlener Kümmel
Salz

Zubereitungszeit: 10 Minuten
(+ nach Belieben einige Stunden
Marinieren)
+ 15–20 Minuten Grillen
Kalorien pro Portion: 310 kcal

1_Die Fettschicht der Koteletts im Abstand von ungefähr 2 cm leicht einschneiden, dabei aber nicht ins Fleisch schneiden. Das verhindert, dass sich das Fett beim Grillen zu stark zusammenzieht und sich die Koteletts aufbiegen.

2_Den Senf mit Essig, Dicksaft und dem Kümmel verrühren. Die Koteletts mit Salz bestreuen und mit der Senfmischung einstreichen. So können sie jetzt gleich auf den Grill oder aber ein paar Stunden im Kühlschrank auf ihren Einsatz warten.

3_Wenn es soweit ist, den Grill gut anheizen. Die gewürzten Koteletts auf den Grillrost legen (mit etwa 15 cm Abstand zur Glut) und 15–20 Minuten grillen, bis sie schön knusprig und durch sind. Dabei ab und zu umdrehen. Dazu schmeckt Gurkensalat oder gemischter Salat, aber auch Kartoffelsalat. Und natürlich Brot oder Brezeln und vielleicht sogar noch mehr Senf.

VARIANTE: Tomatenmarinade

4 EL Tomatenpüree (aus dem Tetrapack) mit 1 EL braunem Zucker oder Honig, 2 EL Sojasauce, 1 EL Zitronensaft oder Reisessig und 1 EL Öl verrühren. 2 Knoblauchzehen schälen und dazupressen. Mit Salz abschmecken. Passt sehr gut zu Schweinekoteletts und zu Spareribs, aber auch zu Hähnchenkeulen.

VARIANTE: Kräutermarinade

2 Zweige Rosmarin, 4 Zweige Thymian, 1/4 Bund Oregano und 4 Salbeiblättchen abbrausen, trockenschütteln und fein hacken. 1 Bio-Zitrone heiß waschen und die Schale dünn abschälen, 2 Knoblauchzehen schälen, beides mit 1 getrockneten Chilischote fein schneiden. Alles mit 2 EL Zitronensaft mischen. Passt sehr gut zu Schwein, Lamm und Hähnchen (in dem Fall noch etwas Olivenöl untermischen).

VARIANTE: Ingwermarinade

1 Stück frischen Ingwer (etwa 5 cm) und 2 Knoblauchzehen schälen, fein hacken. Mit 3 EL trockenem Sherry oder Reiswein, 1 EL Zitronensaft oder Reisessig und je 1 TL braunem Zucker und Currypulver verrühren. Passt sehr gut zu Schweinekoteletts und zu rohen Bratwürsten, aber auch zu Rindersteaks.

VARIANTE: Kokosmarinade

1 rote Zwiebel schälen und fein reiben. 2 Knoblauchzehen schälen, dazupressen. 1 Bio-Limette heiß waschen, die Schale fein abreiben. Alles mit 50 ml Kokosmilch, 1–2 EL Kokosraspeln und je 1/2 TL gemahlener Kurkuma, gemahlenem Kreuzkümmel und Koriander verrühren. Mit Salz und Pfeffer abschmecken. Passt sehr gut zu Geflügel, Lamm oder Schwein.

TIPP

Wer fettreiches Fleisch wie Schwein oder Lamm zum Grillen nimmt, braucht in der Marinade kein zusätzliches Fett. Dieses würde beim Grillen eher in die heiße Glut tropfen, sodass sich mehr gesundheitsschädliche Stoffe bilden können. Dann lieber das Fleisch nach dem Grillen noch mit ein paar Tropfen Olivenöl, Sesamöl oder ähnlichem verfeinern und würzen.

 Basic-TIPP

Ganz klar, die Garzeit hängt zum einen von der Dicke der Fleischstücke ab – im Folgenden rechnen wir für Koteletts 1 1/2 cm und für Steaks 2 1/2 cm. Aber auch die Fleischart spielt eine Rolle: Lammkoteletts dürfen, ja sollen sogar, innen noch rosa sein – also ingesamt nur etwa 10 Minuten auf den Rost legen. Schweinefleisch am besten durchgaren – also 15–20 Minuten grillen. Rindersteaks dagegen können nach Belieben ganz durch, medium oder richtig schön blutig gegessen werden: nach 11–12 Minuten sind sie durch, nach 8 Minuten medium und nach 4 Minuten ideal für den puren Fleischfreund.

Marinierte Entenbrust mit Balsamico

Könnte gut und gerne ein Klassiker werden

Zutaten für 4 Personen:
2 Knoblauchzehen
1 getrocknete Chilischote
1 EL Olivenöl
200 ml Aceto balsamico
2 TL Honig
Pfeffer | Salz
2 Entenbrustfilets (je etwa 350 g)

Zubereitungszeit: 25 Minuten
+ 12–24 Stunden Marinieren
+ 15 Minuten Grillen
Kalorien pro Portion: 440 kcal

1_Knoblauch schälen und fein hacken, die Chilischote fein zerkrümeln. Das Öl in einem Topf leicht erwärmen, den Knoblauch darin glasig dünsten, aber nicht braun werden lassen.

2_Dann die Chili zum Knoblauch rühren. Balsamico angießen, Honig unterrühren und alles in etwa 10 Minuten bei mittlerer Hitze leicht dicklich einkochen lassen. Mit Pfeffer und Salz abschmecken.

3_Die Fettschicht der Entenbrustfilets kreuzweise einschneiden, aber nur so tief, dass das Fleisch selbst nicht verletzt wird. Die Entenbrüste gut mit der Marinade einstreichen, auf eine Platte legen und abgedeckt in den Kühlschrank stellen. Dort 12–24 Stunden marinieren lassen.

4_Dann den Grill anheizen. Entenbrüste abtropfen lassen, mit der Fettseite nach unten auf den Gillrost legen (etwa 10 cm Abstand zur Glut) und etwa 15 Minuten grillen, dabei ab und zu umdrehen und nach rund der Hälfte der Zeit immer mal wieder mit der Marinade einpinseln.

5_Die Entenbrustfilets in Alufolie wickeln und etwa 5 Minuten ruhen lassen, dann in dünne Scheiben schneiden und auf einer vorgewärmten Platte auf den Tisch stellen. Dazu gibt es knuspriges Weißbrot und einen Salat, z. B. Rucola mit Tomaten und Staudensellerie.

Spareribs mit Aprikosenglasur

Wunderbar knusprig

Zutaten für 4 Personen:
1 1/2 kg Spareribs (Schälrippchen vom Schwein, vom Metzger in Stücke schneiden lassen)
Salz
100 g Aprikosenhälften (aus der Dose)
2 getrocknete Chilischoten
50 g Ahornsirup oder Honig
2 EL Zitronensaft
1 TL süßer Senf
1 EL grüne Pfefferkörner (frisch oder aus dem Glas)

Zubereitungszeit: 25 Minuten
+ 25 Minuten Grillen
Kalorien pro Portion: 255 kcal

1_Die Rippchen waschen, um Knochensplitter zu entfernen, trockentupfen und gut mit Salz einreiben.

2_Für die Glasur die Aprikosenhälften abtropfen lassen und würfeln. Die Chilischoten mit den Fingern fein zerkrümeln

und mit den Aprikosen und dem Ahorn-sirup oder Honig in einem Topf erwärmen. Offen bei mittlerer Hitze etwa 10 Minuten köcheln lassen. Dann fein pürieren und abkühlen lassen. Mit Zitronensaft und süßem Senf verrühren. Den Pfeffer grob hacken und untermischen. Glasur mit Salz abschmecken und eventuell nachwürzen.

3_Den Grill anheizen. Die Spareribs auf den Grillrost legen (etwa 15 cm Abstand zur Glut) und etwa 10 Minuten grillen, bis sie leicht braun werden, dabei ein- bis zweimal umdrehen. Dann mit der Glasur bestreichen und noch etwa 15 Minuten weitergrillen, bis sie schön knusprig sind. Dabei oft umdrehen und immer wieder mit Glasur einpinseln.

TIPP
Es müssen nicht unbedingt Aprikosen sein: Pfirsiche, Zwetschgen oder Feigen passen auch wunderbar zum saftigen Schweinefleisch. Pfirsiche auch aus der Dose nehmen, Zwetschgen und Feigen besser frisch.

Chicken wings

Ganz simpel zu machen und preiswert dazu!

Zutaten für 4 Personen:
20 Chicken wings (Hähnchenflügel, eventuell beim Geflügelhändler vorbestellen)
1 Bio-Limette
2 Zweige Thymian
2 TL Koriandersamen
50 g Honig
50 ml Sojasauce
Salz

Zubereitungszeit: 20 Minuten
+ 4–24 Stunden Marinieren
+ 15 Minuten Grillen
Kalorien pro Portion: 310 kcal

1_Chicken wings waschen und trocken-tupfen. Die Limette heiß waschen und die Schale fein abreiben, Saft auspressen. Den Thymian abbrausen und trocken-schütteln, die Blättchen abstreifen oder -zupfen. Koriandersamen in einer kleinen Pfanne leicht rösten und dann im Mörser fein zerstoßen.

2_Den Honig mit der Sojasauce und dem Limettensaft in einem Topf erwärmen, bis sich alles gut verbindet. In ein Schälchen füllen, Thymian, Koriander und Limetten-schale dazugeben und die Marinade leicht salzen. Marinade über den Chicken wings verteilen, abdecken und 4–8 Stunden oder sogar über Nacht in den Kühlschrank zum Marinieren stellen.

3_Dann den Grill anheizen. Die Chicken wings auf den Grillrost legen (etwa 15 cm Abstand zur Glut) und etwa 15 Minuten grillen, bis sie schön knusprig sind, dabei immer wieder umdrehen. Dazu gibt es einen Dip aus saurer Sahne und fein ge-hackten Kräutern oder einen gemischten Salat und ofenfrisches Weißbrot.

VARIANTE: Feurige Chicken wings
Für die Marinade 2–4 getrocknete Chili-schoten zerkrümeln. 4 Knoblauchzehen schälen und durchpressen. Beides mit 100 ml Tomatenpüree (aus dem Tetra-pack) verrühren. Mit Salz und 1 Prise Zucker abschmecken. Die Chicken wings damit wie beschrieben marinieren und dann grillen.

im Bild:
Pollo diavolo

Basic:

Würstchen und dünne Schnitzel zu grillen, ist einfach. Sie werden gleichzeitig braun und gar. Anders ist das bei größeren Stücken.

Dicke Steaks und Koteletts oder auch ein ganzes Brathuhn brauchen länger, um gar zu werden. Dass sie dabei nicht verbrennen, ist die kleine Kunst des Grillens.

Wenn solche Stücke auf den Grill kommen, muss der richtig heiß sein. Die Holzkohle soll so stark glühen, dass sie ein weißlicher Film überzieht. Und der Gas- und Elektrogrill werden erst mal auf höchste Stufe aufgedreht. Den Grillrost jetzt mit etwa 15 cm Abstand zur Hitzequelle einhängen, damit es dem Grillgut nicht zu heiß wird. Geschieht das trotzdem, kann man Steak & Co. für eine Weile in einer Alu-Grillschale weiterbrutzeln. Gas- und Elektrogrill nach dem Aufheizen besser gleich auf ganz niedrige Stufe stellen. Sollte dann das Fleisch zwar schon gar, aber noch nicht ganz so braun sein, wie man es sich vorgestellt hat, einfach die Temperatur noch mal kurz erhöhen.

Wann ein Steak vom Grill runter darf, zeigt uns der Fingerdruck: Je garer es ist, desto weniger gibt das Fleisch nach. Also immer mal wieder draufdrücken und testen. Beim Huhn dagegen gibt der austretende Saft beim Anstechen Auskunft. Er muss klar und darf nicht mehr rötlich sein. Die umhüllten Würste sind fertig, wenn der Teig drumherum aufgegangen und knusprig ist.

Richtig grillen

Mini-Bistecca

Kleiner Bruder der toskanischen Bistecca fiorentina

Zutaten für 4 Personen:
1 Ochsenkotelett (am besten beim Metzger vorbestellen, etwa 5 cm dick und 1,6 kg schwer)
1 Bund Rosmarin | Pfeffer | Salz
Olivenöl für den Rost und zum Beträufeln
Zitronenspalten zum Garnieren

Zubereitungszeit: 15 Minuten
+ 30–40 Minuten Grillen
Kalorien pro Portion: 245 kcal

1_Das Kotelett trockentupfen, Rosmarin abbrausen und trockenschütteln. Kotelett auf beiden Seite mit Rosmarinzweigen belegen und diese mit Küchengarn festbinden. Das Fleisch pfeffern.

2_Grill anheizen, den Rost ölen. Das Kotelett auf den Grillrost legen und mit 15 cm Abstand zur Glut pro Seite 15 Minuten grillen. Wer es innen blutig mag, nimmt es jetzt vom Rost. Soll es medium werden, mit 10 cm Abstand noch mal 5–6 Minuten grillen, dabei immer wieder wenden. Wer das Kotelett ganz durch haben will, nimmt es weitere 5 Minuten später vom Grill.

3_Das Kotelett auf eine Platte legen, das Küchengarn und den Rosmarin entfernen. Das Fleisch salzen und mit Öl beträufeln. Mit Zitronenspalten garnieren und den Saft vor dem Essen daraufträufeln.

Pollo diavolo

Dickes Huhn ganz flach gegart

Zutaten für 2–3 Personen:
1 großes Hähnchen (etwa 1,4 kg)
1/2 Bund Thymian
4 getrocknete Chilischoten | Salz
3 EL Zitronensaft | 6 EL Olivenöl

Zubereitungszeit: 15 Minuten
+ 2 Stunden Marinieren
+ 30 Minuten Grillen
Kalorien pro Portion (bei 3 Personen): 705 kcal

1_Das Hähnchen durch den Rücken und das Brustbein halbieren, sodass jede Hälfte eine Keule hat. Die beiden Stücke zwischen zwei Küchenbretter legen und mit dem Hammer daraufschlagen, bis die Hähnchenhälften um einiges platter sind.

2_Thymian abbrausen, trockenschütteln und die Blättchen von den Stielen streifen. Chilis fein zerkrümeln und mit Thymian, Salz, Zitronensaft und Öl verrühren. Die Mischung auf den Hähnchenhälften verteilen, 2 Stunden durchziehen lassen.

3_Dann den Grill anheizen. Hähnchenhälften auf den Grillrost legen (etwa 20 cm Abstand zur Glut) und etwa 30 Minuten grillen, dabei immer mal wieder umdrehen. Einstechen, um zu prüfen, ob sie ganz durch sind. Der auslaufende Saft muss klar sein. Falls nötig, noch etwas länger grillen. Dazu gibt es Weißbrot und Rucola-Tomaten-Salat.

Salsicce al pane

In Brotteig gepackt

Zutaten für 4 Personen:
1/4 l trockener Rotwein | 2 EL Aceto balsamico | 1 TL Zucker | 6 Lorbeerblätter | Pfeffer | 600 g rohe Salsicce (italienische Schweinsbratwürstchen, ersatzweise andere dicke rohe Bratwürste) | 1/2 Bund Thymian
2 Zweige Rosmarin | 4 Knoblauchzehen
400 g ausgerollter Pizzateig (Kühlregal)
4 EL Olivenöl

Zubereitungszeit: 30 Minuten
+ Marinieren über Nacht
+ 10 Minuten Grillen
Kalorien pro Portion: 855 kcal

1_Wein, Balsamico, Zucker, Lorbeer und Pfeffer etwa 10 Minuten kochen, lauwarm abkühlen lassen. Salsicce mit einer Gabel mehrmals einstechen, in den Sud legen und über Nacht marinieren lassen.

2_Dann Kräuter abbrausen und trockenschütteln, Blättchen abstreifen. Knoblauch schälen und fein schneiden. Pizzateig in so viele Stücke schneiden, wie Würste da sind. (Die Stücke müssen so groß sein, dass man jede Wurst darin einpacken kann.) Kräuter und Knoblauch auf dem Teig verteilen, leicht eindrücken. Würste darauflegen und mit dem Teig umwickeln. Den Grill anheizen. Würste auf den Grillrost legen (etwa 10 cm Abstand zur Glut), mit Öl einpinseln und etwa 10 Minuten grillen, dabei ab und zu wenden.

Register von A – Z

Damit Sie Rezepte mit ganz bestimmten Zutaten noch schneller finden können, stehen in diesem Register zusätzlich auch beliebte Zutaten wie **Äpfel** und **Hähnchen** – ebenfalls alphabetisch geordnet und hervorgehoben – über den entsprechenden Rezepten.

155

Die Basic family

rund ums Kochen und Verwöhnen

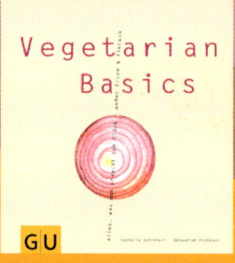

✚ Unsere Resteküche

Gott sei Dank, vom Braten, Kochfleisch oder auch Ragout ist noch was übrig geblieben. Daraus zaubern wir doch gleich ein neues Essen für 4 Leute. Und was für eins!

Bratenfleisch

Ist noch ein richtig großes Stück vom Braten übrig (etwa 600 g), schneiden wir das in dünne Scheiben und erwärmen diese. Das geht entweder in der bereits vorhandenen Bratensauce oder in einer neuen Sauce. Das kann sein ...

... eine Tomatensauce: 4 Zweige Thymian oder Rosmarin abbrausen und trockenschütteln, Blätter abstreifen. 2 Zwiebeln und 4 Knoblauchzehen schälen und klein würfeln. 2 EL Olivenöl in einem Topf erhitzen, Knoblauch, Zwiebeln, Thymian oder Rosmarin darin andünsten. 600 g Tomaten waschen und klein schneiden, dabei Stielansätze entfernen (ersatzweise Tomatenwürfel aus der Dose nehmen). Tomaten mit in den Topf geben und warm werden lassen, salzen, pfeffern. Bratenscheiben einlegen, mit ein paar Löffeln Tomaten bedecken. Zusammen zugedeckt in etwa 5 Minuten heiß werden lassen. Dazu schmecken Bratkartoffeln.

... eine Sahnesauce: 250 g Sahne mit 50 ml Weißwein, Noilly Prat oder Cidre aufkochen. Mit 1 EL scharfem Senf, Salz und Pfeffer abschmecken und die Bratenscheiben darin aufwärmen. Mit Nudeln oder Reis servieren.

Ist nur wenig Braten (etwa 300 g) übrig geblieben, reicht das kleine Stück nicht aus, um uns nur mit einer Sauce satt zu machen. Dann machen wir am besten eine Nudelsauce daraus:
1 Zucchino und 1 Paprikaschote waschen, putzen und in kleine Würfel schneiden. 2 Frühlingszwiebeln waschen, putzen und in Ringe schneiden. 4–6 Zweige Thymian, Petersilie oder Oregano abbrausen und trockenschütteln, die Blätter abzupfen. 2 EL Olivenöl in einem Topf erhitzen. Die Gemüsewürfel und die Zwiebelringe darin glasig dünsten. Thymian, Petersilie oder Oregano dazugeben. Wer mag, kann auch noch 2 Knoblauchzehen schälen und dazupressen. Bratenfleisch klein würfeln und mit 1/8 l Gemüse- oder Fleischbrühe oder Weißwein zum Gemüse rühren. Mit 1 EL Tomatenmark, Salz und Pfeffer würzen und zugedeckt 5 Minuten bei schwacher Hitze dünsten. Passt zu kurzen Nudeln wie Fusilli oder Penne. Und: Die Sauce kann man auch mit Resten von Ragout oder Gulasch machen. Die Fleischwürfel einfach kleiner schneiden.

Kochfleisch

Es soll Leute geben, die den Tafelspitz nur deshalb kochen, damit sie nachher Salat daraus machen können:
400–500 g abgekühlten Tafelspitz zuerst in dünne Scheiben, dann in knapp 2 cm breite Streifen schneiden. 1–2 milde weiße oder rote Zwiebeln schälen, vierteln und in sehr feine Streifen schneiden. 3–4 Gewürzgurken in dünne Scheiben schneiden. 1 Bund Schnittlauch abbrausen, trockenschütteln und in Röllchen schneiden. Für die Salatsauce 1–2 EL Apfelessig mit 1 TL scharfem Senf, Salz und Pfeffer sowie 2 EL Gemüse- oder Fleischbrühe verrühren. 4–5 EL dunkelgrünes Kürbiskernöl unterrühren, die Sauce mit Fleisch, Zwiebeln, Gewürzgurken und Schnittlauch mischen. Etwa 15 Minuten ziehen lassen, dann abschmecken und mit Bratkartoffeln essen.

Oder aus den gekochten Fleischresten lieber einen asiatischen Salat machen?
1 rote Paprikaschote, 1 kleine Salatgurke und 2 Frühlingszwiebeln waschen, putzen und in dünne Streifen schneiden. Für die Sauce 2 EL Limettensaft mit 4 EL Fischsauce, 2 TL Sambal oelek und 1 TL Honig verrühren. 400–500 g Kochfleisch ebenfalls in Streifen schneiden und mit dem Gemüse und der Sauce mischen. Frische Korianderblättchen oder/und geröstete Sesamsamen aufstreuen.

Wer's lieber rustikal-deftig mag, bereitet ein Gröstl in der Pfanne zu:
1 große Zwiebel schälen und in nicht zu dünne Streifen schneiden. 500 g gegarte Kartoffeln schälen, in Scheiben schneiden. Jeweils 1 EL Öl und Butter in einer großen Pfanne erhitzen. Zwiebeln, Kartoffeln und 1 TL Kümmelsamen darin bei mittlerer Hitze in etwa 5 Minuten goldbraun braten, dabei ab und zu umrühren. 400 g Kochfleisch in Scheiben, dann in Würfel oder Streifen schneiden, untermischen. Salzen und pfeffern. Wer mag, schlägt 2–3 Eier (Größe M) mit etwas Milch schön glatt, mischt sie in die Pfanne und rührt nur so lang, bis das Ei gestockt ist. Mit einem Kopf- oder Gurkensalat essen.

Schnell, simpel und immer gut:
500 g Kochfleisch in Streifen schneiden und mit 400 g feinen Gemüsestreifen (z.B. Staudensellerie, Möhren, Paprika und Austernpilze) in 4 EL Öl bei starker Hitze im Wok kurz pfannenrühren. 150 ml Gemüse- oder Fleischbrühe dazugeben, mit Limettensaft und Sojasauce nach Geschmack würzen und mit Reis essen.

Impressum

Cornelia Schinharl hat für dieses Buch nicht nur alle Rezepte, sondern auch den kompletten Know-how-Teil geschrieben. Ihr wunderschöner Garten war diesmal Schauplatz für die Modelfotos – und dank ihrer tatkräftigen Unterstützung hat alles prima geklappt und unvergleichlich gut geschmeckt!
cornelia.schinharl@t-online.de

Die Autorin sagt Danke ...

Einfach toll, dass man immer wieder auf Menschen trifft, die etwas Besonderes machen. Zum Beispiel das superschöne »Kuh-Memo-Spiel« mit Kühen vom Gut Kerschlach in der Nähe vom Ammersee. Wie viel Spaß das Spiel macht, kann man auf dem Fotos im Register sehen. Ausgedacht, fotografiert und produziert haben es Jens Heilmann und Gunther Weis. Kaufen kann man es im Internet unter der Adresse: www.formbilderladen.de
Für eine große Runde echt ideal ist der Grill-tisch (im Buch zu sehen auf den Seiten 30, 139, 140 und 144), den Andreas S. J. Huber entwickelt und gebaut hat. Bei ihm kann man sich so einen Tisch und vieles mehr nach Maß bauen lassen. Einfach mal unter www.handwerkstatt.net nachschauen!

Und weil man auch nach dem Schreiben von vielen Kochbüchern immer wieder was dazu-lernen will und kann, bedanke ich mich noch bei zwei Metzgern, die immer gutes Fleisch und viel Rat zu bieten hatten:
Landmetzgerei Jais in Luttenwang;
www.landmetzgerei-jais.de
Metzgerei Alois Wimmer, Zum Landungs-steg 2, in Herrsching am Ammersee.

Doris Birk	Programmleitung
Birgit Rademacker	Leitende Redakteurin
Sabine Sälzer	Projektleitung, Redaktion
engels + partner, Thomas Jankovic	Gestaltung & Layout, Cover, Illus
Redaktionsbüro Christina Kempe	Lektorat, Satz/DTP, Gestaltung
Barbara Bonisolli	Foodfotografie
Claudia Juranits, Anja Prestel	Fotoassistenz
Hans Gerlach	Foodstyling
Alex Kühn	Assistenz Foodstyling
Alexander Walter	Peoplefotografie
Maximilian Prechtel	Foto-Assistenz
Cornelia Schinharl, Sabine Sälzer, Lars Grunewald	Food & Styling bei der People-Fotoproduktion
Coco Lang	Stillife-Foto Regal
Susanne Mühldorfer	Herstellung
Petra Bachmann	Schlusskorrektur
Repro	Repro Ludwig
Druck und Bindung	Druckhaus Kaufmann

Die Meat-Basic-Models: Maike Damm, Renate Hutt, Barbara Pfannenstiel-Schwarz, Marc Strittmatter; als Gäste: Lars Grune-wald, Daniel Schrader

Bildnachweis:

Barbara Bonisolli: alle Rezeptfotos im Studio, Stepfotos auf S. 26 bis 29, außer-dem die Motive auf S. 35, 61, 89, 115, 141

Alexander Walter: alle Peoplefotos mit den Basic-Models, außerdem die Motive auf S. 4/5, 22, 34, 36, 44 Mitte, 48 Mitte, 50 rechts, 53 rechts, 59, 60, 63 rechts, 65 links, 67, 73 rechts, 79 links, 80 Mitte, 81 links und rechts, 83 links, 88, 90 Mitte, 92, 93, 95 rechts, 96 Mitte, 97 rechts, 99 rechts, 101 links, 106 Mitte, 107 rechts, 109, 113, 118 Mitte, 119 links, 124 rechts, 131 rechts, 140, 145, 146 Mitte, 154, 155, 156, 157

Coco Lang: Regalfoto auf S. 10/11, 104 rechts, 121 rechts

engels + partner, Thomas Jankovic: Titel-Illu + Illustrationen auf S. 14, 16, 18, 35, 61, 89, 115, 141

ISBN   978-3-8338-1064-0

1. Auflage 2008

GRÄFE UND UNZER

Ein Unternehmen der
GANSKE VERLAGSGRUPPE